Leopold Figl
und seine Zeit

Leopold Figl
und seine Zeit

Hans Ströbitzer
unter Mitarbeit von Reinhard Linke

Residenz Verlag

Inhalt

Erwin Pröll Leopold Figl gab den Menschen Hoffnung 7

Klaudia Tanner Leopold Figls Vermächtnis für den Niederösterreichischen Bauernbund 10

Hans Ströbitzer Leopold Figl – ein Leben für Österreich 13

Leopold Figl und seine Zeit

Der Untergang der Monarchie und der Beginn der ungeliebten Republik 15

Roman Sandgruber Ignaz Seipel – Staatsmann von europäischem Format 22

Die galoppierende Inflation und die Privatarmeen der Parteien 28

Hans Ströbitzer Leopold Figls geistliche Vorbilder 30

Hans Ströbitzer Die Weltwirtschaftskrise und Tausende Arbeitslose 38

Kanzler Engelbert Dollfuß und der Weg zum Ständestaat 40

Der „Alpendollar" und Hitlers brutale Expansionspolitik 51

Reinhard Linke Der NS-Mob wütet im Palais des Kardinals 58

Häftling Nr. 13897 61

Schloss Eichbüchl und die Wiedererweckung Österreichs 71

Der „Geburtstag" der Zweiten Republik und der Beginn der Besatzungszeit 81

Barbara Stelzl-Marx Die Rote Armee und die Macht im Staate 86

Die Schicksalswahlen 1945 und die überraschende Schlappe der KPÖ 91

Armin Laussegger Der Kalte Krieg und die Auswirkungen auf Österreich 94

Figl, ein Meister der Taktik: hohe Politik und „Schnorren" 103

Hans Ströbitzer Leopold Figl, die Jagd und die Politik *108*

Die sowjetische Ausbeutung und die Hilfe der USA *112*

Walter M. Iber, Peter Ruggenthaler Wirtschaftliche Dimensionen der Besatzung *113*

Heimkehr, Entnazifizierung und Angst vor einem Linksruck *121*

Stefan Karner Die Rückkehr der Kriegsgefangenen aus der UdSSR *123*

ÖVP-Niederlagen und Figls Abschied vom Kanzleramt *131*

Reinhard Linke Julius Raab, Freund und Weggefährte auf Lebenszeit *134*

„Russisches Tauwetter" und der Weg zum Staatsvertrag *140*

Ludwig Steiner Als Glockengeläute die Freiheit verkündet *147*

Erfolgreiche Außenpolitik und „Feuerprobe der Neutralität" *150*

Jahre der Zeitenwende und Heimkehr nach Niederösterreich *155*

Ernst Bruckmüller Leopold Figls Heimkehr nach Niederösterreich *156*

Karl Korinek Leopold Figl kämpfte immer *160*

Leopold Figl „Wir fanden den Weg aus der Not" *166*

Anneliese Figl erzählt über ihren Vater *168*

Hans Ströbitzer Die Figl-Stiftung und das Figl-Museum in Rust *175*

Erinnerungen an den Menschen und Politiker Leopold Figl *177*

Lebenslauf Leopold Figl *181*

Autoren *182*

Literaturverzeichnis *184*

Leopold Figl gab den Menschen Hoffnung

Am 31. Jänner 1962 wählte der Niederösterreichische Landtag Leopold Figl zum zweiten Mal zum Landeshauptmann von Niederösterreich. Auch wenn es heuer bereits 50 Jahre her ist, dass er seine letzte große politische Funktion angenommen hat, der Name Leopold Figl hat nach wie vor einen großen Stellenwert und einen fixen Platz in der Geschichte der Republik und unseres Bundeslandes.

Das Jahr 2012 stellt zudem ein doppeltes Figl-Jubiläumsjahr dar, hätte doch der aus einer Bauernfamilie in Rust im Tullnerfeld stammende Leopold Figl am 2. Oktober 2012 seinen 110. Geburtstag gefeiert. Grund genug für Hans Ströbitzer und Reinhard Linke, sich publizistisch mit Leopold Figl und seiner Zeit zu befassen. Einer Zeit, in der Leopold Figl maßgeblich die Geschicke des Landes gelenkt und bestimmt hat und in der auf seinen Schultern eine große Bürde politischer Verantwortung lastete. Dennoch verstand es der „Vollblutpolitiker" Leopold Figl nach den Wirren und Grausamkeiten des Krieges, als das Land in Schutt und Asche lag und als Bitterkeit, Mühsal und Entbehrung den Alltag prägten, den Menschen Hoffnung und Zukunftsglauben zu geben.

Als provisorischer Landeshauptmann – Figl selbst verstand sich lediglich als „Platzhalter" für Landeshauptmann Josef Reither, der noch nicht aus der Gestapo-Haft heimgekehrt war – stand er unmittelbar nach dem Zweiten Weltkrieg vor großen, aus heutiger Sicht nahezu unvorstellbaren Herausforderungen. In Niederösterreich waren damals 55.000 Gebäude zerstört, 700 Brücken – darunter sämtliche Donauübergänge – waren unpassierbar. Die Bevölkerung litt Hunger. Das Misstrauen zwischen der sowjetischen Besatzungsmacht und den leidgeprüften Menschen war groß und machte es den handelnden Politikern alles andere als leicht. Diese und andere Schwierigkeiten hielten Leopold Figl und seine Stellvertreter jedoch nicht davon ab, unermüdlich durch das Land zu fahren, den Menschen in den Städten und

Gemeinden Mut zuzusprechen und ihnen mit Wort und – noch viel wichtiger – mit Tat zu helfen. Figl kümmerte sich unentwegt um die Versorgung der hungernden Bevölkerung. Er bemühte sich beharrlich um die Errichtung notwendiger Infrastruktur und gab erste Anstöße zum Aufbau lokaler Institutionen wie beispielsweise Gemeindeverwaltungen, Feuerwehren oder Rot-Kreuz-Ortsstellen.

Wenn Figl heute – viele Jahrzehnte nach seinem politischen Wirken – in der Einschätzung der österreichischen Bevölkerung immer noch als einer der bedeutendsten österreichischen Politiker gilt, dann hat das natürlich in erster Linie mit seinen Leistungen rund um das Zustandekommen des Staatsvertrages zu tun. Aber gerade in Niederösterreich greift diese Erklärung der nachhaltigen Beliebtheit Leopold Figls mit Sicherheit zu kurz. Figl war für das Land und für die Menschen da – nicht nur ideell abstrakt, sondern physisch präsent. Legendär sein politischer Instinkt, sein Gespür für die richtigen Worte, seine volkstümliche Art mit dem unvergleichlich offenen Zugang zu den Menschen.

Als Leopold Figl dann im Jahr 1962 vom Niederösterreichischen Landtag einstimmig zum zweiten Mal zum Landeshauptmann gewählt wurde, sah er dies – nach seinen Jahren als Bundeskanzler, Außenminister und Nationalratspräsident – als Heimkehr. „Ich bin ein Kind dieses Landes, in dem ich mit allen Kräften wurzle und dem ich mit aller Liebe verbunden bin", so seine Worte unmittelbar nach seiner Wahl zum Landeshauptmann. Und es wäre nicht Figl gewesen, hätte er diese Aufgabe nicht mit dem für ihn typischen Optimismus und der von ihm verinnerlichten Heimatliebe in Angriff genommen: „Kaum ein Bundesland hat so gelitten wie Niederösterreich. … Noch ist viel nachzuholen, noch ist viel gutzumachen. Doch gibt es für mich keine schönere Arbeit, als meinem Heimatland wieder zu dienen." In den nur drei Jahren seiner zweiten Amtszeit als Landeshauptmann von Niederösterreich setzte er unter anderem mit der Kommunalstrukturreform und der Pflichtschulreform zwei große Reformwerke um, die unserem Bundesland einen Modernisierungsschub brachten und bis heute nachwirken.

Leopold Figl hat viel an Gutem und Großem geleistet. Stets gestützt auf tiefen Gottesglauben und auf ein festes christlich-soziales Wertesystem. Mit seiner unerschütterlichen Zuversicht, seiner hartnäckigen Zielstrebigkeit und seiner durch die bäuerliche Herkunft geprägten Bodenständigkeit ist Figl zu einem großen Vorbild geworden – damals wie heute, und gerade für uns in Niederösterreich.

Mein großer Dank gilt Hans Ströbitzer, Reinhard Linke, dem Residenz Verlag sowie allen, die zum Zustandekommen dieses Buches beigetragen haben. Sie gewähren Einblick in das Leben Figls und seine Zeit und halten damit die Erinnerung an diesen Teil unserer Geschichte wach. Möge dieses Buch eine tragfähige Brücke sein – von einem Vorbild an Tatkraft, Pflichtgefühl und Patriotismus wie es Leopold Figl war, hin zu jenen, die heute und morgen Verantwortung für das Erbe unserer Vorfahren tragen und in ihrem Sinn unser Heimatland in die Zukunft führen.

St. Pölten, im Oktober 2012

Landeshauptmann Dr. Erwin Pröll

Klaudia Tanner

Leopold Figls Vermächtnis für den Niederösterreichischen Bauernbund

Das vorliegende Buch ist einer der herausragendsten politischen Persönlichkeiten, die Österreich je hervorgebracht hat, gewidmet. Leopold Figl hat Unglaubliches für dieses Land geleistet. Das versuchen die Autoren mit akribisch recherchierten Beiträgen herauszuarbeiten, wofür ich ihnen herzlich danke. Als Direktorin des Niederösterreichischen Bauernbunds ist es mir ein Anliegen, die großen Leistungen eines großen Österreichers für die Bauern hervorzuheben. Es ist mir auch deshalb wichtig, weil dies zum Gesamtbild des Staatsmanns Leopold Figl entscheidend beiträgt und sein Handeln verständlicher macht.

Um Figl als Mensch und Politiker zu begreifen, ist es notwendig, sich mit seiner Herkunft und seinem Werdegang auseinanderzusetzen. Er stammt aus einer Bauernfamilie, die tief im christlichen Glauben verwurzelt war, die Fleiß und Zuversicht lebte, was ihn sehr geprägt hat. Es sind Werte, die für den Bauernstand heute noch Gültigkeit haben. Diese Erdung ist wichtig, dieses Vertrauen in Gott, dieses Wissen, dass harte Arbeit auf den Feldern Früchte trägt. All dies war Fundament für die Bauern in einer sehr schwierigen Zeit, wo Selbsthilfe gefragt war, um dieses Österreich in den Nachkriegsjahren weiterzubringen.

Zur Prägung Figls trug bei, dass er früh seinen Vater verlor und als eines von neun Kindern seine Mutter im Familienverband unterstützen musste. Dieses Gefühl der Verantwortung war eine seiner größten Triebfedern in seinem politischen Leben. Nach seiner Gymnasialzeit konnte er als einziges von neun Geschwistern ein Studium beginnen. Figl wollte Agraringenieur werden und so die Arbeit seines Vaters auf anderer Ebene fortsetzen. Als sich ihm die Möglichkeit bot, in den Niederösterreichischen Bauernbund einzutreten, griff er zu. Seine politische Karriere schloss sich nahtlos an seine bäuerliche an. Bauernpolitik hatte es ihm schon in Zeiten des Studiums an der Hochschule für Bodenkultur angetan. Zu seinem politischen Engagement trug die Bekanntschaft mit zwei Männern bei, die für die Bauern und Österreich ebenso überragende Bedeutung haben – Julius Raab und Josef Reither.

Die Geburtsstunde Figls und jene des Niederösterreichischen Bauernbunds liegen nicht weit auseinander. Figl wurde 1902 geboren, der Niederösterreichische Bauernbund vier Jahre später gegründet. Schon in seiner Jugend verfolgte Figl die Entwicklung des Bauernbunds mit wachsamem Auge. Ihn faszinierte, wie es den Bauern gelang, aus einer anfangs politisch hilflosen Interessenvertretung eine starke Organisation aufzubauen, die im Land entscheidend die Geschicke mitbestimmen konnte.

Es war der 29. Juni 1919, als Bauernbundobmann Stöckler die niederösterreichischen Bauern zu einer großen Kundgebung nach Wien mobilisierte. Auch Figl, noch keine 17 Jahre alt, war an diesem Tag nach Wien gekommen, um den Demokratiegegnern energisch Einhalt zu bieten. Zu dieser Zeit ängstigten Hunger und Not die Menschen. In Wien war es nur wenige Wochen zuvor zu einem bewaffneten Aufstand der Kommunisten gekommen, der zwar niedergeschlagen werden konnte, die Unruhen hatten dennoch kein Ende genommen. Später sollte Julius Raab über diesen Tag sagen: „Wer im Jahre 1919 in den politischen Wogen stand, der weiß, dass es ohne den Niederösterreichischen Bauernbund kein Österreich gäbe."

1933 wurde der 31-jährige Figl Bauernbunddirektor in Niederösterreich. Der Niederösterreichische Bauernbund wurde zur am besten organisierten Gruppe in der christlich-sozialen Partei mit mehr als 100.000 Mitgliedern. In Orts- und Bezirksgruppen gegliedert, wurden die Bauernbündler bis hinaus ins kleinste Dorf politisch erfasst, von den Funktionären vor Ort betreut und durch eine wöchentlich erscheinende Zeitung bestens informiert. Dies war die Basis aller Bauernbundarbeit, auf die wir heute sehr stolz sind und die wir im Sinne Figls weiterführen wollen.

1933 überstürzten sich die politischen Ereignisse in Österreich. Die Bauern hofften auf die Schaffung eines geordneten, den Zielen der christlichen Soziallehre entsprechenden Staats. Doch die Gräben zwischen den Parteien waren schon zu groß. Die Nationalsozialisten setzten ihre Terroraktionen fort und auch ein letzter Versuch der niederösterreichischen Bauern, das drohende Verhängnis zu verhindern, blieb erfolglos. Am 2. Februar 1934 marschierte Figl an der Spitze von 110.000 niederösterreichischen Bauern nach Wien und hielt mit und für Dollfuß eine Kundgebung, um das politische Klima zu beruhigen. Vergebens. Auch die Bauern konnten die Nationalsozialisten und ihr „Tausendjähriges Reich" nicht mehr aufhalten. Hitlers Vasallen in Österreich besetzten am 12. März 1938 das Bauernbundhaus in Wien. Der Bauernbund wurde aufgelöst und seine führenden Funktionäre, allen voran Figl und Reither, ihrer Treue zu Österreich wegen verhaftet und ins Konzentrationslager verschleppt.

Leopold Figl war eine einzigartige Persönlichkeit, auf die Österreich und der Niederösterreichische Bauernbund sehr stolz sein können. Er hat uns ein großes Vermächtnis hinterlassen. Er wird uns immer Vorbild sein.

St. Pölten, im Oktober 2012

Mag. Klaudia Tanner
Bauernbunddirektorin

HANS STRÖBITZER

Leopold Figl – ein Leben für Österreich

Das Bild von Leopold Figl, der am 15. Mai 1955 am Balkon des Belvedere in Wien den jubelnden Österreichern den Staatsvertrag stolz präsentierte, ist in das kollektive Gedächtnis eingegangen. Der Staatsvertrag war der Höhepunkt im Leben dieses großen Staatsmannes. Leopold Figl hat für die Freiheit und Unabhängigkeit Österreichs Unglaubliches erlitten und schier Unmögliches geleistet. Das Figl-Jubiläumsjahr 2012 ist ein guter Anlass, um dieses Politikerleben in den Blickpunkt der heutigen Generation zu rücken. In einer Zeit, in der die Glaubwürdigkeit der Politiker und das Vertrauen in die Politik stark gelitten haben, sind Mut, Zuversicht und Optimismus gefragt. Das waren bestimmende Eigenschaften im Leben Leopold Figls, die ihm halfen, die Hölle der NS-Konzentrationslager in Dachau und Mauthausen zu überleben.

Das vorliegende Buch über Leopold Figl ist in den Zeitlauf seiner Generation eingebettet, in der Österreich einem steten, teils sehr schmerzlichen Wandel unterworfen war. Diese Generation „wanderte“ wie keine andere von einer Staatsform in die andere. Von der Monarchie in die Erste Republik, die in den autoritären Ständestaat mündete und 1938 in die NS-Diktatur des „Großdeutschen Reiches“ führte. Erst die Zweite Republik öffnete den Weg in die Demokratie, die sich Leopold Figl und seine engen Weggefährten Julius Raab, Adolf Schärf und Oskar Helmer in der Besatzungszeit mühsam erringen und erhalten mussten.

Leopold Figl war als Bundeskanzler die Speerspitze im Kampf um die Unabhängigkeit. Das Buch schildert das zähe und zermürbende Ringen um den Staatsvertrag, das sich mit den Ereignissen hinter den verschlossenen Türen im Hotel Imperial, dem Sitz des sowjetischen Hochkommissars, wohin Figl wiederholt zitiert wurde, mitunter wie eine böse Legende liest. Das, obwohl die Sowjets wie auch die anderen Alliierten Leopold Figl wegen seiner KZ-Zeit großen Respekt entgegenbrachten. Sie schätzten seine Geradlinigkeit, seine Zivilcourage und seine Geselligkeit. Zudem besaß Leopold Figl die Gabe, sehr rasch Kontakte zu knüpfen und Vertrauen zu gewinnen. Die siebenjährige Regierungszeit Figls als Kanzler fiel in die schwierigsten Jahre der jungen Republik, vor allem weil Stalin im Kalten Krieg das Ziel verfolgte, Ostösterreich zu einem kommunistischen Satellitenstaat zu machen. Im März 1953 starb Stalin und am 2. April wurde Figl von seinem Freund Julius Raab als Bundeskanzler abgelöst. Der Druck Moskaus auf Österreich wurde geringer und das politische Tauwetter ermöglichte schließlich den Staatsvertrag.

Abschließend bedanke ich mich bei Reinhard Linke für seine Mitarbeit, seine profunden Beiträge und seine Initiative, Historiker zu Gastkommentaren einzuladen, die das Buch mit den neuesten Erkenntnissen aus der 10-jährigen Besatzungszeit bereichern. Bedanken möchte ich mich auch bei Anneliese Figl, der Tochter von Leopold Figl, die das private Fotoarchiv öffnete und in einem Interview Einblicke in das Privatleben der Politikerfamilie gab. Mein Dank gilt auch der Leiterin des Residenz Verlages, Roswitha Wonka, die der Motor bei der Gestaltung und Fertigstellung des Werkes war.

Der jungen Generation wünsche ich beim Lesen des Buches eines mitzunehmen: In schwierigen Situationen Mut und Zuversicht zu behalten und wachsam gegenüber autoritären Tendenzen in der Gesellschaft zu sein.

St. Pölten, im Oktober 2012

Hans Ströbitzer

Hans Ströbitzer

Leopold Figl und seine Zeit

Der Untergang der Monarchie und der Beginn der ungeliebten Republik

Leopold Figl, der Bauernsohn aus dem Tullnerfeld, ist in seinen jungen Jahren Zeitzeuge beim Zerfall der Habsburgermonarchie und beim mühevollen Aufbau der Ersten Republik – an deren Schicksal er bald mitarbeiten wird. In dieser schweren Periode der österreichischen Geschichte erhält er auch seine weltanschauliche Prägung, die es ihm ermöglicht, die Tyrannei in der NS-Zeit zu überleben.

Heute zählt Leopold Figl zu den größten Staatsmännern der österreichischen Geschichte. Ob als Bauernbunddirektor in der Ersten Republik, als erster Bundeskanzler nach dem Inferno des Zweiten Weltkrieges in einem vierfach besetzten Land oder als Außenminister – sein Leben ist gekennzeichnet durch einen unerschütterlichen Glauben an Österreich. Sein tiefes Gottvertrauen und sein Patriotismus kommen in der berühmten Rundfunkansprache zum Ausdruck, die er als erster frei gewählte Bundeskanzler zur Nachkriegsweihnacht 1945 hält: „Wir haben nichts. Ich kann euch nur bitten: Glaubt an dieses Österreich!" In diesem Satz spiegelt sich Figls Lebensmaxime wider, der er seit seiner Studienzeit, in guten wie in schlechten Tagen, treu geblieben ist.

Familie mit neun Kindern — Als Leopold „Poldl" Figl am 2. Oktober 1902 als drittes von neun Kindern der Bauernfamilie Josefa und Josef Figl in Rust im Tullnerfeld geboren wird, hat der alte Kaiser Franz Joseph das Zepter noch fest in der Hand. Scheinbar. Denn es gärt am Balkan und die Tschechen sind unzufrieden. Unzufrieden mit ihrem Status in der von Wien und Budapest dominierten Monarchie, die schon auf wackeligen Beinen steht. Das Volk will mehr Mitsprache. Einige Jahre später, 1907, stimmt der

Kaiser der Einführung des allgemeinen, gleichen und freien Wahlrechts zu. Ausgeschlossen sind „nur" mehr die Frauen.

Am Figl-Hof in Rust, die Familie ist seit 1752 hier ansässig, verfolgt man die gesellschaftliche Entwicklung aufmerksam. Die Großeltern haben die Bauernbefreiung erlebt und so mancher Bauer bangt weiterhin um seine Existenz. 1906 wird der Niederösterreichische Bauernbund, mit dem talentierten Bauernführer Josef Stöckler aus St. Valentin an der Spitze, gegründet. Er wird rasch zu einer bestimmenden Kraft im Lande und sollte auch das Leben Leopold Figls entscheidend beeinflussen. Josef Stöckler ist übrigens mit dem Vater von Leopold Figl befreundet, er kommt regelmäßig nach Rust, um sich Ferkel zur Aufzucht zu holen.

Der Tod des Vaters — Als Leopold Figl elfjährig und seine Mutter erst 40 Jahre alt ist, trifft die Familie ein schwerer Schicksalsschlag: Der Vater, nur ein paar Jahre älter als seine Gattin Josefa, stirbt und überlässt ihr alleine die ganze Verantwortung für Kinder und Hof. Josefa Figl ist eine tiefgläubige, liebenswürdige, aber auch energische Frau. Die größeren Kinder müssen neben der Schule bald am Hof mithelfen. „In der vaterlosen Familie Figl hat es zwar keine Not und Entbehrung, aber immer viel Arbeit und Verantwortung selbst für die Kinder gegeben. Auch der Kampf um Absatz und gerechten Lohn für die Früchte der Arbeit, wie überhaupt um die Sicherung der bäuerlichen Existenz, wurde daher bereits von den Jugendlichen verfolgt. Vom jungen Leopold Figl wissen Schulkollegen und Geschwister zu berichten, dass er schon immer über ein gutes Mundwerk verfügt hat und bereits in jungen Jahren an der Zeitungslektüre interessiert war." (Therese Kraus)

Im Gymnasium von St. Pölten — Leopold Figl ist bereits 13 Jahre alt, als er 1915 in das St. Pöltner Gymnasium eintritt. Die Mutter hat nach langem Zögern schließlich den Rat von Pfarrer und Lehrer befolgt, die die geistigen Talente des zarten Kindes hervorhoben. Es mag sein, dass die Figl-Bäuerin ihren Sohn auch deshalb nicht gerne von zu Hause fortgehen lässt, weil die Zeiten wieder einmal besonders ernst sind. Nach der Ermordung des Thronfolgers Erzherzog Franz Ferdinand und seiner Gemahlin in Sarajewo im Juni 1914 erreicht nun der Erste Weltkrieg mit dem Eintritt Italiens an der Seite Russlands, Englands und Frankreichs gegen Österreich-Ungarn und Deutschland seinen Höhepunkt.

Oben links: Kaiser Franz Joseph regiert bereits seit 54 Jahren, als Leopold Figl 1902 geboren wird.

Oben Mitte: Der erste Obmann des Niederösterreichischen Bauernbundes, der Bauernführer Josef Stöckler aus St. Valentin, ein Freund der Familie Figl.

Oben rechts: Karl Renner, der erste Staatskanzler der Ersten Republik, mit Tochter Leopoldine und Gattin Luise vor seiner Villa in Gloggnitz.

Unten: Über Empfehlung des Ruster Pfarrers und des Schulleiters darf der zarte „Poldl" (4. v. li.) das Gymnasium in St. Pölten besuchen, wo er bald in den dortigen Turnverein eintritt.

Drei Jahre später, 1918, nach dem Zusammenbruch der Monarchie und dem verlorenen Ersten Weltkrieg, hat der 16-jährige Gymnasiast in St. Pölten ein für sein weiteres Leben entscheidendes Erlebnis: Er wird Zeuge eines außergewöhnlichen Ereignisses, das in der Traisenstadt für großes Aufsehen sorgt.

Figls Begegnung mit Raab — Am Allerseelentag 1918, einem Tag vor dem Ende des Ersten Weltkrieges, befindet sich der 27-jährige Oberleutnant Julius Raab, ein Baumeistersohn aus St. Pölten, mit seiner Pionierkompanie an der italienischen Piave-Front. In den zehn Isonzoschlachten, an denen er teilgenommen hat, „haben wir zweitausend Mann verloren", erzählt der spätere Bundeskanzler. Als am 3. November 1918 der Waffenstillstand ausgerufen wird und an den Fronten das große Chaos ausbricht, versammelt der junge Oberleutnant Raab seine Pionierkompanie und schlägt den Soldaten vor, gemeinsam nach Hause zu marschieren. „Die Leute sind mit mir gegangen. Die Monarchie war zu Ende. Ich hatte keine Befehlsgewalt mehr, und doch sind sie mit mir als geschlossene Einheit zurück in die Heimat marschiert – über Laibach, Marburg, Graz, Kapfenberg, Mariazell bis St. Pölten." Dort kommt der Oberleutnant mit seinen Pionieren am 23. November an und verabschiedet sie im elterlichen Bauhof. Raab war es gelungen, seine jungen Pioniere vor der Gefangenschaft zu bewahren. In der Menge, die Julius Raab mit seinen Soldaten begeistert begrüßt, befindet sich auch der Gymnasiast Leopold Figl. Doch damals ahnt niemand, dass Raab und Figl einmal zu den größten Staatsmännern Österreichs zählen werden.

Die Ausrufung der Republik — Das Schicksalsjahr 1918 bringt das Ende der Herrschaft der Habsburger. Nach dem verlorenen Ersten Weltkrieg, der ca. 15 Millionen Tote gefordert hat, und dem Zusammenbruch der Monarchie wird im klein gewordenen Österreich am 12. November 1918 die Republik ausgerufen. Bereits am 30. Oktober hat Karl Renner als Staatskanzler die erste provisorische Regierung der Republik Österreich gebildet. Schließlich verzichtet Kaiser Karl auf die Ausübung seines Amtes, bevor er mit seiner Familie in die Schweiz ins Exil geht.

„Als das Ende dann tatsächlich eintrat, reagierte man mit einer Mischung aus Empörung, Erleichterung und Betroffenheit. Eine Lösung der materiellen Probleme bedeutete es ohnehin nicht, denn nun erst wurde der Hunger unerträglich. Die schon seit Längerem grassierende Spanische

Grippe brach massiv aus und forderte vor allem bei den mangelernährten Schichten der Bevölkerung tausende Opfer, das prominenteste war der Maler Egon Schiele." (Willibald Rosner)

Mit 16 Jahren „Nibelungia"-Gründer — Leopold Figl, der Raabs mutige Heimkehr von der Front bewundert hat, sucht bald dessen Bekanntschaft. Julius wird sein Freund und Ratgeber. Auf seine Meinung legt er auch noch später in allen wichtigen Fragen außerordentlichen Wert. Im Mai 1919 gründet der 16 Jahre alte Leopold Figl gemeinsam mit dem um elf Jahre älteren Julius Raab in St. Pölten die katholische Mittelschulverbindung „Nibelungia". In dieser Zeit des gewaltigen Umbruchs ist es gerade die junge Generation, die nach neuer Orientierung sucht. Österreich, bis vor Kurzem Teil des 50 Millionen Einwohner umfassenden Habsburgerreichs, wird zu einem Kleinstaat mit damals 6,5 Millionen Einwohnern, an dessen Lebensfähigkeit kaum jemand glaubt. Die junge Republik steht schon am Beginn vor der Zerreißprobe, als sich der Student Leopold Figl für den politischen Weg entscheidet.

Figl bei „Grossdemo" mit 10.000 Bauern — Am Tag der Ausrufung der Republik und in weiterer Folge – etwa am Gründonnerstag 1919 – gibt es einige Versuche, nach sowjetischem Vorbild, wo die kommunistische Revolution das Zarenregime hinweggefegt hat, bzw. so wie in München oder Budapest eine Räterepublik zu errichten. Die gewalttätigen Versuche, in das Parlament einzudringen, scheitern. Die Unruhen auf der Straße gehen aber weiter.

In dieser Zeit der politischen Unruhen ruft Niederösterreichs Bauernbundobmann Josef Stöckler 10.000 Bauern nach Wien, um einer Großkundgebung gegen eine KP-Diktatur beizuwohnen. Unter dem Motto: „Bis hierher und nicht weiter", legen die Bauern ein Bekenntnis zur jungen Demokratie ab. Auch der 16-jährige Leopold Figl ist am 29. Juni 1919, dem Peter-und-Pauls-Tag, unter den Demonstranten. Die „Presse" schreibt von einem „befreienden Tag" für Wien. Für Leopold Figl ist es ein Schlüsselerlebnis, und er, der sich bereits in der Mittelschulverbindung „Nibelungia" mit der Politik des Bauernbundes und der Christlichsozialen Partei auseinandersetzte, spürt den Wunsch, auch einmal in der Politik mitzuarbeiten.

Ausspeisungen für hungernde Kinder und ein kurzer sozialer Frühling — 1919, in der Zeit von Hunger und Not, kommt es zu einer Entfremdung zwischen Stadt- und Landbevölkerung. „Man beschuldigte die Bauern, ihre Produkte zu überhöhten Preisen abzugeben, wobei Hamsterer und Schieber den Vorrang hätten. Die Ballung der Bevölkerung in Wien und im Wiener Becken führt zu großen Ernährungsproblemen, die anfangs unlösbar scheinen, da die Kohlennot zeitweise auch die Einstellung des Eisenbahnverkehrs erzwingt. Die im April 1919 einsetzende Ausspeisung durch amerikanische und schweizerische Organisationen bewahrte viele Kinder vor dem Verhungern." (Karl Gutkas)

In der kurzen Zeit der Großen Koalition in Österreich zwischen den Sozialdemokraten und den Christlichsozialen unter Führung von Staatskanzler Karl Renner kommt es 1919/20 zu einem „sozialen Frühling", der durch eine Reihe von Gesetzen die Situation der Arbeiterschaft verbessert. Die Angst vor einer drohenden Revolution ist die Triebfeder für manche Selbstständige, mit den Sozialdemokraten und Christlichsozialen für die neuen Sozialgesetze zu stimmen.

Beachtlichen Einfluss hat die Haltung der Bischöfe, die in einem Sozialaufruf für eine Besserstellung der Arbeiterschaft eintreten. Dazu kommt, dass viele junge Priester Funktionen in der Christlichsozialen Partei haben. „Der Pfarrer ist oft auch das Oberhaupt der lokalen Partei." (Gerhard Silberbauer) Manche Geistliche haben hohe politische Ämter inne, so ist damals Prälat Ignaz Seipel Klubobmann der Christlichsozialen im Parlament.

Zu den sozialpolitischen Marksteinen dieser Periode zählen die Einführung eines Nachtarbeitsverbotes für Frauen und Jugendliche auch in kleingewerblichen Betrieben, das Arbeiterurlaubsgesetz, die Verbesserung der Krankenversicherung, die nun auch für die Heimarbeiter, für die Hausgehilfinnen und die Arbeitskräfte in der Land- und Forstwirtschaft gilt, sowie die Arbeitslosenversicherung. Von nachhaltiger Bedeutung ist die Schaffung der Arbeiterkammer, der Einigungsämter, die gesetzliche Regelung des Kollektivvertragswesens und die Einführung von Betriebsräten.

Drei Regierungen in zwei Jahren — Mit wachsamen Augen beobachtet auch der Student Leopold Figl die Tagespolitik. 1920 zerbricht die rot-schwarze Koalition, und innerhalb kurzer Zeit scheitern die zwei darauffolgenden Regierungen. Die wirtschaftliche Situation ist katastrophal und die anhaltende Inflation vernichtet alle Spareinlagen. So sind die

Kriegsanleihen, die auch Bauern und Gewerbetreibende aus patriotischen Gründen während des Ersten Weltkrieges zeichneten, nicht mehr das Papier wert, auf dem sie gedruckt wurden. Das alles führt zur Verarmung weiter Bevölkerungskreise, es folgen Streiks und Demonstrationen, bei denen es in Wien zu Plünderungen von Geschäften und Nobelrestaurants kommt. 1922 gelingt es Ignaz Seipel, eine Koalition mit den Deutschnationalen zu bilden. Seine Hauptaufgabe in der neuen Regierung wird es sein, die Währung zu sanieren.

Studium in schwerer Zeit — Ein privates Schlüsselerlebnis hat Leopold Figl zu dieser Zeit bei einem Turnfest in St. Pölten. Er lernt dort Hilde Hemala kennen, die Tochter des christlichsozialen Abgeordneten Franz Hemala aus Wien. Später besuchen die beiden in der Bundeshauptstadt einen Tanzkurs, der von der katholischen Studentenverbindung „Norica" veranstaltet wird. Aus der Bekanntschaft wird eine Liebe fürs Leben. Figls späterer Schwiegervater ist ein Freund des christlichen Arbeiterführers Leopold Kunschak. Der aus bäuerlichem Umfeld stammende Figl lernt über die neue Verwandtschaft nun auch die Sorgen und Nöte der Arbeiterschaft kennen.

Nach der Matura übersiedelt Leopold Figl in die Bundeshauptstadt. Für den Bauernsohn ist es selbstverständlich, dass er an der Hochschule für Bodenkultur inskribiert, um Agraringenieur und Bauernpolitiker zu werden. Er wohnt im selben Studentenheim in der Habsburgergasse, in dem auch der junge Baumeister und Freund Julius Raab untergebracht war. Er wird Mitglied der CV-Verbindung „Norica", wo Raab einer der jüngeren „alten Herren" ist.

Scheidung bei „Bauernbrot und Wein" — Der Student Leopold Figl und seine Freunde aus Niederösterreich können in diesen Jahren immer wieder die heftigen Diskussionen mitverfolgen, bei denen es um die Trennung Niederösterreichs von der Bundeshauptstadt Wien geht. Diese beginnen bereits 1919, als bei den niederösterreichischen Landtagswahlen die Sozialdemokraten mit 64 der insgesamt 120 Mandate die absolute Mehrheit erhalten und mit Albert Sever, einem Krankenkassenbeamten aus Ottakring, den Landeshauptmann stellen. Dies ist ein Schock für das Bauernland Niederösterreich. Als Erster unter den Abgeordneten meldet sich der Bauer und Gastwirt Ludwig Wagner aus Aschbach zu Wort. Er meint, es sei unzumutbar, dass „Niederösterreich von einer wesensfremden Partei"

Ignaz Seipel – Staatsmann von europäischem Format

Prälat Ignaz Seipel (1876–1932) war der bedeutendste und gleichzeitig auch umstrittenste der zwölf Bundeskanzler in den kaum 20 Jahren des Bestehens der Ersten Republik. Für seine Gegner war er der „Prälat ohne Milde", für seine Sympathisanten ein Priester und Sanierer der Seelen, für wohlwollende politische Beobachter die charismatischste Persönlichkeit, die die Christlichsoziale Partei in der Ersten Republik hervorbrachte, für Kritiker ein gewiefter Taktiker. Seipel, der von 1921 bis 1929 Obmann der Christlichsozialen Partei war und fünf Regierungen vorstand, war unstreitig der führende politische Kopf unter den Regierungschefs der Ersten Republik. Arbeit und Askese waren ihm Zeit seines Lebens vertraut. Einsamkeit prägte sein Leben: keine Familie, kaum Teilnahme am gesellschaftlichen Leben, nicht einmal ein Stammtisch, wie er selbst schrieb. Aus dem Volke kommend, wenn auch in ganz anderer Weise als sein Vorbild Karl Lueger, nämlich distanziert gegenüber den Massen und ohne das geringste Zugeständnis an jegliche Demagogie, erlangte er ein ungewöhnlich hohes Maß an Autorität und Popularität, sowohl im Inland als auch im Ausland.

Kanzler in fünf Regierungen — Die längste Zeit seiner Karriere war er Geistlicher und Wissenschafter, von 1909 bis 1917 als Professor für Moraltheologie in Salzburg; er kritisierte den „übertriebenen Nationalismus" des Krieges und das Zusammengehen mit dem Deutschen Reich. Erst sehr spät kam er in die Politik. Im letzten kaiserlichen Kabinett im Oktober 1918 unter Heinrich Lammasch war er Minister für Soziale Fürsorge und formulierte für Kaiser Karl die Abdankungsurkunde. Als Bundeskanzler führte er in den Jahren 1922–1924 und 1926–1929 fünf Regierungen. 1930 war er noch kurzzeitig Außenminister. Am 1. Juni 1924 wurde er durch das Attentat eines Arbeiters schwer verletzt und lag vier Monate im Spital. Ab dem 37. Lebensjahr war er zuckerkrank, eine Kugel des Attentats von 1924 verblieb in einem Lungenflügel, 1930 kündigte sich die Tuberkulose an.

Seipel geriet zwischen viele Fronten, was ihn quälte: Kirche und weltliche Macht, Monarchie und Republik, Großstaat und Kleinstaat, Kapitalismus und Sozialismus, Pragmatik und Ideologie, Konservatismus und Faschismus, nicht zuletzt Glauben und Politik, Priesteramt und politische

Funktion, Sanierung der Währung und Sanierung der Seelen, vita contemplativa und vita activa.

Er war der Exponent der Wiener Richtung der Christlichsozialen, die unter dem Druck des „Roten Wien“ in wesentlich schärferer Opposition zur Sozialdemokratie standen als die Christlichsozialen in den Bundesländern, wo das Konsensklima wesentlich stärker war. Seipel selbst wandelte sich vom Architekten der parlamentarischen Demokratie zum desillusionierten Sympathisanten der Diktatur, ohne freilich den Heimwehrfaschismus gutzuheißen oder alle Beziehungen zur Sozialdemokratie zu kappen.

Angst einflössende Schlagworte — Seine wichtigste Leistung war die Sanierung der österreichischen Währung im Jahr 1922 mit Hilfe einer Anleihe des Völkerbundes. Als Seipel am 7. November 1924, wohl als Folge des Attentats zurücktrat, schien die Stabilisierung von Staat und Wirtschaft geschafft. Am 20. Dezember 1924 wurde der Schilling eingeführt. Er war ein Sinnbild für die wirtschaftliche Konsolidierung. Als Seipel 1926 als Bundeskanzler zurückkehrte, war das gerade die Zeit der Formulierung der Parteiprogramme – des „Linzer Programms“ der Sozialdemokraten mit dem Angst einflößenden Schlagwort von der „Diktatur des Proletariats“ und der „sozialen Demokratie“ oder „Volksdemokratie“ und des christlichsozialen Programms mit den Schlagworten von der „wahren Demokratie“ oder der „Demokratie der Tat“, die auf diktatorische Vollmachten hinausliefen.

Der Zusammenbruch der Creditanstalt und das Scheitern des deutschösterreichischen Zollunionsprojekts am Einspruch Frankreichs, Italiens und der Tschechoslowakei lösten eine Krise aus. Seipel erhielt im Juni 1931 von Bundespräsident Wilhelm Miklas den Auftrag, eine Konzentrationsregierung zu bilden, was ihm nicht gelang. Das Misstrauen war zu groß – Bundeskanzler wurde der niederösterreichische Landeshauptmann Karl Buresch.

Am Morgen des 2. August 1932 erlag Ignaz Seipel seinen Leiden. Sein größter Gegenspieler, Otto Bauer, nannte ihn in seinem berühmten Nachruf einen „Staatsmann europäischen Formats“. Aber der Untergang der Ersten Republik hatte schon begonnen.

regiert werde. Denn 44 der 64 „roten" Abgeordneten seien in der Stadt Wien gewählt worden. Landeshauptmann-Stellvertreter Josef Zwetzbacher, ein Mühlenbesitzer und Landwirt aus St. Pölten, betont, die „Trennung des flachen Landes von Wien" müsse ernstlich erwogen werden, denn hier habe man ganz andere Probleme als die Menschen in der Großstadt.

Zu den Anhängern der Trennung gehören neben führenden Christlichsozialen wie Bauernbundobmann Josef Stöckler bald auch prominente Sozialdemokraten wie Karl Renner, der in Gloggnitz einen Wohnsitz hat. Dieser schlägt vor, eine Teilung des ehemaligen Erzherzogtums so vorzunehmen, dass Wien auch mehrere Bezirke mit sozialdemokratischen Mehrheiten im Südbahngebiet umfasst. Doch hier stellen sich die Christlichsozialen heftig dagegen. Letztlich setzen sich jene Politiker durch, die einer Machtaufteilung zwischen dem „roten Wien" und dem „schwarzen Land" zustimmen. Die vorgesehene Grenzziehung ist jene, die bis heute Bestand hat.

Mehr als ein halbes Jahr lang wird über die Aufteilung des Landesvermögens und der Lasten gestritten – bis Silvester 1921. Das Trennungsgesetz war bereits beschlossen, als die niederösterreichische Verhandlungsrunde mit Bürgermeister Jakob Reumann im Wiener Rathaus die letzten Hindernisse beseitigt. „Wegen des Kohlenmangels war das Zimmer nur schlecht geheizt und es herrschte eine frostige Stimmung", notiert Oskar Helmer, der spätere SPÖ-Innenminister unter Kanzler Figl. „Erst als der Bauer Johann Mayer, der erste Landeshauptmann des neuen Bundeslandes Niederösterreich, Bauernbrot und Wein aus seinem Hof auftischte, löste sich die Stimmung." Zumal der Bund nun bereit gewesen sei, die defizitären Landesbahnen zu übernehmen. Schließlich einigt man sich auch bezüglich des im Eigentum beider Länder stehenden Niederösterreichischen Landhauses in der Wiener Herrengasse. Es solle so lange im Besitz Niederösterreichs bleiben, solange das nun neue Bundesland über keine eigene Landeshauptstadt verfüge. (Das Problem wurde 75 Jahre später bei der Übersiedlung nach St. Pölten auf nachbarschaftliche Weise gelöst.) Mit der Einigung in der Silvesternacht kann am 1. Jänner 1922 das Trennungsgesetz in Kraft treten. Für Niederösterreich beginnt nun eine neue Geschichtsepoche.

Gründung der Bauernkammer — Mit der Loslösung von Wien müssen eigene Strukturen für das Bundesland Niederösterreich geschaffen werden. Dazu gehören eine eigene Landeshypothekenanstalt, um finanziell nicht mehr von Wien abhängig zu sein, ein eigener Landesschulrat und ein Amt der Landesregierung für die Verwaltung. Das Bauernland rund um Wien braucht auch dringend eine effizientere Landwirtschaft, das macht sich gerade in der furchtbaren Notzeit nach dem Ersten Weltkrieg schmerzlich bemerkbar. Es zeugt vom Weitblick der Bauernführer, dass in der Zeit der Trennung von Wien zwei von ihnen eine Studienreise nach Deutschland antreten, um sich ein Bild über die Arbeit der dort bereits seit mehreren Jahren bestehenden Landwirtschaftskammern zu machen. Es sind dies der Geistliche und Bauernbunddirektor (seit 1918) Josef Sturm und der St. Pöltner Bauer, Mühlenbesitzer und Landeshauptmann-Stellvertreter Josef Zwetzbacher. Durch ihre Initiative wird im Niederösterreichischen Landtag 1922 das Landesgesetz zur Gründung einer Landes-Landwirtschaftskammer beschlossen. Die legistische Vorarbeit für diese Institution der Bauernschaft leistet der junge Jurist und Agrarspezialist Engelbert Dollfuß, ein Bauernsohn aus Texing im Bezirk Melk. Sturm hat ihn bald nach dem Krieg als Bauernbundsekretär angestellt und den talentierten Mann zum Studium nach Deutschland geschickt, wo er Erfahrungen über eine fortschrittliche Agrarpolitik sammelte.

Über 400.000 Bauern und Landarbeiter — 1925 wird der christlichsoziale Bürgermeister von Langenrohr, Josef Reither, zum Präsident der Niederösterreichischen Landwirtschaftskammer gewählt, 1928 wird er auch Obmann des Bauernbundes. Als Kammeramtsdirektor wirkt seit 1927 Engelbert Dollfuß, der bald mit dem jungen Leopold Figl eng in Agrarfragen zusammenarbeiten sollte.

Die Situation vieler Bauern ist noch Jahre nach dem Krieg trist. Die Inflation vernichtet vielfach ihre Spareinlagen für Notzeiten, die veralteten Höfe erwirtschaften nur geringe Erträge, die großteils für den Eigenbedarf und für die Zugtiere benötigt werden. Es leben noch 41,4 Prozent der Berufstätigen von der Land- und Forstwirtschaft, das sind über 400.000 Beschäftigte gegenüber rund 260.000 in Industrie und Gewerbe.

Die junge Bauernkammer entwickelt sich rasch zu einer „Denkschule" der Landwirte, die gezielte Förderungen einleitet, den Auf- und Ausbau des landwirtschaftlichen Schulwesens ankurbelt und den Bauern durch die Gründung von Bezirksbauernkammern jederzeit für Beratungen zur Verfügung steht. Der allmähliche Aufschwung der Landwirtschaft erfolgt Hand in Hand mit dem Ausbau des landwirtschaftlichen Genossenschaftswesens, dessen Revision seit 1924 durch die Landes-Landwirtschaftskammer erfolgt. Neben einem dichten Netz an Raiffeisenkassen zählt man 1928 in Niederösterreich bereits 23 Raiffeisen-Lagerhäuser und zahlreiche Molkereien und Winzergenossenschaften.

Über Initiative des späteren Landeshauptmanns Josef Reither wird 1923 von der Kammer die Niederösterreichische Brandschadenversicherung gegründet, die sich rasch zu einer wirksamen Hilfe der Existenzsicherung der Bauern und auch für Handel und Gewerbe entwickelt. Heute hat die alle Sparten umfassende Niederösterreichische Versicherung ihren Standort im Regierungsviertel in St. Pölten.

Oben: Die Familie Figl aus Rust im Tullnerfeld im Jahre 1912, ein Jahr bevor der Vater stirbt. Links neben der Mutter der zehnjährige Leopold.

Unten links: Der erste Landeshauptmann des Bundeslandes Niederösterreich: der Weinviertler Bauer Johann Mayer.

Unten rechts: Die neue Genossenschaftsmolkerei in Waidhofen an der Thaya: Das Land forciert in der Zeit der Not den Ausbau der landwirtschaftlichen Genossenschaften und der Milcherzeugung, um die Ernährung vor allem der Kinder in den Städten zu verbessern.

Die galoppierende Inflation und die Privatarmeen der Parteien

An der Universität für Bodenkultur in Wien, wo Leopold Figl zu den Studenten gehört, wird die Entwicklung am Agrarsektor genau verfolgt. Figl kann damals noch nicht wissen, dass er bereits in wenigen Jahren als Sekretär in der Direktion des Niederösterreichischen Bauernbundes mit der Landwirtschaftskammer eng zusammenarbeiten wird.

Gar nicht erfreulich entwickelt sich die politische Situation. Wien ist zur Studienzeit Figls ein heißer politischer Boden, auf dem Meinungsverschiedenheiten immer mehr auf der Straße ausgetragen werden. Aber auch in den Landwirtshäusern in Figls Heimatbezirk kommt es bei politischen Versammlungen wiederholt zu Handgreiflichkeiten und Raufereien.

Die größer werdende Verschuldung vieler Bauern sowie die steigende Arbeitslosigkeit lässt die Not im jungen Bundesland ansteigen, die Lage der verarmten „kleinen Leute“ wird immer drückender.

Ein Laib Brot für 5670 Kronen — Eine Wurzel des Übels ist die zunehmende Geldentwertung, die bald zu einer galoppierenden Inflation führt. Innerhalb von zwölf Monaten steigen die Lebenshaltungskosten um 573 Prozent. Der Preis für den Laib Brot steigt von 46 Heller vor dem Krieg auf 160 Kronen im Dezember 1921 und auf 5670 Kronen im September 1922. Der Wochenlohn eines Maurers klettert im selben Zeitraum 1921/22 von 18.384 Kronen auf fast 400.000 Kronen. Österreich wird zum Land Not leidender Millionäre, denn die Lohnerhöhungen können mit den Preisen nicht Schritt halten. Zwei- bis dreimal pro Woche müssen die Löhne ausgezahlt werden – die Notenpresse arbeitet unermüdlich –, was den Wert der Papierkronen beträchtlich sinken lässt. Mit ausländischem Kapital kann man um einen Pappenstiel Häuser und Grundstücke erwerben, was die „Schieber“ riesige Gewinne einfahren lässt. Die Inflation führt zur Verarmung weiter

Bevölkerungskreise. Handel und Produktion brechen mehr und mehr zusammen, was zu chaotischen Verhältnissen und gewaltigen sozialen Spannungen führt. Allein im Jahr 1921 gibt es 391 Streiks und 24 Aussperrungen von Arbeitern. Bei einer Demonstration in Wien kommt es zu Plünderungen von Geschäften und Gaststätten. Schwarzmarkt und Schmuggel blühen.

Schließlich tragen die Arbeiter ihre Löhne mit Rucksäcken nach Hause, aber sie können mit dem vielen Geld kaum ihre Familien erhalten. Wenn Figl nach ein paar Tagen Arbeit am heimatlichen Hof wieder nach Wien fährt, dann hat er eine „dicke Brieftasche" im Gepäck. Doch das Stück Geselchtes, das ihm die Mutter mitgibt, ist wertvoller als die vielen Kronenscheine, deren Wert von Woche zu Woche schwindet.

Kommissar im Finanzministerium — Die Politiker sind verzweifelt. Bundeskanzler Ignaz Seipel hat die schwierige und undankbare Aufgabe, Österreich vor dem drohenden Staatsbankrott zu retten. Er reist wiederholt ins Ausland, um Kredite zu erhalten, aber keine Großbank ist bereit, Österreich vor einer Sanierung der Währung auch nur eine Krone zu leihen. Da wendet er sich an den Völkerbund, einen Vorläufer der Vereinten Nationen, der in Genf seinen Sitz hat. Schließlich gelingt es dem Kanzler, nach langen Verhandlungen einen 880 Millionen Goldkronen umfassenden Kredit mit Hilfe des Völkerbundes bei großen ausländischen Großbanken zu erwirken. Dieser wurde mit zehn Prozent per anno verzinst. Die Notenpressen werden versiegelt. Der Schilling wird als neue Währung mit 1. Jänner 1925 eingeführt, der Wechselkurs beträgt 10.000 Papierkronen für einen Schilling. Der harte Sanierungskurs, der von den Sozialdemokraten im Parlament heftig kritisiert wird, verschlechtert rapide das politische Klima.

Die Anleihen zwingen Österreich einen beinharten Sparkurs auf, der durch einen Kommissar des Völkerbunds, der im Finanzministerium sitzt, genau überwacht wird. Ein Ergebnis des harten Sanierungsprogramms der Regierung ist die Entlassung von knapp 82.000 Beamten, soziale Einschränkungen folgen. Das führt nach der Währungsreform zwar bald zu einem harten Schilling und rettet Österreich vor dem Staatsbankrott, aber die wirtschaftliche und soziale Lage verändert sich kaum. Betriebsschließungen und Konjunktureinbrüche vermehren nach kurzen Erholungspausen immer wieder das Heer der Arbeitslosen, die im Monat oft nur sieben Schilling an Arbeitslosengeld bekommen. Nach einiger Zeit werden sie „ausgesteuert"

Leopold Figls geistliche Vorbilder

Leopold Figl erhält seine religiös-geistige Prägung nicht nur in seinem christlichen Elternhaus und in der Studentenverbindung „Norica", sondern auch durch zwei Priesterpersönlichkeiten, mit denen er bereits als junger Mitarbeiter in der Direktion des Bauernbundes eng verbunden ist – zwei Männer, die zum sozialen und wirtschaftlichen Aufstieg des Bauernstandes wesentlich beitragen: Es sind dies Prälat Matthias Bauchinger (1851–1934), ein Pionier der Raiffeisengenossenschaften und führender Politiker der Christlichsozialen, und der etwas jüngere Bauernführer Josef Sturm (1885–1944), der zum Aufbau des Bauernbundes wesentlich beiträgt. Beide sind Geistliche, die aus dem bäuerlichen Milieu stammen und in ihrer Kindheit noch die Versteigerungen verarmter Bauernwirtschaften miterlebt haben.

Raiffeisen-Pionier und Bauernpolitiker — Parallel zu den ersten Reformen für die Arbeiterschaft wird in der Habsburgermonarchie von christlicher Seite auch die Genossenschaftsidee propagiert. Als Beispiel dienen die in Deutschland von Friedrich Wilhelm Raiffeisen gegründeten „Spar- und Darlehenskassen", die nicht auf Gewinn ausgerichtet sind, um die Bauern von Spekulationen und Wuchereien unabhängig zu machen. Die erste Raiffeisenkasse in Österreich wird 1886 in Mühldorf bei Spitz gegründet, zehn Jahre später sind es bereits rund 400 kleine Ortskassen im Lande unter der Enns, die ihren Mitgliedern billige Darlehen bieten.

Zu den Gründervätern der Raiffeisen-Genossenschaften gehört auch der Stadtpfarrer von Pöchlarn, Prälat Matthias Bauchinger, seit 1896 Abgeordneter der Christlichsozialen im Niederösterreichischen Landtag. Er übt wiederholt Kritik daran, dass die Bauern beim Verkauf ihrer Produkte der Willkür großer Zwischenhändler ausgeliefert sind. Mit einigen Pöchlarner Bauern fährt er nach Bayern, um die dort bereits ins Leben gerufenen Raiffeisen-Lagerhäuser zu studieren. Bereits 1898 wird im Pöchlarner Pfarrhof die Gründung der ersten Lagerhausgenossenschaft im Lande beschlossen, deren Obmann Prälat Bauchinger wird – er sollte es bis 1934 bleiben.

Prälat Bauchinger gehört gemeinsam mit dem Gutsbesitzer Josef Stöckler aus St. Valentin auch zu den Initiatoren für die Gründung des Niederösterreichischen Bauernbundes 1906. Als Abgeordneter und als

Spitzenfunktionär der Raiffeisengenossenschaften, deren erster Generalanwalt er wird, ist er einer der bedeutendsten Agrarpolitiker Österreichs. Er geht bei seinen vielen Wien-Aufenthalten in der Zentrale des Bauernbundes ein und aus, wo er wiederholt mit dem jungen Figl zusammentrifft.

Priester, Publizist und Bauernbunddirektor — Die Priesterpersönlichkeit, die Leopold Figls Weltanschauung wohl am meisten geprägt hat, ist sein Vorgänger als Bauernbunddirektor, Josef Sturm. Der Bauernsohn aus Stadt Haag ist zuerst als Kaplan tätig und unterrichtet in Kirchberg an der Pielach als Religionslehrer den Volksschüler Franz König, den späteren Wiener Erzbischof. Kaplan Sturm schreibt wiederholt Beiträge für den „Bauernbündler", durch die sein publizistisches Talent auffällt. Schließlich studiert er noch Volkswirtschaft in Wien und Berlin.

Seine politische Karriere beginnt nach dem Zusammenbruch der Monarchie. Sturm wird Direktor des Niederösterreichischen Bauernbundes und organisiert mit Bauernbundobmann Stöckler 1919 die Großkundgebung mit 10.000 Bauern gegen die Einführung einer Rätediktatur.

Direktor Sturm wirkt damals auch bei der Gründung des Österreichischen Reichsbauernbundes mit, in dessen Wiener Zentrale er als Generalsekretär mitarbeitet. 1922 hat er wesentlichen Anteil an der Schaffung der Niederösterreichischen Landwirtschaftskammer. Durch seine Beiträge im „Bauernbündler", dessen Chefredakteur er mehrere Jahre ist, trägt er zum Aufschwung der Agrarproduktion bei. Direktor Sturm ist von 1920 bis 1932 Mitglied des Bundesrates, wechselt 1933 als Landeshauptmannstellvertreter in die Landesregierung.

Im selben Jahr ziehen die Bischöfe, wegen der härter werdenden Polarisierung und bewaffneten Auseinandersetzungen zwischen den Parteien, die Priester aus der Politik zurück. Auch Sturm legt alle seine Funktionen nieder. Nun ist sein Stellvertreter und langjähriger Mitarbeiter Leopold Figl allein für die Direktion des Bauernbundes verantwortlich. Hofrat Sturm arbeitet die letzten Jahre seines Lebens wieder in der Seelsorge seiner Heimatgemeinde Haag.

und stehen mittellos da, falls sie von ihrer Gemeinde nicht ein paar Schilling an Notstandshilfe bekommen.

Das Talent zum Bauernführer — In den Ferien hilft der Student Leopold Figl immer wieder am elterlichen Hof bei der Arbeit mit. Da „Poldl" zu den älteren der neun Geschwister zählt, muss er bald für die Kleinen den verstorbenen Vater „ersetzen" und die Mutter tatkräftig bei der Hofarbeit unterstützen. „Dann spürt er an den rau gewordenen Händen und dem steifen Rücken, dass das Brot des Bauern hart verdient werden muss", schreibt die Figl-Biographin Susanne Seltenreich. „Sitzt er abends mit den Seinen an dem alten Tisch, hört er immer wieder von den großen Sorgen der Landbevölkerung. Oft wirft der Poldl einen Gedanken ein, wie er dieses oder jenes Problem anpacken würde. Dann horchen die anderen auf, und die Mutter, die nach dem Tod des Vaters schon seit Jahren die Wirtschaft führt, ist stolz auf ihr ‚Studenterl'."

Seine Überzeugungskraft und sein Rednertalent kann Leopold Figl bei der 20-Jahr-Feier des Niederösterreichischen Bauernbundes 1926 erstmals öffentlich beweisen. Er darf dort, als der Vertreter der Studentenschaft, eine Rede halten, die großen Eindruck auf die Bauernführer wie etwa Josef Reither, den späteren Landeshauptmann, macht. Bauernbunddirektor Josef Sturm klopft Figl nach dessen Auftritt begeistert auf die Schulter und ruft: „Jetzt hab' ich endlich den richtigen Sekretär gefunden!"

Das Angebot ist verlockend, aber Figl lehnt vorerst höflich ab. Er will zuerst das Studium abschließen, will kein „ewiger Student" sein. Aber bereits ein Jahr später wird er ersucht, im Bauernbundhaus in der Wiener Schenkenstraße auszuhelfen, da am 27. Mai 1927 eine Delegation des Bauernbundes zum internationalen Agrarkongress nach Rom fährt. Figl soll sich um die Post kümmern und Telefonate entgegennehmen.

Aber er macht nicht bloß Journaldienst. Er gibt Ratschläge, findet für manche Frage eine Lösung, die sich verwirklichen lässt. Als Bauernbunddirektor Sturm vom Agrarkongress in Rom zurückkehrt, ist er von Figls Tätigkeit so begeistert, dass er ihn „nicht mehr aus dem Haus lässt". Figl, noch nicht 25 Jahre alt, wird Werkstudent und provisorischer Bauernbundsekretär. Ohne dass er es so bald wollte, nahm dadurch die politische Karriere des Leopold Figl ihren Lauf.

Schicksalsjahr 1927: der brennende Justizpalast — Das Jahr 1927, das Leopold Figl bereits in der Zentrale des Niederösterreichischen Bauernbundes in der Wiener Schenkenstraße erlebt, wird ein Schicksalsjahr für Österreich. Im Jänner 1927 erschießen ehemalige Frontkämpfer bei Auseinandersetzungen mit sozialdemokratischen Schutzbündlern im burgenländischen Schattendorf aus einem Hinterhalt ein Kind und einen Invaliden, fünf Schutzbündler werden verletzt. Die angeklagten Frontkämpfer werden in einem Prozess von den Geschworenen freigesprochen. Das „Fehlurteil von Schattendorf" führt einen Tag später zur Katastrophe: Am 15. Juli 1927 kommt es in Wien zu einer Großdemonstration aufgebrachter Arbeiter, die den Justizpalast stürmen und anzünden. Auch die sozialdemokratischen Führer können die wütende Menge nicht mehr zurückhalten. Schließlich gibt der Polizeipräsident Schießbefehl.

Die schweren Ausschreitungen fordern 89 Tote, darunter vier Sicherheitsbeamte, sowie 660 schwer und rund 1000 leicht Verletzte. Die Kluft zwischen den Sozialdemokraten, die auf Bundesebene in Opposition sind, und den Christlichsozialen wird nun immer größer. Auch die Gewaltakte der stärker werdenden Nationalsozialisten nehmen zu, bereits 1925 töteten die Nationalsozialisten in Mödling einen sozialdemokratischen Gemeinderat. Der junge Figl bespricht 1927 wiederholt den Ernst der Situation mit den Bauernführern, die die Entwicklungen mit Sorge verfolgen.

Kurze Flitterwochen — Im Jänner 1930 schließt der Werkstudent Leopold Figl an der Hochschule für Bodenkultur in Wien sein Studium ab. Als Agraringenieur und definitiver Sekretär setzt er nun seine Arbeit an der Spitze des Niederösterreichischen Bauernbundes fort. Am 9. September heiratet er seine Verlobte Hilde Hemala. Hildes Trauzeuge ist der Gründungsvater der christlichsozialen Arbeiterbewegung Leopold Kunschak, Figls Trauzeuge Bauernbunddirektor Josef Sturm. Nach einem Kurzurlaub in Italien gehen die Flitterwochen rasch zu Ende. Für längere Urlaube bleibt dem jungen Paar auch in den nächsten Jahren nur wenig Zeit. Denn Leopold Figl wird bereits 1931, im Alter von 29 Jahren, stellvertretender Bauernbunddirektor. Der junge Agrarpolitiker ist nur selten bei seiner Familie, in der bald sein Sohn Hans (Jahrgang 1932) und seine Tochter Anneliese (1936) heranwachsen. Fast alle Wochenenden gehören der Politik, denn da finden in den ländlichen Gebieten die Bauernversammlungen statt. Bald kennt Leopold Figl viele kleine Orte und damit auch die Nöte seiner Mitmenschen. Er arbeitet eng mit der Landwirtschaftskammer zusammen, um Vorschläge für die Verbesserung der bäuerlichen Produktion einzubringen und Finanzierungsmöglichkeiten für eine allmähliche Technisierung auf den Höfen und Feldern zu erstellen. Er kämpft für die Aufrechterhaltung der Zölle, um die Bauern vor Billigimporten zu schützen. In diesem Punkt kommt es immer wieder zu Konflikten mit den Gewerkschaften.

Der „Korneuburger Eid" und die Raab-Heimwehr — Für Österreichs Heimwehren gibt es bereits 1930 einige Weichenstellungen. Am 18. Mai 1930 nützt der Bundesführer der Heimwehren, Richard Steidle, die Generalversammlung der Niederösterreicher, um dort eine Proklamation unterschreiben zu lassen, die als „Korneuburger Eid" in die Geschichte eingeht. Die Heimwehrfunktionäre sollten dort in aller Öffentlichkeit eine von ihm vorgelegte Erklärung unterschreiben, die besagt, dass die Heimwehr „die Macht im Staate zum Wohle des gesamten Volkes übernehmen" will. Staat und Wirtschaft sollten neu geordnet werden, der „westliche demokratische Parlamentarismus und Parteienstaat" abgeschafft, der marxistische Klassenkampf und die liberal-kapitalistische Wirtschaftsgestaltung durch eine berufsständische Selbstverwaltung ersetzt werden.

Steidle will bei dieser Gelegenheit vor allem den niederösterreichischen Heimwehrführer Julius Raab zur Entscheidung zwingen, sich zwischen der Heimwehr und der Christlichsozialen Partei zu entscheiden. Raab unterschreibt nach ausdrücklicher Aufforderung, nur der christlichsoziale Funktionär Josef Dengler aus St. Pölten verweigert das Gelöbnis.

Raab scheidet nach zunehmenden Differenzen mit den anderen Heimwehrführern bereits im Dezember 1930 aus dem Heimatschutz aus. Nach zahlreichen Gesprächen mit seinen Freunden, darunter Leopold Figl und Josef Reither, gründet er mit Unterstützung der Christlichsozialen Partei und des Bauernbundes die „Niederösterreichische Heimwehr".

Der „Steirer-Putsch" der Heimwehr — Ein Jahr später herrscht Krisenstimmung in der Wiener Schenkenstraße. Am 12. September 1931 unternimmt der steirische Heimwehrführer Walter Pfrimer einen Putschversuch, ruft sich selbst zum „Staatsführer" aus, lässt sozialdemokratische Bürgermeister verhaften und Bezirkshauptmannschaften besetzen. Es kommt zu heftigen Kämpfen mit sozialdemokratischen Arbeitern, die Tote und Verletzte fordern.

Oben links: Die ersten Schillingbanknoten werden 1925 ausgegeben, es sind 5-, 10-, 20-, 100- und 1000-Schilling-Scheine.

Oben rechts: Arbeitslose, Kriegsinvaliden, „Werkelmänner" und Bettler gehören in der Ersten Republik zum Straßenbild vieler Orte.

Unten links: Der St. Pöltner Baumeister Julius Raab (Bildmitte re. neben Landeshauptmann Reither), Gründer einer eigenen Heimwehr.

Mitte rechts: Leopold Figl und seine Frau Hilde in jungen Jahren.

Unten rechts: Leopold Figl im Alter von 29 Jahren, damals stellvertretender Bauernbunddirektor.

Der Marsch nach Niederösterreich und Wien misslingt. Es fährt zwar eine Autokolonne mit 600 Mann und 14 Maschinengewehren durchs Ybbstal bis Amstetten, doch dort wird der „Marsch auf Wien" abgebrochen. Bauernbundführer Josef Reither hat den „faschistischen Putschversuch" bereits heftig verurteilt. Gendarmerie und Polizei verhaften Sympathisanten der Putschisten in Niederösterreich. Julius Raab hat seine Landes-Heimwehr der Regierung zur Verfügung gestellt und energisches Vorgehen gegen die Putschisten verlangt. Auch der Schutzbund steht in Niederösterreich „Gewehr bei Fuß".

Die Führung des Niederösterreichischen Bauernbunds mit Reither, Direktor Sturm und Figl fordert die „allerstrengste Bestrafung" sowie die restlose Abschaffung aller bewaffneten Verbände. Der Putsch bricht bald zusammen und Pfrimer flüchtet nach Jugoslawien. Als der Heimwehrführer später nach Österreich zurückkehrt, wird er verhaftet und angeklagt, aber trotz vieler Proteste von einem Schöffensenat im Dezember 1931 freigesprochen.

In Niederösterreich übernimmt nun der Bauernbund über Anregung von Landeshauptmann Josef Reither die Patronanz über die aus der Katholischen Jugend hervorgegangenen „Ostmärkischen Sturmscharen". Sie waren in Innsbruck unter Mitwirkung des Abgeordneten Kurt Schuschnigg, des späteren Kanzlers, von der Christlichsozialen Partei gegründet worden – als Reformbewegung der Katholischen Jugend und in Gegnerschaft zu den radikalen Heimwehren. In Niederösterreich wird 1932 Leopold Figl mit der Führung der „Sturmscharen" betraut.

Der Gesinnung treu bleiben — Im April 1932 finden in Niederösterreich Landtagswahlen statt. Sie bringen für die beiden großen Parteien eine unliebsame Überraschung. Erstmals ziehen die Nationalsozialisten mit acht Mandaten in den Landtag ein, sie erhalten über 110.000 Stimmen und sind bald auch in mehreren Städten in den Gemeinderäten vertreten. Das bisher – im Gegensatz zum Parlament – im niederösterreichischen Landtag überwiegend sachliche Klima, in dem die Zusammenarbeit zwischen den Christlichsozialen und den Sozialdemokraten noch erhalten werden konnte, wird durch den Einzug der Nationalsozialisten mit einem Schlag rauer, bis es schließlich auch hier zu Handgreiflichkeiten kommt.

Nach den Landtagswahlen fährt Leopold Figl nach Deutschland, um im Auftrag der Christlichsozialen die Agitation der Hitler-Partei zu studieren. Dort spricht er auch bei Kundgebungen der Bayerischen Volkspartei. Deutschland wurde am Beginn der 1930er-Jahre zu einer Präsidialrepublik, die bereits starke autoritäre Züge aufweist. Sie basiert auf dem Notverordnungsrecht des Reichspräsidenten und wird zuerst von den Sozialdemokraten und der Zentrumspartei gestützt. Das von der Weltwirtschaftskrise schwer betroffene Land ist ein guter Nährboden für die Agitation der NSDAP, die im Reichstag in Berlin bereits über eine starke Fraktion verfügt und in zahlreichen Demonstrationen ihre Hetzparolen unter das Volk bringt.

Bei seinem Besuch in Deutschland trifft Leopold Figl auch Kardinal Michael von Faulhaber, der Figl erklärt: „Für Deutschland scheint es schlecht zu stehen, wir werden die Gefahr des Nationalsozialismus kaum mehr abwehren können. Und wie steht es um Österreich?“ Darauf Figl: „Wir werden uns wehren, kämpfen bis zum Letzten. Entscheidend ist, dass wir unserer Gesinnung treu bleiben.“ Figl fährt nachdenklich nach Hause, denn er hat gesehen, wie die Nationalsozialisten Wahlversammlungen sprengen, Saalschlachten inszenieren und wie ihre Propaganda die Massen begeistern kann.

Bereits am 30. Jänner 1933 wird Hitler Reichskanzler. Er macht Deutschland rasch zu einer nationalsozialistischen Diktatur. Figl, der in diesem Jahr die Funktion des Bauernbunddirektors übernimmt, weiß, was dies für Österreich bedeutet.

Die Weltwirtschaftskrise und tausende Arbeitslose

Mit der Einführung der Schillingwährung hat sich die Finanzsituation in Österreich bis 1929 etwas stabilisiert, während sich die politische Lage immer mehr zuspitzt. Am 18. August kommt es in St. Lorenzen im Mürztal zu schweren Kämpfen zwischen faschistischen Heimwehrleuten und linken Schutzbündlern, die vier Tote, 34 teils schwer verletzte Schutzbündler und 108 verletzte Heimwehrleute fordern. Darauf schreiben Zeitungen im In- und Ausland in großer Aufmachung vom drohenden Bürgerkrieg und einem Chaos in Österreich. Als das Gerücht umgeht, dass dadurch der Schilling in Gefahr sein würde, heben viele Bürger Geld von den Konten ab und legen es in sicher scheinenden Dollars an. Nun setzt der Run auf die Geldinstitute ein. Im September 1929 werden 44,7 Millionen Schilling abgehoben und Dollarnoten mit Flugzeugen nach Wien gebracht.

Das erste Opfer der Kapitalflucht ist die Bodencreditanstalt. Die Großbank hütete einst das Privatvermögen der Habsburger. Ihr Industrieimperium, auch mit zahlreichen Beteiligungen in den Nachbarländern, wurde nach dem Zerfall der Monarchie und dem Verlust der Absatzmärkte außerhalb Österreichs zum Bleifuß. Die plötzliche Finanzkrise macht die Bank zahlungsunfähig. Um eine Kettenreaktion bei ihren Industriebetrieben zu vermeiden, wird von der Regierung Druck auf den Haupteigentümer der Creditanstalt, Louis Nathaniel Rothschild, ausgeübt, die bankrotte Bodencreditanstalt zu übernehmen.

Der Börsencrash in New York — „Die Zwangshochzeit der beiden Großbanken wäre wahrscheinlich geglückt, wenn es nicht im Oktober 1929 zu einem Börsensturz in New York gekommen wäre." (Karl Bachinger/Herbert Matis). Ausgelöst wird der Crash durch eine überhitzte Hochkonjunktur, in der amerikanische Banken viel Geld angehäuft haben. Die Aktien steigen auf Grund der immer stärkeren Nachfrage weit über ihren realen Wert. Dazu werden oft kaum gedeckte Kredite gewährt. Auch europäische Investoren und Spekulanten wollen beim „Börsenspiel" in New York an den Kursgewinnen mitnaschen. Der Dow-Jones-Index steigt von Anfang 1928 bis September 1929 von 191 auf 381 Punkte. So fließen Unmengen an Devisen aus europäischen Ländern nach Amerika.

Durch die Weltwirtschaftskrise verlieren hunderttausende Menschen ihre Arbeitsstelle.

Als im Oktober 1929 plötzlich stärkere Aktienverkäufe einsetzen, kommt es am 24. Oktober, dem „Schwarzen Donnerstag", zu einer Verkaufspanik. Aktien fallen ins Bodenlose, verlieren bis zu 90 Prozent, die vielen faulen Kredite werden schlagend. Was nach dem Zusammenbruch der Börse an der Wallstreet in New York folgt, ist eine Finanz- und Wirtschaftskrise, wie sie bisher die Welt nicht heimgesucht hat.

Die folgende Rezession erfasst auch Österreichs Industrie. Rund 70 Prozent der großen Industriebetriebe sind eng mit der Creditanstalt verbunden, die eines der bedeutendsten Geldinstitute Mitteleuropas ist. Im Mai 1931 steht ihr Sturz unmittelbar bevor. Um die Katastrophe zu verhindern, schnüren die Nationalbank, die Regierung, das Haus Rothschild und internationale Notenbanken einen „Rettungsschirm" aus Darlehen und Haftungen. Die Großbank wird vor dem Bankrott bewahrt, der Industrie aber bleibt ein schwerer Aderlass nicht erspart.

14 Fabriken geschlossen — Die Weltwirtschaftskrise schlägt auf Österreichs Wirtschaft voll durch. Zahlreiche Betriebe müssen ihre Produktion drosseln bzw. ganz einstellen. Allein in Niederösterreich werden 14 Fabriken geschlossen. Hunderttausende Menschen sind ohne Arbeit und Brot. Zahlreiche Betriebe in Österreich werden fusioniert, andere halten sich mit Kurzarbeit oder Kündigungen über Wasser. Die erzwungene Sparpolitik der Regierung und die Vermeidung höherer Budgetdefizite erlauben kaum Investitionen der öffentlichen Hand, um die Wirtschaft anzukurbeln.

Kanzler Engelbert Dollfuß und der Weg zum Ständestaat

Im Mai 1932 wird der Landwirtschaftsminister und anerkannte Agrarfachmann Engelbert Dollfuß Bundeskanzler, nachdem innerhalb kurzer Zeit zwei Regierungen gescheitert sind. Mancher hat auf die Bildung einer großen Koalition mit den Sozialdemokraten gehofft, die über eine starke Mehrheit im Parlament verfügt hätte und vielleicht auch zur Verbesserung des politischen Klimas hätte beitragen können. Aber es gibt keinen Konsens.

Dabei gilt Dollfuß bis dahin bei den Linken als ein Mann, mit dem man in einer Koalition zusammenwirken könne und der ein hohes soziales Ethos hat. Als Bauernführer war er nicht nur für eine Besserstellung der Bauern, sondern auch der Landarbeiter eingetreten. Über seine Initiative wurde die Alters- und Krankenversicherung für Landarbeiter und die Unfallversicherung für Landarbeiter und Bauern geschaffen. Als Landwirtschaftsminister schuf er zur Regelung des Agrarmarktes Ausgleichsfonds für Milch, Getreide und Vieh. Wiederholt hatte er in Agrarfragen Kontakte mit sozialdemokratischen Führern. Otto Bauer versicherte Dollfuß einmal, dass er eine Zusammenarbeit von Bauern und Arbeitern für das einzige tragfähige System in Österreich halte. Die Sozialdemokraten befinden sich damals bereits seit zwölf Jahren in Opposition, dabei haben sie bei den Nationalratswahlen 1930 72 Mandate, die Christlichsozialen 66, der Nationale Wirtschaftsblock 19 und der Heimatblock erstmals acht Sitze erhalten.

Um die Heimwehr in Schach zu halten … — Die Bildung einer Rechtsregierung mit dem Heimatblock begründet Dollfuß, so Gerhard Silberbauer, damit, „dass er damit die Heimwehr besser in Schach halten könne – in Wirklichkeit hielt sie ihn in Schach – und dass er dadurch den Nationalsozialisten weniger Angriffsflächen bieten würde“. Den sozialdemokratischen Führern Karl Seitz, Otto Bauer und Robert Danneberg versichert Dollfuß, dass er dies auch getan habe, weil er verhindern wollte, dass der steirische Landeshauptmann Anton Rintelen, ein Vertrauensmann der Heimwehr, Kanzler werde – ein Kampf gegen die Sozialdemokratie liege ihm durchaus fern.

Dollfuß verfügt damals im Parlament nur über eine knappe Mehrheit, die wirtschaftliche und finanzielle Situation des Landes ist äußerst angespannt. 1931 beschließt der Nationalrat ein Budgetsanierungsgesetz, um die Budgetlöcher zu stopfen. Die Bezüge der öffentlichen Angestellten werden zwischen 4,5 und 6 Prozent gekürzt. Ein weiteres „Krisenopfer" beinhaltet einen Zuschlag zur Einkommensteuer, eine Ledigensteuer und eine zusätzliche Vermögensteuer. Aber die Maßnahmen haben wenig Erfolg und sie verstärken die anhaltende Depression der Wirtschaft, drosseln den Konsum und erhöhen die Zahl der Arbeitslosen.

Die zweite Völkerbundanleihe und die „Sabotage" der Linken — Der neue Kanzler Engelbert Dollfuß ist kaum ein paar Monate im Amt, da appelliert er, so wie vor zehn Jahren Bundeskanzler Seipel, an den Völkerbund, Österreich neuerlich eine Anleihe zu gewähren, sie sei für das Land „eine Schicksalsfrage".

Die überaus labile innenpolitische Situation in Österreich und die Sorge, dass das Land die Zinsen und Tilgungsdienste seiner hohen Auslandsschulden nicht mehr leisten könne, bewegen die im Völkerbund vertretenen Staaten, einen Kredit von 300 Millionen Schilling zu gewähren. Hauptzweck dieser zweiten Völkerbundanleihe ist die Stützung der Währung durch das Einfließen von Devisen, die Umwandlung kurzfristiger Schulden in langfristige und die Stützung des Staatshaushaltes.

Als der Kanzler stolz die sogenannte „Lausanner Anleihe" dem Nationalrat zur Abstimmung vorlegt, stößt diese bei den Sozialdemokraten, den Großdeutschen und Nationalsozialisten auf heftige Ablehnung, denn die Auflagen sind ähnlich wie bei der ersten Anleihe und zwingen Österreich, den rigorosen Sparkurs fortzusetzen. Zutiefst ist Dollfuß von der „Sabotage" und den feindseligen Wortmeldungen sozialdemokratischer Führer getroffen und meint, wer den Verfall der Währung nicht aufhalte und aus parteipolitischen Motiven heraus die Wiedergesundung des Vaterlandes erschwere, habe sich als Feind des Staates deklariert. Für den enttäuschten Kanzler ist es der Anlass, die Brücken zur Linken abzubrechen. Die Abstimmung wird zur Zitterpartie: Zuerst stimmt der Nationalrat mit knapper Mehrheit dafür, dann votiert der Bundesrat – wo die Sozialdemokraten die Mehrheit haben – dagegen, und letztlich fasst der Nationalrat mit der hauchdünnen Mehrheit von einer Stimme den Beharrungsbeschluss.

„Mit Otto Bauer – nie wieder!“ — Im Herbst 1932 kommt es zudem bei einer Nationalratsdebatte zwischen Dollfuß und Otto Bauer zu einem heftigen Wortwechsel, der den endgültigen Bruch mit der Sozialdemokratie bedeutet. Letzterer hatte dem Kanzler zugerufen: „Eine Woche tragen Sie den Demokratenhut und eine Woche den Heimwehrhut!“ Darauf Dollfuß bebend: „Und Sie sind in Ihrer Gesinnung ständig ein Bolschewik, der sich nur zur Diktatur des Proletariats, niemals ehrlich zur Demokratie bekennt!“ Bauer entlud nun seinen ganzen Zynismus auf den Kanzler: „Ich habe vor jedem, der ehrlicher Bolschewik ist, Achtung, für Gesinnungslumpen habe ich nur Verachtung, Herr Bundeskanzler!“ Daraufhin verließ Dollfuß kreidebleich den Sitzungssaal.

Als später nach der Ausschaltung des Parlaments die Rede auf die Reaktivierung des scheintoten Nationalrates kommt, soll Dollfuß gesagt haben: „Mit Otto Bauer in einem Parlament sitzen? Nie wieder!“

Der Höhepunkt der Arbeitslosigkeit — 1933 wird das Ende der parlamentarischen Demokratie eingeläutet. Die Parteien werden mehr und mehr zu erbitterten Feinden.

Österreich ist trotz der „Lausanner Anleihe“ kaum in der Lage, der Weltwirtschaftskrise Paroli zu bieten. Die Zahl der Arbeitslosen erreicht mit rund 600.000 ihren Höhepunkt. Ein Drittel davon sind „Ausgesteuerte“, die kein Arbeitslosengeld mehr bekommen. Manche erhalten eine minimale Unterstützung ihrer Gemeinde. Die Not und das Elend der in primitiven Wohnungen hausenden Familien vermehren nun die Scharen der Bettler auf dem Land, die bei den Bauern um ein Stück Brot oder eine kleine Schnitte Speck für ihre Kinder bitten.

Der Einbruch des Konsums um etwa ein Drittel und die niedrigen Preise der landwirtschaftlichen Produkte bereiten der Führung des Bauernbundes mit Landeshauptmann Reither und Leopold Figl große Sorgen. Da sich viele Familien nur ab und zu ein kleines Stück Fleisch leisten können, verfallen die Viehpreise. Darunter haben vor allem die Bergbauern zu leiden, von denen sich manche kein Brot mehr kaufen können. Die Verarmung bäuerlicher Kleinbetriebe ist kaum zu verhindern. 1933 gründet der ehemalige

Landwirtschaftsminister Andreas Thaler in Brasilien die österreichische Bauernsiedlung „Dreizehnlinden", die von 1500 Auswanderern, meist verarmte Tiroler Bergbauern, aufgebaut wird.

In dieser von Not und Elend geprägten Zeit gibt es aber außergewöhnliche Leistungen in Wissenschaft und Kultur. So erhält der Wiener Physiker Erwin Schrödinger 1933 den Nobelpreis für seine Forschungsarbeiten auf dem Gebiet der Atomphysik, die Salzburger Festspiele, mit der Aufführung des „Jedermann" vor dem Salzburger Dom unter der Regie von Max Reinhardt 1920 eingeleitet, sind bereits weltberühmt und werden 1933 erstmals von dutzenden Rundfunkstationen übertragen.

Der Druck des Duce und die „Selbstauflösung" des Parlaments — Im Krisenjahr 1933 gerät Bundeskanzler Engelbert Dollfuß immer mehr in den innenpolitischen Strudel. Außenpolitisch wird er von Benito Mussolini unter Druck gesetzt, der für Italiens Schutzmachtfunktion gegenüber einer deutschen Bedrohung einen autoritären Kurs und faschistische Reformen fordert.

Im März 1933 nützt Kanzler Dollfuß eine Geschäftsordnungskrise im Parlament, als alle drei Parlamentspräsidenten zurücktreten, um wegen einer „Selbstauflösung" diese gesetzliche Körperschaft auszuschalten. Der Kanzler regiert in der Folge mit Hilfe des noch aus der Monarchie stammenden Kriegswirtschaftlichen Ermächtigungsgesetzes autoritär – durch bloße Verordnungen seines Kabinetts.

Das Verbot des Schutzbundes und die Trabrennplatzrede — Nun beginnt der allmähliche Abbau der parlamentarischen Demokratie. Die Versammlungs- und Pressefreiheit wird eingeschränkt – so wird am 1. Mai vom Militär die Wiener Innenstadt abgeriegelt und der traditionelle Maiaufmarsch der Sozialdemokraten verhindert. Der Republikanische Schutzbund wird aufgelöst und die KPÖ verboten.

Bei einer Kundgebung am Wiener Trabrennplatz erläutert Engelbert Dollfuß am 11. September 1933 sein Programm: „Die Zeit des kapitalistischen Systems, die Zeit kapitalistisch-liberalistischer Wirtschaftsordnung ist vorüber, die Zeit marxistischer, materialistischer Volksverführung ist gewesen! Die Zeit der Parteienherrschaft ist vorbei! Wir lehnen Gleichschalterei und Terror ab, wir wollen den sozialen, christlichen, deutschen Staat Österreich auf ständischer Grundlage, unter starker, autoritärer Führung!

Autorität heißt nicht Willkür, Autorität heißt geordnete Macht, heißt Führung durch verantwortungsbewusste, selbstlose, opferbereite Männer. [...] Ständischer Neuaufbau ist die Aufgabe, die uns in diesen Herbstmonaten gestellt ist."

Dollfuß ist nun fest entschlossen, den „christlichen Ständestaat" als Alternative zur parlamentarischen Demokratie zu errichten, die durch den permanenten Krieg der Worte und auf der Straße bereits viel Vertrauen bei der Bevölkerung eingebüßt hat. Von katholischer Seite ist schon wiederholt über eine berufsständische Säule der Staatsordnung diskutiert worden und auch Papst Pius XI. hat 1931 in seiner Enzyklika „Quadragesimo anno" den christlichen Ständestaat als einen geeigneten Weg für einen Interessenausgleich zwischen Arbeitgebern und Arbeitnehmern bezeichnet. Allerdings gibt es kein praktisches Modell.

Der NS-Terror und das Verbot der NSDAP — Im Jahr 1933 erreicht der von Deutschland aus gesteuerte Naziterror in Österreich einen Höhepunkt. Allein im Juni werden an 18 Tagen Bombenanschläge und Brandstiftungen verübt. Am 19. Juni überfallen mit Handgranaten bewaffnete Nationalsozialisten christlich-deutsche Turner in Krems. Die Bilanz: ein Toter und 16 teils schwer Verletzte. Die Bundesregierung reagiert mit einem Verbot der NSDAP. Im niederösterreichischen Landtag stimmen Christlichsoziale und Sozialdemokraten für ein Verfassungsgesetz, das die Aberkennung der Mandate der Nationalsozialisten auf Landes- und Gemeindeebene beinhaltet. Bis zum Bürgerkrieg im Februar 1934 bleibt auf Landesebene diese Zusammenarbeit zwischen „Schwarz" und „Rot" erhalten.

„Der autoritäre Kurs des aus Texing bei Melk stammenden Bauernsohns Engelbert Dollfuß findet nicht die ungeteilte Zustimmung des Niederösterreichischen Bauernbundes. Leopold Figl hält zwar zu Dollfuß, weil dieser uneingeschränkt für ein selbständiges Österreich eintritt, billigt aber nicht immer dessen Entscheidungen." (Susanne Seltenreich) Die Bauernbundführer mit Landeshauptmann Josef Reither wollen die Brücken zu den Sozialdemokraten nicht abbrechen, deren rechter Flügel mit Karl Renner, Landeshauptmann-Stellvertreter Oskar Helmer und Landesrat Heinrich Schneidmadl zur Kooperation bereit ist. „Wenn es nach den niederösterreichischen Landespolitikern gegangen wäre, hätte die Geschichte vielleicht einen anderen Verlauf genommen." (Klaus Mulley)

Figl mobilisiert 100.000 Bauern — Anfang 1934 wird Leopold Figl Reichsbauernbunddirektor (eine Bezeichnung aus der Zeit der Monarchie), er ist nun österreichweit für die Organisation dieses großen Bundes verantwortlich. Das Land ist innen- und außenpolitisch in einer fast aussichtslosen Situation. Nach der Ausweisung eines deutschen Vertreters in Österreich, der die österreichische Regierung beschimpft hat, und dem Verbot der NSDAP hat Hitler die „Tausend-Mark-Sperre" verhängt. Jeder Deutsche, der nun nach Österreich reisen will, muss eine Gebühr von tausend Mark entrichten. In einer wirtschaftlichen Notzeit wird damit der anlaufende Fremdenverkehr mitten ins Herz getroffen, denn die Deutschen stellen rund 40 Prozent der Touristen.

Nun werden neben den Nationalsozialisten auch die Sozialdemokraten immer mehr zu erbitterten Feinden des Kanzlers. Großbritannien und Frankreich sehen dem um seine Existenz ringenden Österreich tatenlos zu. Da ergreift Leopold Figl die Initiative und organisiert eine Großkundgebung. Am 2. Februar 1934, dem „Lichtmesstag", marschieren 100.000 Bauern über die Wiener Ringstraße, um ein Treuebekenntnis zu einem freien, unabhängigen Österreich abzulegen. Die Bauernbundführung will damit vor allem dem Ausland zeigen, dass die Menschen ihren Glauben an Österreich nicht verloren haben. Doch Figls Initiative bleibt nur ein Kraftakt des guten Willens. Österreich gleicht bereits einem Pulverfass. Vergeblich mahnt am 9. Februar im Wiener Gemeinderat der christliche Arbeiterführer Leopold Kunschak zur Versöhnung zwischen „Schwarz" und „Rot", „ehe wir an Gräbern stehen und weinen".

Der blutrote Fasching 1934 — Der Bruderkampf bricht bereits drei Tage später los. Den zündenden Funken lieferte der „von einem maßlosen Ehrgeiz beseelte, skrupellose Vizekanzler und Innenminister Major Emil Fey. Unbekümmert um etwaige politische Auswirkungen ging er plötzlich, sozusagen aus heiterem Himmel, daran, Waffensuche beim Republikanischen Schutzbund zu veranstalten … Und ausgerechnet in Linz musste er beginnen, wo eine besonders aktive und tatbereite Schutzbundgruppe war. Und um ja die provozierende Wirkung nicht zu verfehlen, kündigte er am Vorabend an, dass wir morgen ganze Arbeit leisten werden …", schreibt Ernst Rüdiger Starhemberg, damals stellvertretender Bundesführer der „Vaterländischen Front", in seinen Memoiren über die Ausgangslage am 12. Februar 1934.

Faschingmontag 1934. Es ist ein strahlend schöner Wintertag, als am

12. Februar um 7 Uhr früh die Polizei in das Linzer Hotel Schiff eindringt, um im dortigen Parteiheim der Sozialdemokraten nach Waffen zu suchen. Der oberösterreichische Schutzbundführer Richard Bernaschek gibt den Befehl zum Widerstand, die Sicherheitskräfte werden vorerst zurückgeschlagen, doch dann kommen das Bundesheer und die Heimwehr zur Verstärkung. Bernaschek wird verhaftet.

Die Flächenbrände breiten sich schnell aus. Dabei wird am frühen Vormittag des 12. Februar noch ein Vermittlungsversuch unternommen. Im Niederösterreichischen Landhaus treffen sich die sozialdemokratischen Landesräte Heinrich Schneidmadl und Oskar Helmer sowie der Abgeordnete Leopold Petznek mit Landeshauptmann Josef Reither und Landesrat Georg Prader. Sie versuchen vergebens, durch Interventionen bei Kanzler Dollfuß und Bundespräsident Wilhelm Miklas, den bereits begonnenen Bürgerkrieg noch zu stoppen. Die Vermittlungsgespräche der Niederösterreicher werden von der Staatspolizei unterbrochen, die die sozialdemokratischen Mandatare festnimmt.

Der Bürgerkrieg erfasst zuerst Oberösterreich. Die Zentren sind Steyr, Enns, das Hausruckviertel mit dem Kohlengebiet von Wolfsegg, das Trauntal, Stadl-Paura und Ebensee. In den übrigen Bundesländern kommt es in der Steiermark, vor allem im Raum Bruck an der Mur und Kapfenberg, sowie in Niederösterreich zu anhaltenden Gefechten. Dort gibt es die heftigsten Kämpfe in den Industrieorten des Südbahngebiets, im Traisen-, Gölsen- und Ybbstal sowie in St. Pölten.

Der tiefe Graben zwischen „Rot" und „Schwarz" — Der Bürgerkrieg fordert nach offiziellen Angaben 314 Tote (darunter 196 Schutzbündler) und mehr als 800 Verletzte, vermutlich liegt die Zahl aber bei weit über 1000. Leicht verwundete Schutzbündler meiden die Spitäler, um nicht verhaftet zu werden. 21 Schutzbundführer werden von Standgerichten zum Tode verurteilt, neun Urteile davon auch vollstreckt, unter ihnen Georg Weissel, Karl Münichreiter und Koloman Wallisch. Den beiden Arbeiterführern Otto Bauer und Julius Deutsch gelingt die Flucht in die Tschechoslowakei. In Brünn gründen sie nach dem Verbot der Sozialdemokratischen Partei in Österreich das „Auslandsbüro der österreichischen Sozialdemokraten" (ALOES). Die in Österreich verbliebenen Sozialdemokraten gründen im Untergrund die „Revolutionären Sozialisten" und lancieren illegale

Oben links: Der neue Bundeskanzler Engelbert Dollfuß mit Landeshauptmann Reither (li.).

Oben rechts: Von der Arbeitslosigkeit besonders betroffen: Viele Menschen leben an den Stadträndern in tristen Wohnverhältnissen.

Mitte links: Ein Aufmarsch des Republikanischen Schutzbundes in Wiener Neustadt, unter den sozialdemokratischen Ehrengästen Julius Deutsch (li.) und Karl Renner.

Mitte rechts: Der „rote Fasching" ist zu Ende. Nach erbitterten Gefechten, die die tiefe Kluft zwischen der Linken und der Rechten in Österreich aufzeigten, gehen die letzten Kämpfer in die Kerker und Anhaltelager.

Unten links: Adolf Hitler in St. Pölten, 1920.

Unten rechts: Heimwehraufmarsch mit ihrem Führer Ernst Rüdiger Starhemberg.

Aktionen. Rund 10.000 Sozialdemokraten werden verhaftet, viele von ihnen kommen in das Anhaltelager Wöllersdorf.

Noch während des Bürgerkrieges werden alle sozialdemokratischen Mandate in den Landtagen, den Landesregierungen und in den Gemeinden aufgehoben. Anstatt der „roten" Bürgermeister werden Regierungskommissäre und Gemeindeverwalter eingesetzt. Der Bürgerkrieg hinterlässt in Österreich einen tiefen Graben des Hasses und Misstrauens zwischen „Rot" und „Schwarz".

Proklamation des Ständestaats — Am 1. Mai 1934 proklamiert Kanzler Dollfuß den „christlichen Ständestaat". Damit wird die Parteiendemokratie mit den vom Volk gewählten Mandataren abgeschafft, sie soll durch Vertreter der verschiedenen Berufsstände ersetzt werden. Anstatt der Parteien wird die „Vaterländische Front" gegründet, eine Art Staatspartei.

Der Kanzler will eine Staatsform, die „aus autoritären, berufsständischen und demokratischen Elementen" besteht (Gerhard Silberbauer). Die autoritäre Note der neuen Verfassung wird durch die Befugnisse des Bundespräsidenten und der Bundesregierung hervorgehoben, die weiterhin das Notverordnungsrecht besitzt und Gesetze beschließen kann. Dazu sollten beratende Körperschaften geschaffen werden (Staatsrat, Länderrat, Bundeswirtschaftsrat, Bundeskulturrat) und als gesetzgebende Körperschaft der Bundesrat. Aber infolge der turbulenten Ereignisse der nächsten Jahre bleibt der „christliche Ständestaat" ein Stückwerk. Da es nicht zur Konstituierung der Berufsstände kommt, gibt es auch keine ständische Selbstverwaltung. Wiederholt wird betont, es bestehe die feste Absicht, den autoritären Ständestaat in eine ständische Demokratie überzuleiten.

NS-Putsch und Kanzlermord — Mitte März 1934 beginnt eine neue Terrorwelle der Nationalsozialisten, die im Sommer ihren Höhepunkt erreicht. Am 25. Juli versuchen die illegalen Nationalsozialisten die Macht an sich zu reißen. Sie besetzen den Rundfunk (RAVAG) in Wien, fast gleichzeitig fahren als Bundesheersoldaten verkleidete SS-Männer in den Hof des Bundeskanzleramtes, entwaffnen die Wachebeamten und verriegeln das Tor. Als Kanzler Engelbert Dollfuß über eine Treppe fliehen will, läuft er den Putschisten in die Hände. Ihr Anführer Otto Planetta schießt ihn mit einer Pistole nieder. Der Kanzler verblutet hilflos auf einer Couch. Die Putschisten verweigern ihm sowohl einen Arzt als auch einen Priester. Seine letzten Worte sind: „Ich wollte ja nur den Frieden, habe niemals angegriffen, mich immer nur verteidigt."

Der Putsch bricht in Wien rasch zusammen, in Kärnten, Oberösterreich und der Steiermark dauern die Kämpfe drei Tage lang. Mussolini lässt an der Grenze zu Österreich italienische Truppen aufmarschieren, um zu zeigen, dass er seiner Schutzmachtfunktion nachkommt. Die traurige Bilanz des Putschversuches sind 257 Tote, davon 153 Putschisten, und dutzende Verletzte. 13 Putschisten werden hingerichtet, mehrere hundert verhaftet.

Kanzler Schuschnigg und der Kampf ums Überleben — Am 30. Juli 1934 wird der bisherige Unterrichtsminister Kurt Schuschnigg Kanzler. Der Offizierssohn aus Tirol versucht den Weg von Kanzler Dollfuß fortzusetzen. Die „Vaterländische Front" soll eine Massenbewegung für alle Patrioten und in Ländern und Gemeinden eine ständische Vertretung aufgebaut werden. Im „Ständischen Landtag" von Niederösterreich sitzen nun anstatt der 56 gewählten Mandatare 36 von Landeshauptmann Josef Reither ernannte Mitglieder.

Leopold Figl arbeitet mit Kanzler Schuschnigg, der ihn in den Bundeswirtschaftsrat beruft, im Kampf ums Überleben eines unabhängigen Österreich eng zusammen. Mit Agrarexperten der Landwirtschaftskammer werden Konzepte erstellt, um durch verstärkten Absatz den Bauern und durch billige Angebote den tausenden Arbeitslosen zu helfen. Beachtliche Erfolge bringen die „verbilligte Bundeswurst" und eine Käseaktion unter dem Motto: „Jeden zweiten Tag Butter und Käse zum Nachtmahl!" In den vielen Versammlungen, die der junge Bauernbunddirektor Leopold Figl in verschiedenen Orten des Landes hält, setzt er sich nicht nur mit agrarischen Fragen, sondern immer wieder auch mit der Hetzpropaganda der nun verbotenen nationalsozialistischen Partei auseinander und appelliert an seine jungen Zuhörer: „Glaubt ihren Versprechungen nicht, seid auf der Hut! Es geht um das Höchste, die Freiheit des Standes und des Landes!" Er verweist auf das Bemühen der Regierung Schuschnigg, alles in ihrer Macht Stehende zu tun, um die Arbeitslosigkeit zu vermindern.

Die „Trefferanleihe" und die Glocknerstrasse — Die Regierung versucht wiederholt, der Wirtschaft mehr Impulse zu geben, aber der Spielraum durch die vom Völkerbund auferlegte Sparpolitik ist sehr eng. Noch unter Kanzler Dollfuß wird mit Erlaubnis des Völkerbundes eine österreichische Staatsanleihe aufgelegt, um die horrende Arbeitslosigkeit zu senken. Die so genannte Trefferanlage verkauft sich wie die sprichwörtlich warmen Semmeln, weil, um die Anleihe auch beim Mittelstand attraktiv zu machen, jährlich unter den Zeichnern Gewinne ausgelost werden. Mit 266 Millionen Schilling bringt die erfolgreiche Anleihe fast so viel Geld ein wie der zweite vom Völkerbund gewährte Kredit. Es können mit Hilfe dieser Finanzspritze Großprojekte errichtet oder fertiggestellt werden. Dazu gehören u. a. die Elektrifizierung eines Teiles der Tauernbahn, der Bau der Großglockner-Hochalpenstraße, die 1935 feierlich eröffnet wird, die Errichtung der Wiener Höhenstraße und der Packstraße in Kärnten. Weiters wird die Reichsbrücke über die Donau in Wien errichtet, die 1937 von Bundespräsident Wilhelm Miklas für den Verkehr freigegeben wird.

Der „Alpendollar“ und Hitlers brutale Expansionspolitik

Unter Kanzler Schuschnigg werden ebenfalls kleinere Staatsanleihen aufgelegt, aber man wendet nur geringe Mittel für befruchtende Investitionen im Interesse der Gesamtwirtschaft auf. Die Zahl der registrierten Stellensuchenden sinkt zwar im Zeitraum von 1933 bis Jahresende 1937 von 406.000 auf 321.000, aber die Not und das Elend vieler verzweifelter Langzeitarbeitslosen kann kaum gemildert werden. Durch die rigorose Sparpolitik gehört der Schilling ab Mitte der 1930er-Jahre zu den wertbeständigsten Währungen der Welt. Dazu trägt auch die äußerst vorsichtige Kreditpolitik der Banken bei, die seit der schweren Krise der Creditanstalt 1931 bei der Gewährung ihrer Darlehen und Kredite äußerst vorsichtig sind und verhältnismäßig hohe Zinsen verlangen. Das mindert zwar die Investitionen der Privatwirtschaft, aber es trägt mit den vermehrten Spareinlagen zum Wert des Schilling bei.

Damit steigt auch die Absicherung der Währung bei der Nationalbank, deren Deckungsbestand an Gold und Devisen knapp vor dem Ende des Ständestaats einen Höhepunkt erreicht. Der „Alpendollar“ ist auch ein Anreiz für Hitlers Einmarsch. Kaum sind die deutschen Truppen am 12./13. März 1938 in Wien eingezogen, wird auch schon der Goldschatz der Nationalbank – insgesamt 78.267 kg – nach Berlin abtransportiert. Denn in Deutschland sind die Gold- und Devisenreserven für die Importe von Öl, Flugbenzin, Erz und Kohle für die Eisen- und Stahlindustrie etc. nahezu aufgebraucht.

„Der Reichtum an Gold und Devisen, den eine rigorose Währungspolitik der Bevölkerung buchstäblich vom Munde abgespart hatte, kam den NS-Machthabern zugute. Die um den Preis einer wirtschaftlichen Dauerkrise und einer hohen Arbeitslosenrate aufrechterhaltene Stabilität des Schilling entpuppte sich als ein wertvoller Beitrag Österreichs für die deutsche

Rüstungsindustrie, als eine Morgengabe für Hitler." (Karl Bachinger/Herbert Matis)

Der „Sonderfall Otto" — Blättern wir kurz zurück: 1937 erläuterte Adolf Hitler vor hohen Offizieren und Parteifunktionären in der Berliner Reichskanzlei seine außenpolitischen Ziele, die vor allem die Gewinnung von „Siedlungsraum im Osten" (bis in die fruchtbare Ukraine) und von Rohstoffen für das deutsche Volk beinhalteten. Da dies ohne Krieg nicht möglich sei, müssten vorher Österreich und die Tschechoslowakei annektiert werden. Dadurch erhalte Deutschland zusätzliche Ressourcen und es habe auch militärpolitische Vorteile. Zwei deutsche Generäle, die Bedenken äußerten, wurden vom „Führer" sofort entlassen.

Der Einmarsch in Österreich erhielt den Codenamen „Sonderfall Otto". Für den Einmarsch brauchte Hitler lediglich noch einen Vorwand. Bereits vor dem Juli-Abkommen hatte der deutsche Außenminister Konstantin von Neurath bei einem Besuch in Wien mit einer militärischen Intervention Deutschlands gedroht, falls Kanzler Schuschnigg eine Restauration der Habsburger beabsichtige. Tatsächlich hatte der junge Thronfolger Otto von Habsburg, der damals in den USA lebte, Schuschnigg angeboten, das Kanzleramt zu übernehmen. Aber der Offizierssohn Schuschnigg wusste, obwohl er mit den Monarchisten sympathisierte, dass die Utopie des jungen Habsburgers weder aus innenpolitischen und schon gar nicht aus außenpolitischen Gründen verwirklicht werden könnte.

Öffnung der Schleusen für die Nationalsozialisten — Mitte der 1930er-Jahre erlebt die deutsche Wirtschaft, die auch unter der Weltwirtschaftskrise schwer gelitten hat, einen Aufschwung, dessen Motor vor allem die Rüstungsindustrie ist. Der Aufschwung wird von der nationalsozialistischen Propaganda in Österreich weidlich ausgenützt. Österreich ist wegen der Verstärkung der Achse Berlin–Rom nach dem für Italien desaströsen Abessinien-Krieg außenpolitisch isoliert. England und Frankreich geben Schuschnigg keine Garantie für die Unabhängigkeit, daher versucht dieser mit Deutschland eine Verständigung zu erreichen. Er schließt mit Hitler 1936 das so genannte „Juli-Abkommen". Darin erkennt Hitler zumindest auf dem Papier die Unabhängigkeit Österreichs „als zweiten deutschen Staat" an und hebt zudem die 1000-Mark-Sperre auf. Aber er lässt sich dieses Zugeständnis teuer abkaufen.

Oben links: Leopold Figl mit Gattin Hilde und dem fünfjährigen Sohn Hans bei einer Wanderung auf der Rax, Sommer 1937.

Oben rechts: Adolf Hitler im offenen Wagen bei seiner Fahrt (hier durch die Wachau) nach Wien zur Verkündung der „Heimkehr" Österreichs ins Deutsche Reich am 15. 3. 1938.

Mitte links: Bundeskanzler Kurt Schuschnigg bei einer Ansprache.

Mitte rechts: Die Hitler-Jugend marschiert in St. Pölten – die Beanspruchung des Monopols auf die Erziehung der jungen Generation.

Unten: Eine der bald nach dem „Anschluss" von der SA veranstalteten „Reibpartien" für Juden, hier in Stockerau, bei denen mit bloßen Händen und scharfer Lauge Straßen gereinigt werden mussten.

In einem mit dem Abkommen verbundenen Geheimpapier ist vereinbart, dass der nationalsozialistische Vertrauensmann Edmund Glaise-Horstenau Innenminister wird und Guido Schmidt, Kabinettsvizedirektor von Bundespräsident Miklas, als Staatssekretär in das Außenministerium kommt. Arthur Seyß-Inquart, ein Wiener Rechtsanwalt und ebenfalls Mitglied der NSDAP, wird bald zum Staatsrat ernannt. Seine Aufgabe ist es, die „Befriedung der nationalen Kreise“ einzuleiten. Er soll die Verbindung zwischen der Regierung und der „nationalen Opposition“ herstellen. Mit dem Schuschnigg aufgezwungenen Juli-Abkommen können die Nationalsozialisten wichtige Positionen in Bund und Ländern in ihren Einflussbereich bringen und den Staat unterwandern.

„Mander, 's ischt Zeit!“ — 1937 wird in Berlin bereits der Anschluss Österreichs geplant. Für den 11. Februar 1938 wird Kanzler Schuschnigg von Hitler zu einer Unterredung am Berghof am Obersalzberg „befohlen“. Schuschnigg hat die illegale Landesleitung der Nationalsozialisten in Wien durchsuchen lassen, und die Polizei hat einen Plan für die Machtübernahme gefunden, die durch den Einmarsch der deutschen Truppen unterstützt werden sollte. In Anwesenheit von drei Generälen fordert Hitler die Ernennung von Seyß-Inquart zum Innenminister, die Anerkennung der NSDAP als Partei sowie die Freilassung aller inhaftierten Nationalsozialisten in Österreich.

Schuschniggs Nachgeben löst Jubel bei den Nationalsozialisten und tiefe Besorgnis bei vielen anderen aus. Es gibt Kontakte mit den Sozialdemokraten, aber es ist zu spät. Am Abend des 13. Februar sitzen Leopold Figl, der Bauernsohn aus dem Tullnerfeld, und Kurt Schuschnigg, der Tiroler Offizierssohn, lange beisammen. Julius Raab schreibt in Figls Gästebuch: „Vom Figl hab ich's gelernt, so will ich es halten: Österreich über alles, wenn es nur will!“

Am 9. März kündigt Schuschnigg in einer Rede in Innsbruck, in der er Andreas Hofers Aufruf „Mander, 's ischt Zeit!“ aufgreift, eine Volksabstimmung über die Aufrechterhaltung der Unabhängigkeit an. Figl will nun den Bauernbund in ganz Österreich für die Volksabstimmung mobilisieren.

„Ich weiche der Gewalt!“ — Für Freitag, den 11. März, laden Figl und Reither die Mitglieder des Bauernbundes zu einer Großkundgebung in die Wiener Sophiensäle ein. Noch am Sonntag davor appelliert der

Bauernbunddirektor bei einer Versammlung im Mostviertel an die junge Generation: „Den Nationalsozialisten geht es nicht um eure blauen Augen und blonden Haare, sondern um unseren Erzberg, denn sie brauchen Eisen für die Rüstung. Es geht ihnen um unser Gold und unsere Devisen. Wenn ihr dem Nationalsozialismus huldigt, dann seid ihr nächstes Jahr im Krieg." Nach seiner Rede erhält Figl in Loosdorf den Anruf von Kanzler Schuschnigg, sofort nach Wien zu kommen. Auf dem Heimweg macht er Halt in seinem Elternhaus, um nochmals seine Mutter zu sehen.

In Berlin rotiert die NS-Führung wegen Schuschniggs Ankündigung der Volksabstimmung, die ihnen einen Strich durch die Rechnung machen könnte. Die Treuekundgebung des Bauernbundes findet dennoch statt. Aber sie ist noch nicht zu Ende, als Figl und Reither ins Kanzleramt gerufen werden. Hitler und Göring stellen ein Ultimatum an Schuschnigg, in dem die Absetzung der Volksabstimmung und der Rücktritt des Kanzlers verlangt werden, ansonsten würde die Deutsche Wehrmacht unverzüglich mit dem Einmarsch beginnen. Seyß-Inquart müsse zum Kanzler ernannt werden.

Hitlers Erpressung wird nach stundenlangen internen Gesprächen, an denen auch Figl, Reither und Raab teilnehmen, nachgegeben. Von keinem Land ist Hilfe zu erwarten. Das Bundesheer besitzt nur Munition für zwei Kampftage. So tritt Schuschnigg als Kanzler zurück, Seyß-Inquart wird von Bundespräsident Miklas nach langem Zögern zu dessen Nachfolger ernannt. Seyß-Inquart ruft die deutschen Truppen zu Hilfe, um „Ruhe und Ordnung" wiederherzustellen. Bundeskanzler Kurt Schuschnigg hält am 11. März 1938 um 19 Uhr über das Radio seine legendäre Abschiedsrede: „Ich weiche der Gewalt. Gott schütze Österreich!"

Die Vertrauten des Kanzlers verabschieden sich. Ein letzter fester Händedruck. Einige von ihnen werden sich nie mehr, andere bald wieder sehen: auf der Fahrt ins Konzentrationslager.

Die NS-Fahne am Landhaus und der Beginn des Leidensweges — Leopold Figl und Landeshauptmann Reither gehören am 11. März 1938 zu den Letzten, die nach dem erzwungenen Rücktritt von Kanzler Schuschnigg den Ballhausplatz verlassen. Der Einmarsch der deutschen Truppen steht unmittelbar bevor. Reither geht an diesem Abend nochmals in das Niederösterreichische Landhaus, um persönliche Papiere in Sicherheit zu bringen, aber am Dach weht bereits die Hakenkreuzfahne. Zu seiner Überraschung empfängt ihn in seinem Zimmer Julius Kampitsch, der – wie Reither nun erfährt – bereits als illegaler Nationalsozialist in der Landesregierung war. Für Reither gäbe es hier nichts mehr zu tun, erklärt Kampitsch, ein junger Hotelier aus dem Semmering-Gebiet, er habe bereits die Amtsgeschäfte auf Befehl des Gauleiters der NSDAP übernommen.

Als Figl in gedrückter Stimmung nach Hause geht, jubeln überall die Nationalsozialisten, ziehen mit Fackeln und „Sieg Heil!“-Rufen durch die Straßen. Zu Hause angekommen, begibt er sich mit seiner Frau sofort ins Arbeitszimmer und verbrennt ein Schriftstück nach dem anderen. Figl möchte nicht, dass belastendes Material gefunden wird, das irgendjemand in Gefahr bringen könnte, denn er ahnt, was kommt. Die ersten deutschen Truppen überschreiten in der Nacht auf den 12. März die österreichische Grenze. Heinrich Himmler befindet sich bereits im Morgengrauen in Wien, mit ihm SS und Gestapo.

Am Morgen des 12. März 1938 beginnt der unvorstellbare und grausame Leidensweg des 35-jährigen Bauernführers Leopold Figl. Um sieben Uhr früh klopfen zwei NS-Schergen an der Tür, sie zeigen Figl den Haftbefehl. Der Bauernbunddirektor ist vorbereitet, er wollte nicht flüchten. Ein letztes Mal umarmt er seine Kinder und seine Hilde.

Es folgen zermürbende Verhöre, zuerst im Niederösterreichischen Landhaus, dann im Polizeigefängnis. Figl wird nun wie ein Häftling behandelt, auch von jenen Polizisten, offenbar ehemalige „Illegale“, die vor einigen Tagen noch freundlich gegrüßt haben. Am 1. April geht der erste Transport mit 151 Prominenten aus Österreich per Bahn in das Konzentrationslager nach Dachau. „Wir mussten hunderte Kniebeugen machen, unseren gegenüberstehenden Leidensgenossen ohrfeigen, uns gegenseitig ins Gesicht spucken. Immer wieder, zehn Stunden lang!“ So schilderte später ein Mithäftling Figls den Beginn des Leidensweges. Unter ihnen befanden sich auch der spätere Bundeskanzler Alfons Gorbach, Landeshauptmann Josef Reither, der spätere ÖGB-Präsident und Sozialdemokrat Franz Olah und eine Reihe prominenter Juden, die bereits bei der ersten Verhaftungswelle aus den Wohnungen geholt wurden.

Sieben Jahre Ostmark — Die Nationalsozialisten tun alles, um Österreich mit seinen Bundesländern möglichst rasch ins Deutsche Reich einzugliedern. Die Reichsmarkwährung wird eingeführt, wobei eine Mark mit 1,50 Schilling bewertet wird – ein Anreiz für deutsche Großfirmen, sich günstig „einzukaufen“. Der Abbau der Arbeitslosigkeit geht Hand in Hand mit dem Auf- und Ausbau der Rüstungsindustrie. Es wird der Name Österreich durch „Ostmark“ ersetzt und aus Niederösterreich wird der Reichsgau „Niederdonau“. Zum Gauleiter wird der 29-jährige Weißenkirchner Rechtsanwalt Roman Jäger ernannt. Die Landesräte werden durch Nationalsozialisten ersetzt. Diese Gleichschaltung geschieht bis hin zu den Gemeinden. Aus den Bezirkshauptmannschaften werden Landratsämter, aus den politischen Bezirken Landkreise.

Beamte, Polizisten und Lehrer werden oft vor die Alternative gestellt, entweder der NSDAP beizutreten oder eine sofortige Versetzung in Kauf zu nehmen. Haben sie eine höhere Funktion, werden sie gekündigt und müssen sich um einen anderen Beruf umsehen. Bei den Lehrern sind die neuen Machthaber äußerst streng, da das NS-Regime besonders starken Einfluss auf die Erziehung der Jugend nehmen will. Bereits im März 1938 wurde landauf, landab mit der Aufstellung der Hitler-Jugend begonnen. Die 10- bis 14-Jährigen nennt man die „Pimpfe“, die 14- bis 18-Jährigen gehören zur eigentlichen Hitler-Jugend, die regelmäßig in Sommerlagern zusammentrifft, wo sie mit NS-Gedankengut infiltriert werden. Die Älteren müssen Wehrertüchtigungslager besuchen und erhalten dort eine paramilitärische Ausbildung.

Die Entrechtung der Juden und der Holocaust — Am 8. Juni 1938 werden in der „Ostmark“ die Nürnberger Rassengesetze eingeführt, die die „Entjudung“ legistisch rechtfertigen sollen. Schon die ersten Häftlingstransporte prominenter Juden in das Konzentrationslager Dachau nach dem Einmarsch zeigen den Ernst der Lage für die Juden in Österreich. Mehr als die Hälfte wird vertrieben, nur ein geringer Teil überlebt den Holocaust. Soweit sie nicht flüchten können, werden sie in den Vernichtungslagern Hitlers ermordet. Bereits in den ersten Tagen nach dem Einmarsch beginnt die Flucht der Juden in die Nachbarstaaten. Viele werden nachts aus den Betten geholt, wegen angeblicher NS-feindlicher Äußerungen ins KZ geschickt.

In aller Öffentlichkeit werden Juden gequält und gedemütigt: In einigen Städten veranstaltet die SA „Reibpartien“: Auch alte Juden müssen auf allen vieren kriechend mit scharfer Lauge die Gehsteige mit Ausreibbürsten reinigen, sodass ihre Haut verbrennt. Die Gedemütigten werden von manchen noch verhöhnt: „Der Führer gibt euch Arbeit!“ Andere gehen schweigend vorbei, kaum einer wagt ein Wort der Kritik. „Am Beginn des Weges in die

Der NS-Mob wütet im Palais des Kardinals

Im Oktober 1938 kam es in Wien zu einer heftigen Konfrontation zwischen dem NS-Regime und der katholischen Kirche. Etwa 7000 bis 10.000 Jugendliche nahmen am 7. Oktober an einer Abendandacht anlässlich des Rosenkranzfestes im Wiener Stephansdom teil. Erzbischof Kardinal Theodor Innitzer sagte in seiner Predigt unter anderem: „Meine liebe katholische Jugend Wiens, wir wollen gerade jetzt in dieser Zeit umso fester und standhafter unseren Glauben bekennen, uns zu Christus bekennen, unserem Führer und Meister, unserem König und zu unserer Kirche."

Viele schöpften aus dieser Predigt Mut und Hoffnung, und Tausende Jugendliche versammelten sich nach der Andacht spontan vor dem Erzbischöflichen Palais. In Sprechchören wurde „Wir wollen unseren Bischof sehen!" gerufen – eine Provokation in den Augen der NS-Funktionäre, die natürlich die Anspielung auf Hitler-Parolen merkten. Erwin Ringel war damals ein 17-jähriger Schüler: „Wir waren im Zustand der Ekstase, es war eine Art Ausnahmezustand, denn hätten wir uns unserer Vernunft bedient, dann wäre es nie zu dieser Kundgebung gekommen. Es war ein emotionaler Ausbruch, bei dem die Vernunft nicht mehr zählte."

Die Rache der Hitler-Jugend — Einen Tag später, am 8. Oktober 1938, folgte dann die Reaktion der Nationalsozialisten. Gegen 20.10 Uhr hörte Kardinal Innitzer vor dem Palais lautes Schreien und Rufen: „Ich habe mich selbst davon überzeugt, wie die Menschenmenge vor dem Palais das Deutschland- und Horst-Wessel-Lied gesungen hat und Drohrufe gegen meine Person ausstieß. […] Unterdessen, bzw. kurz nachher wurden bereits Steine und andere Gegenstände gegen meine Fenster geworfen, sodaß die Fensterscheiben zerbrachen. Außerdem versuchten Personen, aus der vor dem Palais angesammelten Menge, das Tor des Palais einzudrücken, was ihnen nach ungefähr einer Viertelstunde gelungen ist."

Jakob Weinbacher, der erzbischöfliche Sekretär, saß mit Zeremoniär Franz Jachym in seinem Zimmer, als die beiden die Sprechchöre vom Stephansplatz her hörten. Im Auftrag des Erzbischofs informiert er telefonisch die Polizei: „Dann begab ich mich in das Zimmer Sr. Eminenz. Auf dem Weg über den Hof höre ich das Schreien, gleichzeitig vernehme ich starke Stöße gegen das Tor, Stephansplatz 7. Ich höre Rufe ‚Ho-ruck', dann ein Krachen und Splittern und draußen ein Triumphgeschrei; sie sind eingedrungen. Die Demonstranten stürmten schreiend in den Hof, zertrümmerten, was ihnen in den Weg kommt. [...] Die Demonstranten sind Jugendliche im Alter von 14 bis 25 Jahren, etwa 100 an der Zahl. Nachdem wir den ersten Trupp abgewehrt haben, öffnen wir den Tabernakel und konsumieren die hl. Hostien, um das Allerheiligste vor Verunehrung zu schützen. Inzwischen geht in den übrigen Räumen eine Zerstörungswut, die nicht zu beschreiben ist, gegen alle Einrichtungsgegenstände vor sich."

„Hinunter mit ihm!" — Es wurde nicht nur das Erzbischöfliche Palais verwüstet und geplündert, sondern der NS-Mob drang auch in das Churhaus (Stephansplatz 3) ein, wo an der Tür des Domkuraten Johann Krawarik geläutet wurde: „Fünf oder sechs der Eindringlinge stürzten sich auf den Priester, schleppten ihn auf den Gang und versuchten, ihn aus dem Fenster zu werfen. Zweimal scheiterte der Versuch an der altertümlichen Fensterkonstruktion. Beim drittenmal gelang er. Vom Ruf ‚Hinunter mit ihm!' begleitet, stürzte Krawarik aus einem Stock Höhe in die Tiefe. Auf einem von Bauarbeiten stammenden Sandhaufen im Hof, in den dauernd die Scherben der zerschlagenen Fenster hinunterprasselten, blieb er mit zwei gebrochenen Oberschenkeln und einer gespaltenen Kniescheibe liegen", schildert Jakob Weinbacher.

„Dieser Vandalenakt entsprang einem abgrundtiefen Antiklerikalismus und einer Kirchenfeindlichkeit, die der Ideologie des Nationalsozialismus entsprach", stellt der Grazer Kirchenhistoriker Maximilian Liebmann fest: „Dieser Antiklerikalismus, gepaart mit dem Antisemitismus, sollte in einer Großkundgebung seine lautstarke demonstrative Fortsetzung finden." Etwa 200.000 Menschen sollen auf dem Heldenplatz gewesen sein, „aber nicht nur gegen Kirche, Klerus und Innitzer im besonderen wurde geschrien, gejohlt, gedroht und gegrölt, sondern auch gegen Juden und Judentum" (Maximilian Liebmann). Nach der Kundgebung formierten sich Demonstrationszüge zum Erzbischöflichen Palais, Parolen rufend und mit Transparenten ausgestattet – „Zwei, drei, vier – Innitzer krepier" oder „Innitzer und Jud, eine Brut".

Gaskammern nach Auschwitz standen die von Amts wegen geförderten und geduldeten Misshandlungen der Juden.“ (Erika Weinzierl)

Die Knebelung der Kirche — Sofort nach dem Einmarsch der Hitler-Truppen in Österreich werden der Bauernbund und alle politischen Organisationen, deren Führer wie Leopold Figl und Josef Reither ins KZ gebracht, sowie alle christlichen Vereine verboten. Bei anderen Vereinen wie den Feuerwehren geben bald die Mitglieder der NSDAP den Ton an.

Unter dem Kirchenvolk gibt es begeisterte Nationalsozialisten, die ihrem „Führer“ auch beim Kirchenaustritt nachfolgen. Aber der Großteil der Christen bleibt der Kirche treu, ein harter Kern der Jugend läuft nicht ins „braune Lager“ über. Da auch die katholischen Schulen aufgelöst werden, beschränkt sich die Jugendarbeit der Kirche auf die Sakristei und das Pfarrhaus, wo sich kleine Gruppen mit einem Pfarrer oder Kaplan wiederholt treffen – wie auch im St. Pöltner Dom. Dort sammelt der damalige Domkurator Franz König, der spätere Wiener Erzbischof, eine Gruppe junger Burschen um sich, mit denen er auch später brieflich in Kontakt bleibt, als sie bereits zum Kriegsdienst einberufen waren. Er wird allerdings von der Gestapo bespitzelt, mehrmals verhört und mit dem KZ bedroht.

Häftling Nr. 13897

Leopold Figl bleibt auch im KZ ein aufrechter Österreicher. Selbst Folter und Straflager können seinen Patriotismus nicht beugen. Er gibt seinen Kameraden immer wieder Mut zum Durchhalten.

Am Lagertor von Dachau prangt der zynische Spruch „Arbeit macht frei!". Hier gibt es keine Menschenrechte mehr, der Mensch wird zur Nummer, der beliebig gefoltert und getötet werden kann. Figl und die anderen österreichischen Patrioten wie Josef Reither, Felix Hurdes, Heinrich Gleißner, der frühere Landeshauptmann von Oberösterreich, und der Gewerkschafter Franz Olah werden von den Wächtern mit zynischem Grinsen in Empfang genommen. Die Kolonne der neuen „Gäste" muss sich aufstellen.

Nach einigen Minuten des Abwartens beginnt das „Begrüßungsritual", das ein Mithäftling später so schildert: „Wir standen streng ausgerichtet – Vordermann, Seitenrichtung –, dem grinsenden Kommandostab geschniegelter Bonzen direkt gegenüber. Ein paar Kapos schleppten den Bock aus dem ‚Jourhaus' herbei und stellten ihn haargenau vor uns auf. Der Rapportführer brüllte ‚Stillgestanden!'. Ein paar tausend Männer erstarrten zu einer unbeweglichen Masse. [...] ‚Dass sich nur ja keiner rührt, wenn es jetzt dick kommt, sonst ist er schon selbst als nächster dran.' [...] Dann wurde ein Mann, ein schlanker Bursch aus einem reichsdeutschen Block aufgerufen. [...] Die SS-Leute schnallten ihn fest und verprügelten ihn. Einer von links, einer von rechts. Jeder Schlag, der sich tief ins Fleisch fraß, kam doppelt. In einem die Prozedur grausam verzögernden Zeitlupentempo. Gezielt und genüsslich. Der gepeinigte Mann musste laut zählen. [...] Auf dem Appellplatz war nichts als das Klatschen der Hiebe zu hören. [...] Just da geschah es, dass einer im österreichischen Block zu wanken begann. ‚Um Gottes Willen, der Figl!' Die Nebenmänner griffen rasch zu. Nach ein paar Sekunden hatte sich Figl wieder in Gewalt. Weiß wie die Wand. Das war das erste und einzige Mal, dass ihm, dem Bauernbuben aus Rust, und justament ihm, die Nerven versagten." (Ludwig Reichhold)

Nach dem brutalen Anschauungsunterricht, der mit dem Zusammenbruch des blutig geschlagenen jungen Mannes endet, werden die neuen Häftlinge aufgenommen. Figl wird in eine Schreibstube gewiesen, in der eine ausgemergelte Gestalt im gestreiften Kittel „amtiert". Ein paar Blicke und die beiden erkennen einander. Es ist Kurt Schumacher, ein prominenter deutscher Sozialdemokrat, mit dem Figl noch 1932 in Berlin gesprochen hat, als er dort als Beobachter bei den letzten freien Wahlen in Deutschland war. Leopold Figl ist nun der Häftling mit Nummer 13897, eingeteilt im Block 15/1. Es ist dies die berüchtigte Strafkompanie des KZ Dachau.

Informiert auch hinter Stacheldraht — Leopold Figl und seine Zellengenossen sind trotz ihrer strengen Abgeschlossenheit auch im Konzentrationslager einigermaßen gut informiert. Immer wieder kommen neue Häftlinge aus der Heimat dazu, manchmal gelingt es, Briefe in das Lager zu schmuggeln. NS-Jubelmeldungen im Radio werden ihnen von der SS „zugänglich" gemacht. Das Ergebnis der von der NS-Führung durchgeführten Volksabstimmung am 10. April 1938 mit über 99 Prozent Ja-Stimmen überrascht den einen oder anderen doch etwas. Sie wissen allerdings nicht, dass etwa 450.000 Österreicher vom Wahlrecht ausgeschlossen waren, darunter die bereits inhaftierten rund 70.000 Österreicher und alle jüdischen Staatsbürger, auch jene, die nur einen jüdischen Eltern- oder Großelternteil haben. Offiziell ist die Wahl zwar geheim, doch werden in vielen Orten die Wähler aufgefordert, ihr „Ja" öffentlich abzugeben, um sich nicht verdächtig zu machen. „Nein-Sager" bezeichnet man als „Schweine", manche werden auch bespuckt oder verprügelt.

Bewusstlos geschlagen und Dunkelhaft — Leopold Figl bleibt im KZ nichts erspart, weder körperliche Schwerstarbeit noch Demütigung und „Züchtigung". Als er mit einem Mithäftling ein Gespräch führt, was streng verboten ist, und dabei das Wort „Österreich" statt „Ostmark" verwendet, wird er zu einer Prügelstrafe und Dunkelhaft verurteilt. Figl weiß nach dem makabren Empfang, was ihm nun bevorsteht. Wie später ein paar überlebende KZ-Kameraden berichteten, war Figl damals der erste Österreicher, der auf den „Bock" gebunden und mit dem Ochsenziemer blutig und ohnmächtig geschlagen wird. Bewusstlos und mit blutverschmiertem Rücken schleppen ihn darauf zwei Kameraden in einen fensterlosen Bunker, wo er bei Wasser und Brot die sechs Wochen Dunkelhaft verbringen muss. Die Nationalsozialisten haben Österreich in „Ostmark“ umbenannt, aber dieses Wort kommt Figl während seiner ganzen Haftzeit nie über die Lippen.

„Damals geschah es, dass Leopold Figl den ersten Keim seines uns zutiefst erschütternden allzu früh eingetretenen Todes empfing. Es kam nämlich häufig vor, dass ein paar Hiebe zu hoch geschlagen wurden und die Nieren trafen. Wenn die Natur sich selbst half, heilten die Verletzungen, für einen Augenblick wenigstens, ab. Denn es gab keinen Arzt für die Namenlosen im Bunker. Jeder von den einander überkreuzenden Hieben fraß tiefe Schnitte ins Fleisch. Stoffreste drangen mit ein. Unreinlichkeiten der finsteren Zelle verseuchten die offenen Wunden. Jedenfalls musste der arme Figl noch viele Jahre nach seiner Auspeitschung durch die SS von Zeit zu Zeit immer wieder ärztliche Hilfe suchen, wenn unter den alten Narben Reste von damals zu eitern begannen.“ (Ludwig Reichhold)

„Amen und Österreich“ — Trotz dieser unmenschlichen Behandlung bleibt Figl ein Optimist, sein starker Glaube hilft ihm auch über die schwierigsten und lebensbedrohlichsten Situationen hinweg. Er organisiert im KZ mit einem dort inhaftierten Priester eine heilige Messe, ohne dass die Lagerwache etwas davon bemerkt. Figls Glaube wird wiederholt für seine Schicksalsgenossen spürbar. So sagt sein KZ-Kamerad Rudolf Kalmar, ein prominenter Wiener Journalist und Buchautor, über Ostern 1938 in Dachau: „Wir standen elend und trostlos auf dem Appellplatz und in den Baracken herum. Leopold Figl suchte an diesem Morgen jeden aus unserem Kreis auf und gab ihm die Hand: ‚Vergiss nicht, der Herr ist erstanden.‘ ‚Der Herr ist wahrhaft erstanden‘, gaben ihm die Freunde die Osterbotschaft zurück und er antwortete: ‚Amen und Österreich.‘“

Um Figl von den übrigen Österreichern zu trennen, wird er für einige Zeit ins berüchtigte Konzentrationslager Flossenbürg überstellt. Aber er bleibt hinter elektrisch geladenem Stacheldraht stets seinem Wahlspruch „Überleben ist alles“ treu. Daran denkt er, wenn er mit den Großneffen Kaiser Franz Josephs, Max und Ernst von Hohenberg, monatelang die Kloaken der SS reinigen und die Kübel mit Unrat durch das Lager schleppen muss. Figl verleugnet auch in der Haft sein Österreichertum nicht und zeigt seine Menschlichkeit jenen KZ-Insassen gegenüber, die in einem anderen politischen Lager stehen. Nach einiger Zeit kommt er wieder in das

Konzentrationslager Dachau zurück, wo er eine schwere Typhuserkrankung nur mit knapper Not, abgemagert bis zum Skelett, überlebt. Dass er den Kampf gegen den Tod gewinnt, dazu trugen auch seine KZ-Kameraden bei, die ihm von ihren kargen Rationen immer wieder etwas zukommen ließen. Trost im Leid und die Kraft zum Überleben schöpft Leopold Figl vor allem aus seiner tiefen Religiosität, verbunden mit der Hoffnung auf eine neue, schönere Zukunft für sein geliebtes Österreich. Hinter Stacheldraht legen Figl und Reither auch das Gelöbnis ab, jedes Jahr mit dem Bauernbund eine Wallfahrt nach Mariazell zu veranstalten, sollten sie aus dieser Hölle jemals wieder hinauskommen. Sie haben dieses Versprechen bereits in den ersten Nachkriegsjahren eingehalten.

Weltkrieg und Figls Überleben — Am 1. September 1939 beginnt nach Hitlers Überfall auf Polen der Zweite Weltkrieg, nachdem England und Frankreich sowohl dem Einmarsch in Österreich als auch der Besetzung Böhmens und Mährens tatenlos zugesehen haben. Leopold Figl ist über das Geschehen „draußen" einigermaßen informiert. Er weiß, dass leider eingetroffen ist, was er den jungen Bauern an jenem Sonntag in Loosdorf prophezeit hat. So mancher von ihnen hat bereits den Soldatenrock anziehen müssen und viele werden noch folgen. Hitlers Größenwahn und der Fanatismus seiner Gefolgsleute wird im schrecklichsten Krieg aller Zeiten Millionen Opfer fordern.

„Überleben ist alles", ist Leopold Figls Motto. Zum Überleben hilft ihm auch sein praktisches Talent für die Handarbeit, das er wohl vom elterlichen Hof im Tullnerfeld mitbrachte. So ist es für den Bauernburschen Figl nicht schwer, bei Arbeiten im Lager oder außerhalb des KZ, zu denen er zugeteilt wird, sich rasch emporzuarbeiten, vom Hilfsarbeiter bis zum Maurer oder zum Dachdecker, er bewährte sich sogar als Vermessungsingenieur. Das bewahrt ihn wahrscheinlich vor so manchen Hieben.

Mit seiner Frau Hilde hat Figl nur wenig Kontakt. Er darf zwar alle paar Wochen an sie schreiben, aber es sind nichtssagende, zensurierte Sätze, die für Hilde Figl trotzdem ein kostbares Lebenszeichen ihres Mannes darstellen.

Die kurze Freiheit und der Bombenkrieg — Am 4. Mai 1942 erhält Hilde Figl vom Effektenverwalter des KZ Dachau eine Zusendung, die ihr wenig Hoffnung auf ein baldiges Wiedersehen macht. Darin steht: „Auf

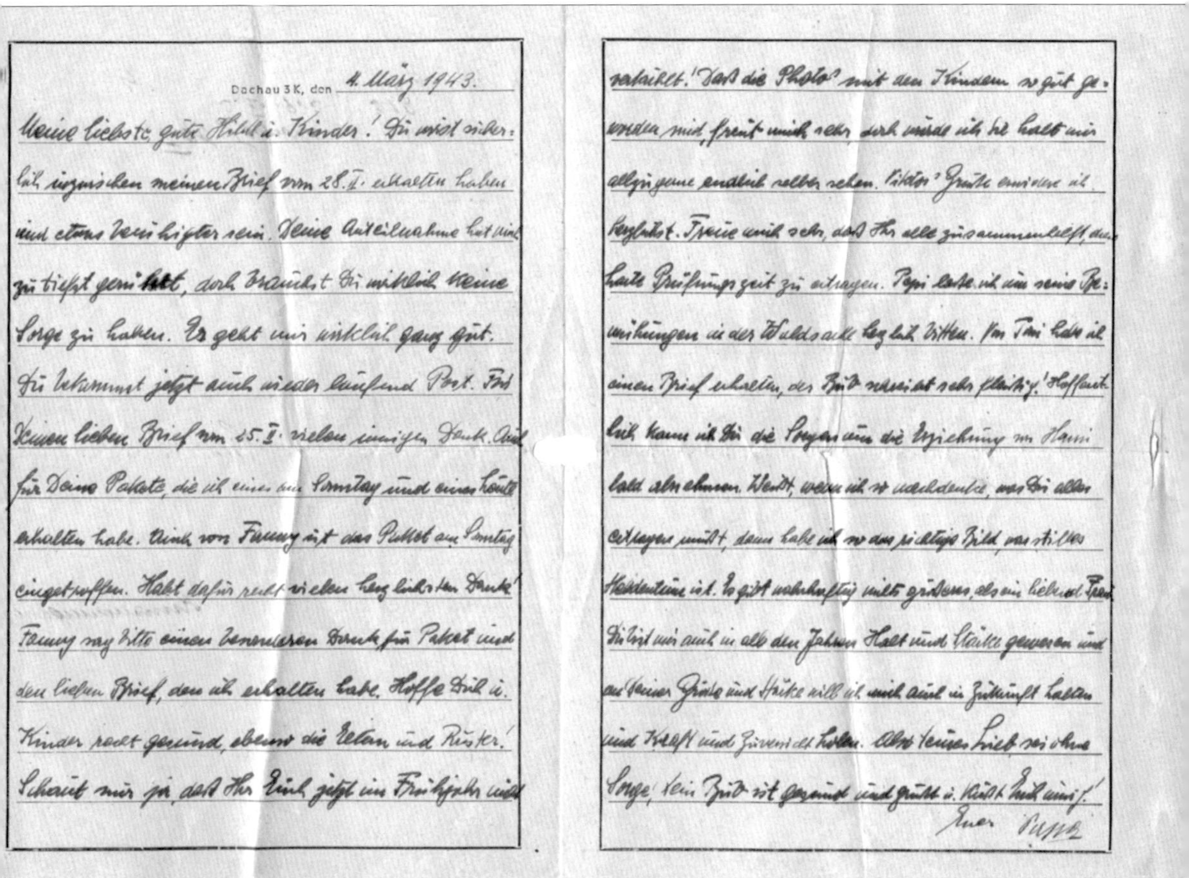

Dachau 3K, den 4. März 1943.

Meine liebste, gute Hildl u. Kinder! Du wirst sicherlich inzwischen meinen Brief vom 28.II. erhalten haben und etwas beruhigter sein. Deine Anteilnahme hat mich zu tiefst gerührt, doch brauchst Du wirklich keine Sorge zu haben. Es geht mir wirklich ganz gut. Du bekommst jetzt auch wieder laufend Post. Für Deinen lieben Brief vom 25.II. vielen innigen Dank. Auch für Deine Pakete, die ich eines am Sonntag und eines heute erhalten habe. Auch von Fanny ist das Paket am Sonntag eingetroffen. Habt dafür recht vielen herzlichsten Dank! Fanny sag bitte einen besonderen Dank für Paket und den lieben Brief, den ich erhalten habe. Hoffe Dich u. Kinder recht gesund, ebenso die Eltern und Rester! Schaut mir ja, daß Ihr Euch jetzt im Frühjahr nicht verkühlt! Daß die Photos mit den Kindern so gut geworden sind, freut mich sehr, doch würde ich sie halt nur allzu gerne endlich selber sehen. Viktors Grüße erwidere ich herzlichst. Freue mich sehr, daß Ihr alle zusammenhelft, diese harte Prüfungszeit zu ertragen. Pepi lasse ich um seine Bemühungen in der Waldsache herzlich [illegible]. Von Toni habe ich einen Brief erhalten, der Bub scheint sehr fleißig! Hoffentlich kann ich Dir die Sorgen um die Erziehung von Hansi bald abnehmen. Weißt, wenn ich so nachdenke, was Du alles ertragen mußt, dann habe ich so das richtige Bild, was stilles Heldentum ist. Es gibt wahrhaftig nichts größeres, als ein liebend Frau. Du bist mir auch in all den Jahren Halt und Stärke gewesen und aus Deiner Güte und Stärke will ich mich auch in Zukunft laben und Kraft und Zuversicht holen. Also teures Lieb sei ohne Sorge, Dein Bub ist gesund und grüßt u. küßt Euch innig!

Euer Papa

Oben links: Rund sechs Jahre lang sind Liesl und Hansl ohne Papa, ist Hilde Figl Alleinerzieherin. Als Leopold Figl ins KZ Dachau gebracht wurde, war die kleine Anneliese gerade erst zwei Jahre alt.

Oben rechts: Kriegswinter an der Ostfront, ein Pferdeschlitten als Transportmittel in der Etappe.

Unten: Ein Brief von Leopold Figl aus dem KZ, für Hilde Figl ein wichtiges Lebenszeichen ihres Mannes. Hier schreibt er: „Also teures Lieb sei ohne Sorge, Dein Bub ist gesund und grüßt und küßt Euch innig! Euer Papa“. Mit dem „Bub“ ist er selbst gemeint – eine Umgehung der strengen Zensur.

ausdrückliches Ersuchen des hier einsitzenden Häftlings Leopold Figl werden Ihnen nachstehend angeführte Effekten, die er hier nicht benötigt, zugesandt. 1 Taschenuhr gelb mit Anhänger weiß/eine Armbanduhr weiß mit Lederband/1 Trauring gelb/1 Siegelring gelb."

Aber Hilde Figl betet, hofft weiter und geht immer wieder in die Gestapo-Zentrale in Wien, um die Freilassung ihres Mannes zu erbitten. Als sie wieder einmal das Gebäude betritt, begegnet sie einem Gestapo-Mann, dem offensichtlich die junge Frau mit den kleinen Kindern leidtut und mit dem sie ein längeres Gespräch führen darf. Einige Zeit später erhält sie die freudige Botschaft, dass es bald ein Wiedersehen geben wird. Hilde Figl hat nie erfahren, wer dieser offensichtlich einflussreiche SS-Mann war. Manipulierte er Figls Akt oder hatte er so großen Einfluss in Berlin?

Als Leopold Figl am 8. Mai 1943 wieder einmal zum Lagerkommandanten gerufen wird, befürchtet er eine neue Prügelstrafe oder Dunkelhaft. Doch der Kommandant wirft ihm den Entlassungsschein hin. Figl weiß nicht, wem er die plötzliche Freiheit verdankt, die an ein Wunder grenzt. Gleich nach seiner Ankunft in Wien, dem herzlichen Wiedersehen mit seiner Frau und den Kindern Hans und Liesl, setzt sich Figl mit Julius Raab in Verbindung, der ihn bei einer Baufirma unterbringt, wo er auf einer Baustelle der Erdölgemeinde Zistersdorf und in anderen Gemeinden des Weinviertels als Bauleiter tätig ist. Jede Woche muss er sich einmal bei der Gestapo melden.

Grundsteine für den „Tag X" — Da das Erdölgebiet höchste Dringlichkeitsstufe für die Wehrmacht besitzt, stellt man Figl als Bauleiter einen Wagen für seine Inspektionsfahrten zur Verfügung. Er führt diese Arbeiten genau durch, wobei er sich nicht nur über den Fortschritt der Straßenarbeiten informiert. Er nützt daneben jede freie Minute, um wieder Kontakt mit ehemaligen Bauernfunktionären aufzunehmen und die Grundsteine für die Errichtung des Bauernbundes in den Bezirken nach dem Ende der NS-Diktatur zu legen. Zudem trifft Figl fast jeden Samstag mit Gesinnungsfreunden und Führern der Widerstandsbewegung „O5" in Wien zusammen. Um diese Zusammenkünfte als „Schleichhandelsgeschäfte" zu tarnen, bringt er von seinem Elternhof meist ein paar Kilogramm Kartoffeln oder etwas Butter mit. So können Informationen ausgetauscht und Pläne für den Aufbau des neuen Österreich am „Tag X" entwickelt werden. Figl ist fest überzeugt, dass diese Zeit bald kommen wird.

Figl wird in seiner Einstellung durch den Beginn des Bombenkriegs in Niederösterreich bestärkt, sieht, wie das Land, das bisher für die englische Luftflotte außer Reichweite war und daher als der „Luftschutzkeller des Reichs" galt, immer mehr zur Heimatfront wird. Am 13. August 1943 werfen erstmals US-Flugzeuge, die in Tunis starten, ihre Bomben in Österreich auf die Flugzeugwerke in Wiener Neustadt ab. Die Stadt beherbergt die größte Flugzeugfabrik Deutschlands, in der Jagdflugzeuge gebaut werden. Der überraschende Angriff mit 187 Tonnen an Spreng- und Brandbomben fordert 77 Tote und ist ein Schock für die Bevölkerung. Nun müssen im ganzen Land die Häuser verdunkelt werden. Dutzende Fliegerabwehrkanonen mit riesigen Scheinwerfern, die den nächtlichen Himmel ableuchten, werden an zahlreichen Orten des Landes aufgestellt.

Rust – im Visier der US-Bomber — Bald nach der Landung der US-Truppen in Sizilien im Juli 1943 sind Sirenen und Radiosignale das Zeichen, dass feindliche Flieger im Anflug sind und der Luftschutzkeller aufgesucht werden soll. Bevorzugte Angriffsziele der Bomber sind neben Wiener Neustadt u. a. Werke in Schwechat, Zwölfaxing, Bad Vöslau, Pottendorf, Neunkirchen, Wöllersdorf, Berndorf, Hinterbrühl, das Panzerwerk St. Valentin, die Raffinerien in Korneuburg, Vösendorf, Moosbierbaum und die Militärflugplätze im Land. Durch die vielen Bombenangriffe im Tullnerfeld, besonders auf die Flugbenzinraffinerie in Moosbierbaum, wird auch der Ort Rust schwer in Mitleidenschaft gezogen.

Der Ort wird zwar nach der Meldung über einen Bomberanflug meist stark vernebelt, aber die roten Masten der Hochspannungsleitung durchbrechen meist das Nebelmeer und dienen dadurch den Piloten als Markierung. Bei einem einzigen Angriff im Tullnerfeld sterben dutzende Menschen, darunter 28 Kinder. Am selben Tag wird die Pfarrkirche von Rust durch eine Zeitzünderbombe zerstört. Das Dorf ist 1945 der prozentuell am meisten betroffene kleine Ort Österreichs. Im 800 Hektar großen Gemeindegebiet von Rust zählt man 4000 (!) Bombentrichter. Auch Figls Elternhaus und die Höfe seiner Geschwister sind schwer getroffen. Leopold Figl erlebt die schweren Bombenangriffe im Spätherbst 1944 auf seinen Heimatort nicht mehr in Freiheit, er ist schon vorher wieder verhaftet worden.

Das Geheimtreffen in Judenau — Leopold Figl nützt seine Tätigkeit als Bauleiter, um zahlreiche Gespräche mit Gesinnungsfreunden zu führen. Er trifft in dieser Zeit nicht nur frühere Mitglieder des Bauernbunds, sondern auch Julius Raab, den Rechtsanwalt Felix Hurdes, den christlichen Arbeiterführer Alois Weinberger sowie den früheren Unterrichtsminister Hans Pernter. Da alle vom baldigen Zusammenbruch des Deutschen Reichs überzeugt sind, beginnt man über die Alternativen einer neuen, im Fundament christlichen Partei zu diskutieren.

Am 4. Mai 1944 werden bei einem Geheimtreffen mit dem früheren Landeshauptmann und Bauernführer Josef Reither Entscheidungen für die Zeit danach getroffen. Reither war zur Arbeit auf seinem Hof aus dem KZ entlassen worden. Figl berichtet später über dieses Treffen in Judenau: „Wir haben am Florianitag 1944 festgelegt, unter welchen Umständen die Organisation des Bauernbundes wieder entstehen soll." In Reithers Weinkeller in Judenau wird auch beraten, was der Bauernbund für die baldige Befreiung tun könnte. Einig ist man sich darüber, dass Figl wieder die Direktion des Bauernbunds übernehmen soll. De facto wird an diesem Tag der Niederösterreichische Bauernbund wieder gegründet, „was sich später als entscheidende Voraussetzung für die Beauftragung Figls durch die sowjetische Besatzungsmacht erweisen sollte". (Karl Pisa) Zum Geheimtreffen nach Judenau reisen Figl und der spätere Landwirtschaftsminister Josef Kraus mit dem Zug an, setzen sich aber in verschiedene Waggons – bis Figl von einem Reisenden gefragt wird: „Warum setzt ihr euch nicht gleich zusammen, euch kennt doch ohnehin jeder?"

Konzepte für die Zeit nach der Hitler-Diktatur — Andere Politiker, mit denen Leopold Figl später als junger Kanzler immer wieder zusammenarbeiten wird, legen ebenfalls während der NS-Diktatur die Grundsteine für den Neuaufbau der demokratischen Strukturen der Zweiten Republik. So kommt es in den Jahren 1943/44 in Baden zu geheimen Zusammentreffen von Leopold Kunschak und dem Sozialdemokraten Adolf Schärf, wo bereits über eine Zusammenarbeit der beiden großen Parteien ausführlich diskutiert wird. Alois Weinberger, in der Ersten Republik Sekretär in der christlich-sozialen Gewerkschaftsbewegung, und der sozialdemokratische Gewerkschaftsführer Johann Böhm begegnen einander als Häftlinge in einem NS-Gefängnis. Später werden in Kontakt mit Leopold Kunschak auch neue Konzepte für eine einheitliche Dachorganisation der Gewerkschaften entwickelt (Einheitsgewerkschaft), in der die christlichen und sozialdemokratischen Gewerkschafter in wirtschaftlichen und sozialen Fragen gemeinsam ihre Interessen gegenüber den Unternehmern vertreten, aber ihre weltanschauliche Eigenständigkeit behalten.

KZ Mauthausen und die Todeszelle — Nach dem Debakel der 6. Armee in Stalingrad, wo Adolf Hitler jeden Ausbruch der von den Rotarmisten eingeschlossenen Divisionen strikt ablehnt, beginnt bald der Zusammenbruch der Fronten in Russland. Die Niederlage Hitler-Deutschlands zeichnet sich deutlich ab.

Am 20. Juli 1944 kommt es unter der Führung von Claus Schenk von Stauffenberg zu einem Bombenattentat auf Adolf Hitler in der so genannten Wolfsschanze bei Görlitz in Ostpreußen. Auch in Österreich ist eine Reihe von Offizieren an dem von Wehrmachtsoffizieren vorbereiteten Putsch beteiligt, dessen Ziel es ist, das NS-Regime zu beseitigen. An verschiedenen Orten des Deutschen Reiches werden sogar Verhaftungen von Gestapo-Leuten und SS-Offizieren vorgenommen, weil Oberst Stauffenberg, der bei der Besprechung mit Hitler die Tasche mit der Bombe und dem Zeitzünder abgestellt hat, irrtümlich die Meldung durchgibt, dass das Attentat geglückt sei. Tatsächlich wird Hitler nur verletzt und hält umgehend in einer Sondermeldung über das Radio eine Brandrede gegen die Verräter, denen er strengste Bestrafung androht.

Nach dem Zusammenbruch des Aufstandes kommt es zu einer großen Verhaftungswelle im ganzen Reich, zahlreiche Todesurteile werden gefällt, auch in Wien werden mehrere Wehrmachtsoffiziere hingerichtet. Im Oktober 1944 verhaftet man Figl und Reither neuerlich. Hat die Gestapo von ihren Geheimtreffen in Rust erfahren? Hilde Figl erzählt später: „Mein Mann hat es geahnt. Am Sonntag fuhr er noch zu seiner Mutter nach Rust, am Montag holte ihn die Gestapo ab." Diesmal wird Figl ins KZ Mauthausen gebracht. Hier regiert der Sadismus der Verlierenden. Da ihm trotz aller Quälereien kein Geständnis abzuringen ist, wird er wegen Hochverrats angeklagt. Zurück in Wien, kommt er in die Todeszelle des Landesgerichtes, wartet auf die Aburteilung. Diese wird gleichsam in letzter Minute durch den Einmarsch sowjetischer Truppen am 6. April 1945 verhindert.

Der „Endkampf" des NS-Regimes — Bereits am 29. März sind sowjetische Truppenverbände von Ungarn aus bis Niederösterreich vorgestoßen. Die SS verteidigt verzweifelt, aber die Rote Armee erobert Gemeinde um Gemeinde – 163 innerhalb von drei Tagen. Je aussichtsloser der Kampf, umso barbarischer Hitlers Befehle. Er befiehlt die Sprengung aller Fabriken, aller Brücken etc., bevor sie den Feinden in die Hände fallen, und ordnet an, alle Juden, „Zigeuner" und Gefangene zu erschießen. Hitlers Mordbefehl wird von fanatischen NS-Führern bis zum letzten Kriegstag befolgt. So werden in einem Lager bei Persenbeug 223 Juden, in Randegg 80 Juden sowie Frauen und Kinder erschossen und verbrannt. 1865 ungarische Juden in der Felixdorfer Engelmühle stehen ebenfalls auf der Schuldliste der SS-Schergen.

Kein Erbarmen gibt es auch für alte Volkssturmleute oder blutjunge Kämpfer, die beim sinnlosen Gemetzel flüchten. So werden bei Herzogenburg zwei junge SS-Soldaten, die die Sinnhaftigkeit des „Endkampfs" anzweifeln, erhängt. In Schwarzau im Gebirge wird ein blutjunger Fahnenflüchtiger, der aussah wie ein Kind und verzweifelt nach seiner Mutter rief, auf Befehl des NS-Kreisleiters von Neunkirchen von zwei Hitler-Jungen hingerichtet. Hunderte „Vaterlandsverräter" werden in den letzten Kriegswochen als abschreckendes Beispiel auf Laternenmasten erhängt.

Stalin befiehlt der Roten Armee, Wien möglichst rasch zu erobern. Bereits am Ostermontag, dem 2. April, fällt das zerbombte Wiener Neustadt nach einigen Gefechten mit Fahnenjunkern der Neustädter Kriegsschule fast kampflos, einen Tag später Bad Vöslau, Baden und Traiskirchen ohne großen Widerstand. Aber auch dort bringt der „Endkampf" oft großes Leid. In Baden, wo die sowjetische Armee bald ein ganzes Stadtviertel in Beschlag nehmen wird, um ihr Hauptquartier zu errichten, zertrümmert beim Einmarsch eine Fliegerbombe ein Lazarett. Tote, Sterbende und Verletzte liegen auf den Straßen. Ein Feldarzt operiert im Freien mit primitivsten Mitteln. Von März bis Juni 1945 sterben in Baden 494 Personen, davon sind 72 Bombenopfer, 44 gehen auf das Konto plündernder und betrunkener Sowjetsoldaten, 58 Menschen verüben Selbstmord.

Schloss Eichbüchl und die Wiedererweckung Österreichs

Fast gleichzeitig mit Baden und Traiskirchen erreichen sowjetische Truppenverbände auch Gloggnitz, wo der 74-jährige Karl Renner in seiner Villa die NS-Zeit verbrachte. Der erste Staatskanzler der Ersten Republik und der letzte Präsident des Nationalrates 1933 verfasste in seinem „Ausgedinge" in Gloggnitz mehrere wissenschaftliche Schriften. Am 3. April meldet sich Renner in der örtlichen Befehlsstelle der Sowjets, wo er zuerst um Schonung der Bevölkerung bittet und dann ersucht, zu einer höheren Kommandostelle gebracht zu werden. Darauf begleiten ihn Rotarmisten zu Fuß in das zwei Kilometer entfernte Köttlach. Offiziere in dieser Stabsstelle kennen seinen Namen und einige auch seine Schriften. Schließlich wird er mit einem Lastkraftwagen nach Hochwolkersdorf in der Buckligen Welt gebracht.

In ausführlichen Gesprächen mit hohen sowjetischen Offizieren, die ihn sehr achtungsvoll behandeln und die genau wissen, welch bedeutende Rolle Renner in der Ersten Republik innehatte, erläutert er die Pläne für eine „Wiedererweckung" Österreichs. Er ersucht Stalin um dessen Zustimmung, damit er mit einer Tätigkeit beginnen könne. Die Offiziere im Hauptquartier wissen, dass durch die Moskauer Deklaration vom 30. Oktober 1943 und den Befehl des Sowjetischen Oberkommandos vom 2. April 1945 die Wiedererrichtung eines unabhängigen Österreich festgelegt war. Über die Einsetzung einer Regierung gibt es keine Festlegung.

Stalins Befehl: Vertrauen für Renner — Als Stalin die Nachricht über das Angebot Karl Renners erhielt, soll er gesagt haben: „Was, der Alte lebt auch noch?" Stalin, der Renner von einem früheren Aufenthalt in Wien kannte, gibt für Renners Pläne „grünes Licht". Das Telegramm vom 4. April 1945 an den Befehlshaber der 3. Ukrainischen Front, Marschall Tolbuchin, lautet: „Befehl! Karl Renner ist Vertrauen zu beweisen. Stalin."

Renner wird daraufhin auf eigenen Wunsch gemeinsam mit seiner Frau Luise und Tochter Leopoldine Deutsch-Renner in das Schloss Eichbüchl gebracht. Dort verfasst Renner die Proklamation über die Unabhängigkeit Österreichs. Sie wird auf einer Schreibmaschine getippt, die ihm Bürgermeister Rudolf Wehrl aus dem nahen Wiener Neustadt im Rucksack gebracht hat. Auf Schloss Eichbüchl verbringt Renner „zwölf Tage mit fleißiger Arbeit an den Aufbauplänen, von Zeit zu Zeit von dem russischen Verbindungsoffizier Oberst Piterski besucht, der gut Deutsch spricht, und von der einheimischen Bauernschaft mit allem, was sie erübrigen konnte, liebevoll versorgt". (Leo Leitner)

Die Entscheidung Stalins für Renner wurde vielfach diskutiert und interpretiert. „Am ehesten wird wohl die Überlegung stimmen, dass in Moskau an einer Herauslösung des Ostens Österreichs, also des russischen Einflussbereiches Interesse bestand ... Ein 74-jähriger alter Mann mit einem seit dem März 1938 angeschlagenen Ruf [Renner hatte bei der Volksabstimmung für den Anschluss an Hitler-Deutschland mit „Ja" gestimmt] schien für solche Konstruktionen das richtige Werkzeug." (Leo Leitner)

Umstrittener Brief an „Genossen Stalin" — Zwei Briefe aus Eichbüchl zählen zu den wichtigsten Dokumenten aus jener Zeit. Der eine, vom 15. April, war an Stalin, der andere, vom 17. April, an Josef Kollmann, den früheren christlich-sozialen Bürgermeister von Baden, gerichtet. Die Bewunderung für den „werten Genossen" und der fast unterwürfige Ton im Brief an Stalin werden als geschickte Methode zur Sicherung eines – wenn auch sehr begrenzten – politischen Terrains beurteilt. Es geht um die „Wiedererweckung" Österreichs – diese Aufgabe würde er, Renner, übernehmen, und er bittet Stalin dafür um Hilfe und Unterstützung. Das im Brief genannte grenzenlose Vertrauen in die Sowjetunion und eine „brüderliche Auseinandersetzung" mit der Kommunistischen Partei seien die Grundlagen dafür, „dass die Zukunft des Landes dem Sozialismus gehört". Dieser Satz, der als Hinweis auf einen gemeinsamen politischen Weg von Sozialisten und Kommunisten gedeutet wird und den noch verdeckten Ambitionen der Moskauer Seite durchaus entspricht, wird später einerseits heftig kritisiert, andererseits aber als geschicktes Täuschungsmanöver gelobt.

In seinem Brief an Kollmann erörtert Renner seine Sicht der innenpolitischen Situation und die Möglichkeiten einer künftigen Zusammenarbeit der politischen Parteien. Für Kollmann empfand er Sympathien, da ihm die kritische Einstellung dieses christlich-sozialen Politikers zum Ständestaat bekannt war. Mit „aufrichtigen Christlich-Sozialen" würden Sozialdemokraten und Kommunisten gerne zusammenarbeiten, aber die „engere Dollfuß-Clique sowie die enragierten Heim-Wehrführer bitte ich in der Versenkung verschwinden zu lassen …" (Zitiert nach Leo Leitner)

Die Schlacht um Wien — Während Karl Renner auf Schloss Eichbüchl an den Vorarbeiten für die „Wiedererweckung" Österreichs arbeitet, schickt Adolf Hitler noch immer seine Wahnsinnsbefehle aus dem Bunker in Berlin an seine kämpfenden Truppen in der „Ostmark". Dabei stoßen die Sowjets bereits aus allen Richtungen auf Wien vor, am 6. April beginnt der Angriff auf Wien vom Süden aus. Um die Stadt vor der totalen Zerstörung zu schützen, schickt die Widerstandsgruppe um Major Carl Szokoll vor Kampfbeginn Oberfeldwebel Ferdinand Käs als Vermittler ins sowjetische Stabsquartier. Er informiert über die Lage und ersucht, die Wiener Wasserleitungen zu schonen, was die Sowjets auch machen. Ein geplanter Aufstand scheitert, weil die Absicht verraten wird und mehrere Offiziere sofort gehängt werden.

Einige Tage später will auch der Kommandant von Wien, General Rudolf von Bünau, die Stadt angesichts der großen Übermacht der Roten Armee räumen. SS-General Sepp Dietrich schlägt vor, die Truppen ins Weinviertel zurückzuziehen. Doch Hitler lehnt ab. Erst als nach acht Tagen erbitterter Straßenkämpfe die totale Einschließung Wiens droht, stimmt der „Führer" zu. Tausende müssen sterben, der Stephansdom und das Burgtheater brennen. Die Eroberung Wiens hat für die Sowjets nicht nur strategische Bedeutung, sondern wird in Moskau auch als großer Prestigeerfolg gewertet.

Figls Befreiung — Als im Süden von Wien die ersten Sowjetsoldaten die Stadtgrenze überschreiten und der Westbahnhof bereits in ihren Händen ist, da tritt auch im Leben des Häftlings Leopold Figl eine entscheidende Wendung ein. Gemeinsam mit einer Gruppe österreichischer Patrioten wartet er in einer der Todeszellen des Landesgerichts auf die Hinrichtung. Während der Nacht wird noch ein Pfarrer zur Hinrichtung geführt, der mit dem Ruf: „Christus ist König! Es lebe Österreich!" stirbt.

Am 6. April ist das Geschützfeuer fast pausenlos zu hören, da öffnet sich die Tür zu Figls Zelle. Figl weiß nicht, dass die SS-Wachen und der Gefängnisdirektor bereits geflohen sind. Vor ihm steht ein junger Österreicher, dem das Kommando übergeben wurde. „Sie sind der Bauernbunddirektor", sagt er zu Figl, „ich lasse alle politischen Gefangenen frei. Beruhigen Sie aber die Leute, es ist noch immer gefährlich." Figl behält auch in diesen Minuten des Glücks die Fassung und verlangt für alle ordnungsgemäße Entlassungsscheine. Zuerst werden die Frauen abgefertigt und dürfen das „Graue Haus" verlassen. Der bekannte Schauspieler Paul Hörbiger ist der erste Mann, der den Heimweg antritt. Die anderen bleiben während der Nacht noch im Gefängnis.

Am 7. April in den Morgenstunden treten auch die beiden Freunde und Leidensgefährten Felix Hurdes und Leopold Figl den Heimweg an, begleitet vom nahen Kriegslärm und Tieffliegerangriffen. Am Stephansplatz machen sie kurz halt. Nach einem kurzen Dankgebet im Dom, der wenige Tage später das Opfer einer Brandkatastrophe werden wird, trennen sich die Freunde. Als Figl zum Tor seines Wohnhauses kommt, ist es fest versperrt, die Bewohner findet er im Keller. Er erfährt, dass seine Frau mit den beiden Kindern bei den Verwandten in Niederösterreich ist. Im Keller trifft er auch einige deutsche Offiziere, die den Krieg schon beendet haben. Am 8. April kommt noch eine Gestapo-Streife zum Haus und trommelt an die Haustür: „Wo ist der Figl?" Sie haben erfahren, dass das Landesgericht „geräumt" worden ist. Aber angeblich hat ihn niemand gesehen, nur ein paar Frauen sitzen im Keller auf einem Berg alter Säcke und schälen Kartoffeln. Kurze Zeit später stürmen einige sowjetische Soldaten den Keller. Als sie Figl mit dem kahlgeschorenen Kopf sehen, lassen sie ihn in Ruhe.

Eine fast unlösbare Aufgabe — Die Schlacht um Wien geht zu Ende, aber in manchen Teilen Niederösterreichs wird noch wochenlang gekämpft, als Leopold Figl am 12. April auf Befehl von Marschall Fjodor Tolbuchin, dem Oberbefehlshaber der sowjetischen Truppen in Österreich, gesucht wird. So wie wenige Tage zuvor die Gestapo, klopfen sie an das Haustor, um „Gospodin Figl" ins Palais Auersperg zu bringen, wo er vom „Eroberer von Wien" begrüßt wird. Marschall Tolbuchin ist über Figl genau informiert. Er weiß, welche Funktionen Figl vor der NS-Herrschaft innehatte. Der Bauernbunddirektor erhält den Auftrag, Lebensmittel für die Hunger leidende Bevölkerung Wiens zu organisieren, Saatgut für den Frühjahrsanbau zu sichern sowie die Straßen von den Kadavern säubern zu lassen. Fast gleichzeitig wird Figl, der eine hohe Glaubwürdigkeit bei den sowjetischen Offizieren auf Grund seiner KZ-Vergangenheit besitzt, auch mit dem Aufbau der Landesverwaltung in Niederösterreich betraut.

Der von den Torturen des KZ noch gezeichnete Vollblutpolitiker zögert keinen Augenblick, diese schier unlösbaren Aufgaben zu übernehmen. Und das zu einem Zeitpunkt, da der Schlachtlärm der sich ins Weinviertel absetzenden deutschen Truppen noch zu hören ist. Figl erzählt später: „Ich werde nicht vergessen, wie mich am 12. April russische Offiziere aus dem Keller in die Stadt brachten und mir sagten, ich solle sofort den Bauernbund aufbauen. [...] Wir sind dann in die Schenkenstraße gezogen und haben dort als erste in Wien die rot-weiß-rote Fahne Österreichs und die grüne Fahne des Bauernbundes aufgezogen. Das Bauernbundhaus war im April 1945 überhaupt die Zentrale von Wien. Wir errichteten das ‚Österreichische Amt für Landwirtschaft und Ernährung', denn ein Ministerium gab es noch nicht. Wir hatten keine Regierung, die Gemeinde Wien keine Verwaltung, allein der Bauernbund in der Schenkenstraße funktionierte ..."

Improvisieren ist in diesen Tagen das Gebot der Stunde. Und darin ist Figl ein Meister. Er bekommt von Tolbuchin die unentbehrlichen, gestempelten, in russischer Sprache abgefassten Bestätigungen, die am Tor des Bauernbundhauses prangen. Diese werden wiederholt kopiert, denn sie sind eine Voraussetzung für den Transport von Lebensmitteln, um sie ungehindert nach Wien und in andere Orte zu bringen. Um die größte Not zu lindern, muss Figl immer wieder bei den Sowjets betteln, um Lebensmittelhilfen wie russische Erbsen für die hungernde Bevölkerung zu erhalten.

ÖGB: Geburt im rauchenden Wien — An diesen Tagen, nach der Schlacht um Wien, finden im Westen von Wien Gespräche von führenden Gewerkschaftern der Parteien über einen einheitlichen Gewerkschaftsbund statt, von denen Leopold Figl bald erfahren wird. Bereits am 15. April – an diesem Tag erobert die Rote Armee St. Pölten – wird im Gebäude des Wiener Westbahnhofs die Gründungskonferenz des neuen überparteilichen ÖGB abgehalten. Er besteht aus dem einheitlichen Bundesvorstand, dem 16 Einzelgewerkschaften für die verschiedenen Berufsgruppen angegliedert sind. Erster Vorsitzender und Präsident wird der gemäßigte und schon in der Ersten Republik angesehene sozialdemokratische Gewerkschaftsführer Johann Böhm. Seine Stellvertreter werden der christliche Gewerkschafter Lois Weinberger und als Vertreter der KPÖ Gottlieb Fiala.

Es ist heute nur schwer zu begreifen, dass eine so entscheidende Weichenstellung schon vor der Bildung der ersten Regierung – rechtlich noch in der Zeit des (untergehenden) Nationalsozialismus – von nur wenigen mutigen Männern aus den verschiedenen Gewerkschaftsbewegungen aus der Zeit der Ersten Republik beschlossen werden konnte. An diesem 15. April 1945 ahnt auch noch niemand, dass der ÖGB bald seine Bewährungsprobe als eine Säule der Demokratie bestehen muss und gemeinsam mit der Regierung Figl/Schärf im Jahr 1950 den von der KPÖ veranstalteten Generalstreik (manche sprechen von einem Putschversuch) niederschlagen wird.

Gefährliches Abenteuer: „Da ist ja die Front!" — Als Figl damals eine seiner ersten Ausfahrten in das Umland von Wien macht, ist der Krieg noch nicht zu Ende. Welch gefährliches Abenteuer dies sein konnte, zeigt eine Fahrt zum späteren Landwirtschaftsminister Rudolf Buchinger in das Tullnerfeld. Figl ist damals mit einem sowjetischen Oberst des Geheimdiensts als „Chauffeur" unterwegs und erzählt darüber: „Als wir über die Hagenbachklamm fahren, sag ich: Herr Oberst, da rührt sich was, da ist ja eine Front. Sagt er: Nix, nix. Sag ich: Da schießen sie ja mit Maschinengewehren. Auf einmal sind wir verhaftet, hinein ins Häusl. Der Oberinspektor Pospischil von der Kriminalpolizei war auch mit mir. Wir sind da gesessen. Ich hab noch eine Zigarette geraucht. Auf einmal kommt ein Russe, haut mir die Zigarette aus dem Mund. Da sehe ich den Oberst, der ist kasweiß, denk ich mir, da sind wir in einer schönen Gegend. Der wird abgeführt, und dann führen sie mich auch weg. Stellen uns hinter das Haus an die Wand. Und dann kommen sechs Mann mit Maschinenpistolen und ein Offizier, der erklärt uns für Spione. Unterdessen ist das Gefecht aus. Es war der letzte Kampf zwischen Kreuzenstein und St. Andrä im Hagental. Und der Kommandant, ein Oberleutnant, kommt herauf und erkennt den russischen Oberst. Der Oberleutnant fällt dem Obersten um den Hals und sagt dann zu mir: Karascho, wenn ich jetzt nicht komme, du kaputt."

Kriegsschauplatz Niederösterreich — Als Figl zu seinem Freund Buchinger ins Tullnerfeld fährt, ist nach dem fluchtartigen Rückzug der deutschen Truppen aus Wien das Weinviertel zum Kriegsschauplatz geworden. Die Sowjets wollen rasch vordringen, um die Flanken ihrer in der Slowakei kämpfenden Truppen zu sichern. Dutzende kleine Orte im Raum zwischen Zaya und Thaya wechseln wiederholt den Besitzer, denn die Deutschen greifen ohne Rücksicht auf die Bewohner immer wieder an. Dürnkrut und die umliegenden Orte sind ein einziges Schlachtfeld, auf dem brennende Häuser und Bauernhöfe, abgeschossene Panzer und viele Gefallene

Oben links: Der Krieg im Land ist voll im Gange. Alle Orte mit für die NS-Kriegswirtschaft wichtigen Fabriken, Flugplätzen oder Raffinerien und Bahnhöfen kommen ins Visier der US-Bomber.

Oben rechts: Der Stephansdom gerät im April 1945 durch brennende Häuser in der Umgebung in Brand und wird teilweise zerstört.

Mitte links: Die „Dreieinigkeit“: Oskar Helmer, Leopold Figl und Otto Mödlagl (v. li.).

Mitte rechts: Staatssekretär Figl mit Staatskanzler Renner und zwei sowjetischen Generälen anlässlich der Enthüllung des Heldendenkmals der Roten Armee am Schwarzenbergplatz in Wien, 19. 8. 1945.

Unten: April 1945: Der sinnlose „Endkampf“ in den niederösterreichischen Ortschaften.

zurückbleiben. Am 17. April erobern die Russen Zistersdorf, das Rathaus wird von den „Stalinorgeln" in Brand geschossen. Einen Tag später fällt Mistelbach. Zurück bleiben zerstörte Häuser und Kirchen – die Enzersdorfer Kirche erhielt 54 Granattreffer –, tausende Gefallene und verwundete Soldaten, was die Soldatenfriedhöfe im Weinviertel bezeugen. Mehrere hundert Zivilisten müssen ihr Leben lassen. Großes Leid bringen auch die Plünderungen und Vergewaltigungen betrunkener Soldaten der Roten Armee.

Ähnlich ist die Situation im Mostviertel, wo sowjetische Truppen aus dem Tullnerfeld und durch den Wienerwald Richtung St. Pölten vordringen. Hunderte Soldaten und dutzende Zivilisten fallen dem Verzweiflungskampf der SS zum Opfer. Im Laabental brennen 21 Bauernhäuser ab. In Pottenbrunn bei St. Pölten kommt es zu einer der letzten Panzerschlachten des Krieges. Dabei werden auch zahlreiche Häuser und das Schloss schwer beschädigt. Die Besitzer, das Ehepaar Trauttmansdorff, waren einen Tag vor dem Einmarsch der Sowjets gemeinsam mit zwölf Männern und Frauen hingerichtet worden, weil sie vor Kriegsende Zerstörungen und Menschenopfer verhindern wollten. Am 15. April wird St. Pölten von den Sowjets innerhalb von nur drei Stunden kampflos besetzt. Die Wehrmacht hatte beim Abzug noch Geschäfte geplündert, die SS aus dem Spital die Medikamente und Instrumente geraubt. Die Innenstadt und der Bahnhof gleichen weithin einem Schlachtfeld. US-Bomber haben in zehn Angriffen weite Teile der Innenstadt in Trümmer gelegt.

Am Rande des Wienerwaldes, in den Tälern der Triesting, Piesting und Traisen, wird noch bis Kriegsende von der SS verbissen gekämpft. Nach deren Abzug bietet sich in manchen Orten ein Bild des Grauens: So in Neuhaus, wo die Kirche und zahlreiche Häuser zerstört sind. Die Burg, durch Phosphorgranaten in Brand geschossen, ist eingestürzt. Die SS hat noch 22 Zwangsarbeiter, meist Franzosen, ermordet und 42 ungarische Juden, die in Weißenbach gearbeitet hatten, darunter Frauen und Kinder, in einem Steinbruch „vom Felsen herabgeschossen".

ÖVP: neue Partei der Mitte — Am 17. April 1945 wird im Wiener Schottenstift die Österreichische Volkspartei (ÖVP) gegründet. Für heutige Menschen ist Leopold Figls Einsatz und Heldenmut in dieser Zeit des Chaos beeindruckend, doch er gönnt sich nach all den schweren Jahren wenig Schonung. Er gehört zu den Gründern der ÖVP. Erster Obmann wird der christliche Arbeiterführer Leopold Kunschak, zu seinen Stellvertretern werden Leopold Figl und Julius Raab gewählt. Raab wird den Wirtschaftsbund als dritte Säule der ÖVP aufbauen. Bereits am 14. April wurde von den christlichen Gewerkschaftern, unter ihnen Leopold Kunschak und Lois Weinberger, der Österreichische Arbeiter- und Angestelltenbund (ÖAAB) ins Leben gerufen.

Mit der Bezeichnung „Volkspartei" wird signalisiert, dass es sich nicht um die direkte Nachfolgepartei der durch den Ständestaat belasteten Christlichsozialen Partei handelt, sondern um eine neue Partei mit breiterer Perspektive. Allerdings treten die Männer, die wie etwa der neue ÖVP-Generalsekretär Felix Hurdes, der erste Unterrichtsminister im Kabinett Figl, seit ihrer Jugend in christlichen Verbänden verwurzelt sind, in ihrem Programm ganz bewusst das katholische Erbe der Christlichsozialen an.

Am Gründungstag der ÖVP betreten zwei Männer das Niederösterreichische Landhaus in Wien: Leopold Figl, der frühere Bauernbunddirektor, und Oskar Helmer, ein Sozialdemokrat, der bis 1934 Landeshauptmann-Stellvertreter war. Mit den Worten „Hier ist nicht Niederdonau, da ist Niederösterreich" sollen sie es „in Besitz genommen" haben. Aus den Aufzeichnungen des ersten Nachkriegs-Landesamtsdirektors Hans Vanura geht hervor, dass bei einer Besprechung zwischen Figl, Helmer und dem früheren Minister Rudolf Buchinger am 9. Mai 1945 die Bildung eines neunköpfigen Landesausschusses (er wird später in „Landesregierung" umbenannt) beschlossen wird, in dem neben ÖVP und SPÖ auch die KPÖ vertreten sein sollte. Eine Voraussetzung, ohne die der sowjetische Stadtkommandant nicht die Genehmigung zum Aufbau der Landesverwaltung gegeben hätte. Figl wird provisorischer Landeshauptmann, Helmer (SPÖ) und Otto Mödlagl (KPÖ) werden seine Stellvertreter.

Mit den Kindern auf der Flucht — Hilde Figl flüchtet 1945 nach dem Einmarsch der Roten Armee mit den Kindern nach Kapelln bei St. Pölten zu Verwandten ihres Mannes. Aber nach Kriegsende scheint die Lage auch dort nicht sicher zu sein. So marschiert sie mit Hansi und Liesl neben Ukrainern und anderen ehemaligen Zwangsarbeitern Richtung Wien. Erschöpft erreicht sie am nächsten Tag in Meidling die Wohnung ihrer Mutter. Aber erst einige Tage später gibt es das heiß ersehnte Wiedersehen mit ihrem Gatten, der inzwischen bereits wieder hohe politische Ämter übernommen hat.

Sein Sohn Johannes erzählt später: „Als wir im Frühjahr nach Wien kamen, wussten wir nicht, ob Vater noch lebte. Ich bin zu dem Haus im

3. Bezirk gegangen, wo wir vor dem Krieg gewohnt haben. Dort ist mir ein Nachbar ganz aufgeregt entgegengekommen. Auf meine Frage nach dem Papa hat er gesagt, ob ich denn nicht weiß, dass mein Vater Landeshauptmann von Niederösterreich ist."

Bald darauf klopft der 13-jährige Hans zaghaft an der Tür zum Sekretariat von Landeshauptmann Figl im Niederösterreichischen Landhaus. Der Vater ist gerade bei einer Besprechung, aber als er von dem Besuch benachrichtigt wird, begrüßt er freudig überrascht seinen Sohn. Bevor er wieder in sein Amtszimmer geht, sagt er: „Gebt's dem Buam ein Stückerl Brot, der hat doch sicher einen Hunger!"

Die Macht des Faktischen — Als Karl Renner etwa eine Woche nach der Eroberung Wiens durch die Rote Armee zurückkehrt, beginnen umgehend die Verhandlungen mit den Parteien über eine Regierungsbildung. Die Regierungsliste, die er mitbringt, muss Renner kräftig abändern bzw. ergänzen. So steht Leopold Figl nicht auf Renners Liste, wohl wegen seines Naheverhältnisses zu Dollfuß, aber in den Parteien sind die Würfel bereits gefallen.

„Karl Renner musste zur Kenntnis nehmen, dass Leopold Figl als Geschäftsführender Obmann des neu gegründeten Bauernbundes und der damit stärksten, auf jeden Fall aber 1945 wichtigsten Gruppierung zum stellvertretenden Obmann der ÖVP gewählt worden war, und zwar mit der Legitimation, die Renner selbst nicht ins Treffen führen konnte, nämlich der des Konzentrationslagers, und in dieser Übergangsphase von Krieg und Frieden bereits eine Rolle zu spielen begonnen hatte. Renner musste auch akzeptieren, dass schon während der Verhandlungen zur Bildung der Provisorischen Staatsregierung Leopold Kunschak als nomineller Obmann der ÖVP nur mehr Aushängeschild war, während Leopold Figl die eigentlichen Verhandlungen führte. Der ‚Stadtstaat Wien/Umland' wies Strukturen auf, die ihn befähigten, für ganz Österreich wirksam zu werden. Das war nicht zuletzt auch das Verdienst des provisorischen Landeshauptmanns von Niederösterreich und Obmann des Bauernbundes, Figl. Und zwischen April und November 1945 vollzog sich sehr still und eigentlich auch ein wenig unerwartet der Aufstieg von Leopold Figl." (Manfried Rauchensteiner)

Der „Geburtstag“ der Zweiten Republik und der Beginn der Besatzungszeit

27. April 1945. In Niederösterreich ist der „Endkampf“ des NS-Regimes noch immer in Gang. Westösterreich gehört auf dem Papier noch zum Deutschen Reich. Hitler erteilt von seinem Bunker in Berlin aus seine letzten hysterischen Befehle, der Gauleiter von Tirol-Vorarlberg, Franz Hofer, wird noch in den letzten Apriltagen erkennen müssen, dass die angekündigte „Alpenfestung“ wegen der kaum vorhandenen militärischen Mittel nicht einmal mehr propagandistische Bedeutung hat.

Die Rote Armee hat bereits 36 Bezirke der Länder Niederösterreich, Burgenland und Steiermark erobert. Einen Tag später überschreiten amerikanische Truppen zwischen Pfronten und Vils die Tiroler Grenze. Am 29. April erreicht die 5. französische Panzerdivision bei Hohenweiler Vorarlberg, und am 30. April beginnt die Besetzung Oberösterreichs durch die US-Army.

Dieser 27. April, der „Geburtstag“ der Zweiten Republik, ist eingebettet in den Zerfall von NS-Diktatur und Großdeutschem Reich. Nach der Zulassung der drei Parteien ÖVP, SPÖ und KPÖ durch die sowjetische Besatzungsmacht konstituiert sich unter Staatskanzler Karl Renner die provisorische Staatsregierung. Vor dem Parlament proklamiert sie feierlich die „Wiederherstellung der Republik Österreich“, die auch die Unabhängigkeitserklärung enthält. Zwei Tage später versammelt sich die neue Regierung im Wiener Rathaus, wo sie gemeinsam mit dem neuen Bürgermeister, Theodor Körner, die Wiederherstellung der Republik Österreich feiert.

Die Regierung begibt sich anschließend durch ein Spalier jubelnder Menschen zu Fuß zum Parlament, wo Karl Renner vom sowjetischen Stadtkommandanten von Wien, Generalleutnant Alexej Blagodatow, symbolisch die Schlüssel des Parlaments überreicht werden. Gleichzeitig werden von der meist aus ehemaligen Politikern und Parteifunktionären von

Niederösterreich und Wien bestehenden provisorischen Allparteienregierung alle NS-Gesetze aufgehoben und der Anschluss an Deutschland wird für null und nichtig erklärt.

Die rot-weiss-rote Fahne am Parlament — Auf den Fahnenmasten des Parlaments werden wieder die rot-weiß-roten Fahnen gehisst, nachdem am Vortag noch eilig der Reichsadler und das Hakenkreuzemblem entfernt worden sind. Der sowjetische Stadtkommandant von Wien überreicht unter dem Beifall tausender Wiener der Regierung symbolisch die Schlüssel des Parlaments. Die Regierung, die aus zehn SPÖ-, neun ÖVP-, sieben KPÖ-Vertretern sowie drei Parteilosen besteht, wird vorerst nur von den Sowjets anerkannt, aber nicht von den anderen Alliierten. Es ist de facto nur eine Staatsregierung, die für das Territorium des früheren Erzherzogtums Österreich unter der Enns und das Burgenland zuständig ist.

Extrem misstrauisch sind die Briten und Amerikaner, die in dem alten Sozialdemokraten Karl Renner einen Strohmann Stalins vermuten. Auch die westlichen Bundesländer sind vorerst skeptisch und müssen von den Politikern der provisorischen Staatsregierung für die Mitarbeit erst gewonnen werden. Leopold Figl, damals 42 Jahre alt, gehört als Staatssekretär und Vertreter der ÖVP der Regierung an und wird von Staatskanzler Renner gemeinsam mit den Staatssekretären Adolf Schärf, Parteiobmann der SPÖ, und Johann Koplenig (KPÖ) in den politischen Kabinettsrat berufen. Dieser bildet mit Karl Renner das Führungsgremium der ersten österreichischen Regierung der Zweiten Republik.

Am 30. April 1945 verübt Adolf Hitler im „Führerbunker“ in Berlin Selbstmord, doch der sinnlose „Endkampf“ dauert in manchen Orten Niederösterreichs noch bis zur Kapitulation am 8. Mai an. So im Raum Amstetten-Waidhofen a. d. Ybbs-Lunz-Hollenstein, wo die Offiziere des Heeres bereits Widerstand gegen die SS organisieren und den Krieg beenden wollen. Es gelingt ihnen, die Sprengung zahlreicher Brücken zu verhindern und den Funkverkehr der SS zu stören. Am 6. Mai kommt es in Hollenstein noch zu einer bewaffneten Auseinandersetzung mit der SS („Hollensteiner Blutsonntag“), die mehrere Tote und Verletzte fordert. Zudem werden in den letzten Kriegstagen noch hunderte KZ-Häftlinge und Juden, die in Nebenlagern von Mauthausen überlebten, von NS-Schergen ermordet.

Ab 8. Mai 1945 schweigen in ganz Österreich die Waffen. Nach der Kapitulation der deutschen Truppen wird der Waffenstillstand unterzeichnet.

Oben: Der politische Kabinettsrat, das Leitungsgremium der ersten österreichischen Regierung nach dem Zweiten Weltkrieg: Staatskanzler Karl Renner, SPÖ (Mi.), neben ihm Staatssekretär Adolf Schärf, SPÖ, und Staatssekretär Johann Koplenig, KPÖ (li.), sowie Staatssekretär Leopold Figl, ÖVP (re.).

Mitte: Der erste Bauerntag 1945 in Tulln mit Staatssekretär Rudolf Buchinger (2. von li.) und Landeshauptmann und Bauernbunddirektor Figl sowie sowjetischen Offizieren.

Unten: Landeshauptmann Josef Reither (Mi.) mit Leopold Figl (li.).

An diesem Tag rücken zwar noch jugoslawische Truppen in Kärnten ein, aber unter dem Druck britischer Militärs ziehen sie sich wieder zurück. In den westlichen Bundesländern, die erst knapp vor Kriegsende besetzt wurden, gab es nur relativ wenige Kampfhandlungen. Der schreckliche Krieg und das mörderische NS-Regime sind zu Ende.

Die „Drei im Jeep": der Aufbau der Verwaltung — Leopold Figl, Oskar Helmer und ein KPÖ-Vertreter – zuerst Otto Mödlagl, später Laurenz Genner aus Groß-Siegharts – sind fast täglich mit einem sowjetischen Jeep unterwegs, um die Verwaltung wieder aufzubauen. Figl erzählt später: „Wir waren bald als Dreieinigkeit verschrien, waren aber überzeugt, dass es in dieser Notzeit nicht nur darum ging, den materiellen Schutt wegzuräumen, sondern den Menschen klarzumachen, dass die Einigkeit der Parteien ein Gebot der Stunde ist." Die Einigkeit besteht allerdings meist nur zwischen ÖVP und SPÖ. Der KPÖ-Vertreter in der Landesregierung erweist sich häufig als „Spitzel" für die Sowjets, auf deren Wohlwollen man angewiesen ist.

Der Aufbau der Verwaltung ist manchmal mit großen Schwierigkeiten verbunden, wie Oskar Helmer später erzählt: „So verweigerten uns die Russen in Hollabrunn das Betreten des Rathauses. Als wir in Matzen den Bürgermeister einsetzten, musste der russische Fahrer unseren Wagen gegen andere Russen verteidigen. Dagegen bereitete der KP-Polizeichef von Neusiedl, der Zigeuner Horvath, der mit Figl gemeinsam im KZ war, uns einen speziellen Empfang."

Der erste Bezirkshauptmann, Ludwig Mohr, wird bereits am 12. Mai in Wiener Neustadt eingeführt, der letzte ist am 10. August Wolfgang Lakenbacher in Zwettl. Parallel dazu werden Bürgermeister eingesetzt, Feuerwehren und Rot-Kreuz-Stellen wieder aufgebaut. Die Taktik der Politiker: Zuerst werden in aller Stille die jeweiligen Institutionen errichtet, dann erst wird dem sowjetischen Ortskommandanten „die Meldung gemacht".

Schwieriger Wiederaufbau — Hans Vanura – er war bereits in der Ersten Republik im Landesdienst und ist von den NS-Behörden gekündigt worden – schildert in seinen Erinnerungen die chaotischen Zustände beim Aufbau der Landesverwaltung:

„Nur langsam belebten sich die Büroräume wieder. Die Mitarbeiter waren in alle Winde zerstreut – noch nicht aus dem Krieg nach Hause gekommen, in Kriegsgefangenschaft, mit der Familie vor den sowjetischen Truppen geflüchtet. Jeder und jede, die sich zum Dienst meldeten, wurden gefragt, ob sie nicht den Aufenthaltsort früherer Kollegen wüssten. Viel schwieriger als in der Wiener Zentrale war es draußen in den Bezirken, eine geordnete Verwaltung und rechtsstaatliche Verhältnisse aufzubauen. Wir wurden mit Klagen über Übergriffe der Besatzungsmacht geradezu bombardiert, und ich musste wiederholt in die Bezirke fahren, um – meist vergeblich – bei den örtlichen Kommandostellen zu protestieren. Es war eine schwere Zeit! Es herrschte Mangel an allem und jedem. Wir haben im Winter 1945/46 in den Büroräumen des Landhauses oft fürchterlich gefroren und waren froh, wenn es in der Kantine Erbsen gab. Die Kleidung der meisten Beamten bestand aus Uniformstücken, die notdürftig umgefärbt waren. Es war auch eine gefährliche Zeit. Dreimal haben mich die Sowjets für verhaftet erklärt, und ich wundere mich, dass ich nicht in einem sibirischen Lager gelandet bin.“

Bei den vielen Fahrten, die Leopold Figl 1945 in die Bezirke und Gemeinden des Landes führen, um dort die Verwaltung wieder aufzubauen oder auch um Bauernversammlungen abzuhalten, wird er auch immer wieder mit den furchtbaren Folgen des Krieges und mit den Sorgen und Nöten der Menschen konfrontiert.

Im April 1945 sind im sinnlosen „Endkampf“ des NS-Regimes in Niederösterreich noch rund 40.000 Menschen ums Leben gekommen, darunter 15-jährige „Soldaten“, denen man Handgranaten und Panzerfäuste in die Hand gedrückt hat, „Fahnenflüchtlinge“, die noch wenige Tage vor Kriegsende hingerichtet wurden, Zwangsarbeiter und KZ-Häftlinge.

Ein Drittel aller Kriegsschäden in Österreich entfällt auf das Land unter der Enns. 55.000 Gebäude, Häuser, Schulen, Betriebe, darunter 11.000 Bauernhöfe, sind zerstört oder schwer beschädigt. 700 Brücken sind unpassierbar, darunter alle Donauübergänge. Der Verkehr funktioniert so recht und schlecht über Behelfsbrücken.

Bauernbund vermittelt Saatgut und Pferde — Landeshauptmann Figl wird damals auch immer wieder in Bauernhöfe geführt, in denen es keine Kuh, kein Pferd, kein Schwein mehr gibt. Im Bauernbundhaus in der Wiener Schenkenstraße wird Saatgut vermittelt, auch Pferde, die die Sowjets nicht mehr benötigen. Dort, wo noch Lebensmittel in den Höfen vorhanden sind, werden diese von Figl und seinen Freunden für die hungernde Bevölkerung „organisiert“. Der provisorische Landeshauptmann

Die Rote Armee und die Macht im Staate

Sowjetische Soldaten waren allgegenwärtig — Am Gründonnerstag, dem 29. März 1945, überschritten Einheiten der 3. Ukrainischen Front der Roten Armee unter Marschall Fedor Tolbuchin die österreichische Grenze bei Klostermarienberg im Burgenland. Damit begann die alliierte Befreiung vom Nationalsozialismus und die militärische Besetzung des Landes. Wien wurde in der Zeit vom 6. bis zum 13. April 1945 eingenommen, zwei Tage später St. Pölten. Bis Kriegsende besetzten die sowjetischen Truppen der 2. und 3. Ukrainischen Front Wien, Niederösterreich, das Burgenland und Teile Oberösterreichs und der Steiermark. Im Zuge des Kriegsendes kamen etwa 400.000 Rotarmisten nach Österreich, rund 26.000 sowjetische Soldaten verloren hier ihr Leben. Bis Herbst 1945 reduzierte sich die Stärke der sowjetischen Besatzungstruppen auf 180.000 bis 200.000 Personen.

Gerade zu Kriegsende und in der ersten Nachkriegszeit waren die Soldaten der sowjetischen Armee in Ostösterreich beinahe allgegenwärtig. Sie prägten das öffentliche Leben, drangen in die Privatsphäre ein, betrachteten vielfach die Frauen als Beute der Sieger. Zusätzlich bestätigten und verstärkten die Plünderungen, Demontagen und Verschleppungen häufig das von Vorurteilen und rassistischer NS-Propaganda geprägte Bild der Sowjets. Auf der anderen Seite kristallisierte sich jedoch auch das Bild des „kinderlieben" oder „kunstbegeisterten Russen" heraus.

Propaganda und Wirtschaftshilfe — Eine der ersten Aufgaben der sowjetischen Besatzungsmacht in Österreich bestand darin, Kommandanturen einzurichten und die Tätigkeit der österreichischen Machtorgane, demokratischen Parteien und Organisationen zu überwachen. Außerdem erhielten die bereits im April 1945 errichteten Kommandanturen den Auftrag, auf die Bevölkerung propagandistisch einzuwirken. Mehrere Wochen nach Kriegsende wurden im Zuge einer militärischen Neuorganisation die Fronten aufgelöst und stattdessen die „Gruppen der Streitkräfte" (Nord, Zentral und Süd) gebildet. Für Österreich war daher seit 10. Juni 1945 die „Zentrale Gruppe der Streitkräfte" zuständig, ihr Stab befand sich in Baden bei Wien, wo die Sowjets ein ganzes Stadtviertel beschlagnahmt hatten, in dem sich auch die Frauen und Kinder der Offiziere befanden.

Zu Beginn der Besatzungszeit bestand eine der wichtigsten Aufgaben der Sowjets darin, die katastrophale Ernährungssituation vor allem der Wiener Bevölkerung zu verbessern und die zerstörte Infrastruktur wieder instand zu setzen. Das Plakat „Die Rote Armee befreit, die Rote Armee hilft!" zeigt einen lächelnden sowjetischen Soldaten, der vor dem skizzierten Stephansdom eine wieder errichtete Donaubrücke hochhebt, und verweist so auch propagandistisch auf die sowjetische Wirtschaftshilfe. Neben der Instandsetzung von Brücken und Verkehrswegen oder der im Wahlkampf 1945 gewährten Millionenspende für die Wiener Staatsoper stellte die sowjetische Besatzungsmacht der hungernden Bevölkerung in zwei großen Hilfsaktionen auch Lebensmittel zur Verfügung: Sowohl die „Maispende" (auch „Stalin-Spende") zum 1. Mai 1945 als auch die über Befehl Stalins am 23. Mai 1945 in Auftrag gegebenen Lebensmittellieferungen, die die Versorgung Wiens vom 1. Juni bis 30. September 1945 sichern sollten, wiesen einen hohen Anteil von Erbsen und Bohnen an den gelieferten Lebensmitteln auf. So wurde die zum 1. Mai groß herausgestrichene Lebensmittelspende als „Erbsenspende" sprichwörtlich.

7000 Mitglieder von Offiziersfamilien — Nach langem Ringen konnte am 15. Mai 1955 der Staatsvertrag unterzeichnet werden, der Österreich von den „Befreiern befreite". Der Abzug der sowjetischen Truppen aus Österreich begann am 4. August 1955. In allen Garnisonen wurden noch Kränze auf die Grabstätten sowjetischer Soldaten gelegt, Treffen von Soldaten mit der Bevölkerung organisiert, auf den Bahnhöfen wurden Abschiedsfeiern durchgeführt, Ansprachen gehalten, den abziehenden Offizieren und Soldaten Blumen überreicht. Insgesamt wurden rund 40.000 sowjetische Armeeangehörige, 7000 Mitglieder von Offiziersfamilien sowie 2400 Arbeiter und Bedienstete aus Österreich abgezogen, wobei ein Teil der Einheiten nach Ungarn verlegt wurde.

Am 19. September 1955, beinahe zwei Wochen vor der vom Verteidigungsministerium gesetzten Frist, verließ schließlich der letzte sowjetische Soldat Österreich. Die „Zentrale Gruppe der Streitkräfte" galt per 25. September 1955 als aufgelöst. Genau einen Monat später verließ der letzte – britische – Besatzungssoldat Österreich.

fährt manchmal mit den Lastautos der Roten Armee mit auf das Land, um Milch und andere dringend benötigte Nahrungsmittel nach Wien zu bringen. Diesem enormen Einsatz verdankt Figl seine Popularität in Wien.

Der 19. Juni 1945 bringt für Niederösterreich einen ersten Etappensieg beim Wiederaufbau: Im Krieg waren viele Stromleitungen zerstört worden. Figl kann nun im Umspannwerk Stockerau das 60.000-Volt-Netz der NEWAG einschalten lassen, das die Gebiete nördlich der Donau mit Strom versorgt. Wochenlang haben Ingenieure und Arbeiter fast Tag und Nacht an der Behebung der Leitungsschäden gearbeitet. Figl dankt ihnen für die großartige Leistung, das Stromnetz wieder hergestellt zu haben, wodurch auch das Dreschen und Mahlen der neuen Ernte sichergestellt wird, auf die alle schon dringend warten.

Reither aus dem KZ zurück — Josef Reither kehrt am 20. Juli 1945 nach der Befreiung aus dem Konzentrationslager Ravensbrück und einem notwendigen Aufenthalt in einem Berliner Krankenhaus nach Hause zurück. Für Figl ist es selbstverständlich, dass er nur als „Platzhalter“ für den früheren Landeshauptmann fungiert. Reither übernimmt unmittelbar nach der Umbildung der provisorischen Landesregierung vom 10. bis 12. Oktober die Geschäfte des Landeshauptmannes. Figl informiert ihn über die enormen Schwierigkeiten der Bauernschaft, den ständigen Forderungen nach zusätzlichen Ablieferungen nachzukommen, zumal auch noch viele in Österreich befindliche Ausländer und die Besatzungsmacht ernährt werden müssen.

So wagt es Figl, mit Funktionären des Bauernbundes im August 1945 mit einem Forderungsprogramm zu den Sowjets zu gehen. „Man wurde vom Stellvertreter Marschall Tolbuchins, General Scheltow, empfangen und getraute sich in der herrschenden Notlage, eine geradezu tollkühn formulierte Denkschrift vorzutragen. Darin wurde mit großer Offenheit klargestellt, dass die Besatzungstruppe im Verhältnis zur Bevölkerung und Leistungsfähigkeit des Landes viel zu groß sei, dass außerdem noch unzählige Ausländer und Flüchtlinge zu versorgen seien und die Landbevölkerung bereits selbst in eine Ernährungskrise zu geraten drohe.“ (Therese Kraus)

Die Besatzungszonen und die „Vier im Jeep“ — Die Alliierten einigen sich bei einer Konferenz in London Anfang Juli 1945 über das Verhältnis im besetzten Österreich zueinander und errichten als gemeinsames Organ die „Alliierte Kontrollkommission“, der ein unmittelbares Einspruchsrecht in die österreichische Verwaltung zusteht. Im August einigen sie sich auf die endgültige Einteilung der Besatzungszonen. Niederösterreich gehört zur sowjetischen Besatzungszone so wie das Burgenland und das Mühlviertel, Oberösterreich südlich der Donau, Salzburg und das steirische Salzkammergut zur amerikanischen, Steiermark, Kärnten und Osttirol zur englischen, Tirol und Vorarlberg zur französischen Zone. Auch in Wien gibt es vier Sektoren, gemeinsam wird nur die Innere Stadt verwaltet. Die „Vier im Jeep", der sowjetische, der amerikanische, der englische und der französische Militärpolizist, die auf der Ringstraße ihre Runden drehen, werden zu einem begehrten Fotomotiv der Besatzungszeit. Die sowjetische Zone ist besonders streng abgeriegelt, der Übertritt der Zonengrenze wird in den Zügen und auf der Straße kontrolliert.

Die Alliierten schaffen damals auch den Alliierten Rat, der aus den vier Vertretern der Besatzungsmächte besteht: aus je einem hohen General der USA, der Sowjetunion, Englands und Frankreichs. Diese „Militärregierung" übernimmt die Kontrolle über die österreichische Regierung, die zuerst alle Gesetzesentwürfe zur Genehmigung vorlegen muss. Dadurch wurde die Arbeit der Regierung wesentlich erschwert und ihre Souveränität drastisch eingeschränkt, weil über Gesetzesentwürfe oft lang verhandelt und gerungen werden muss.

Hunger und Schwarzmarkt — Der Tageskaloriensatz auf den Lebensmittelkarten ist mit ca. 800 Kalorien so hoch, dass ein Normalverbraucher gerade sein Leben fristen kann: etwa 50 Gramm Fleisch, 20 Gramm Fett, 15 Gramm Zucker, 30 Gramm Hülsenfrüchte, 200 Gramm Kartoffeln, etwas Brot – alles so weit vorhanden. Die Großstädter leben meist von alten Erbsen. Milch ist eine Rarität, im September gibt es endlich Trockenmilchpulver. Auch in manchen Geschäften in den Industrieorten und kleineren Städten warten die hungernden Kunden oft vergebens auf die bescheidenen Zuteilungen, vor allem von Brot, Milch und Fleisch. Werksküchen sorgen meist für eine warme Mahlzeit für ihre Angestellten. Der Schleichhandel, bei dem Schmuck, Uhren und Geschirr gegen Speck, Schmalz und Geselchtes etc. getauscht werden, feiert fröhliche Urständ'. Daneben blüht der Schwarzmarkt – ein Zentrum in Wien ist der Naschmarkt –, bei dem auch Köstlichkeiten wie Schokolade und Kaffee zu horrenden Preisen angeboten werden. Zu den Anbietern und Kunden gehören auch Besatzungssoldaten.

Ein Stück Freiheit und Normalität — Die Tages- und Wochenzeitungen werden zu neuem Leben erweckt. Sie haben nur wenige Seiten, denn es gibt fast kein Papier für die Druckereien. Ein Novum ist das „Neue Österreich": Unter der Chefredaktion des Kommunisten Ernst Fischer arbeiten Redakteure der ÖVP, SPÖ und KPÖ in dem „Organ der demokratischen Einigung" mit. Daneben haben die Parteien noch jeweils eine eigene Tageszeitung: das „Kleine Volksblatt" (ÖVP), die „Arbeiter-Zeitung" (SPÖ) und die „Österreichische Volksstimme" (KPÖ). Die Amerikaner geben den „Wiener Kurier" heraus, in dem General Mark Clark, der höchste US-Repräsentant in Österreich, schreibt: „Für ein freies Volk ist die Freiheit der Presse ein selbstverständliches Recht, ein Recht, für das uns wir Amerikaner mit ganzer Kraft einsetzen. Der Wiener Kurier hat die Aufgabe, seine Leser mit wahrheitsgetreuen Berichten über die Ereignisse im In- und Ausland zu versorgen."

Auch die Briten geben eine Tageszeitung heraus: die „Weltpresse". „Die Presse" sowie die regionalen Tages- und Wochenzeitungen in den Bundesländern bereichern die Pluralität der Printmedien. Offiziell beschließt der Alliierte Rat am 1. Oktober 1945 die Wiederherstellung der Pressefreiheit, aber trotzdem wird in der sowjetischen Zone immer wieder Zensur ausgeübt.

Die Wiener Radiostation RAVAG nahm bereits vor Kriegsende ihren Betrieb auf, im Sommer wird die „Russische Stunde" eingeführt, das Sprachrohr der sowjetischen Besatzungsmacht, in der später wiederholt harte Kritik an der österreichischen Regierung geübt und die KPÖ mehr oder weniger unterstützt wird.

Am 1. Mai: „Die Hochzeit des Figaro" — Auch die Künstler, die Schauspieler und Sänger nützen die wieder gewonnene Freiheit und bringen den Menschen ein Stück Normalität, obwohl es zuerst keine Gagen, sondern nur freiwillige Spenden gibt. Bereits am 30. April, dem Tag, an dem Hitler in seinem Bunker in Berlin Selbstmord verübt, beginnt das Wiener Burgtheater im „Ausweichquartier", dem Ronacher, den Spielbetrieb mit Franz Grillparzers „Sappho". Am 1. Mai folgt das Ensemble der im Krieg zerstörten Oper mit der „Hochzeit des Figaro" von Mozart in der Volksoper. Im August öffnen die Salzburger Festspiele ihre Pforten und am 11. September beginnt die „Grazer Festspielwoche." Im Spätherbst kehren die Lipizzaner der Spanischen Hofreitschule, 70 Hengste und 250 Stuten, aus ihrem „Exil" in St. Martin im Innkreis wieder nach Wien zurück.

Die Schicksalswahlen 1945 und die überraschende Schlappe der KPÖ

Nach dem Einzug Reithers in die Landesregierung kann sich Figl ganz der Bundespolitik widmen. Aber bereits im August besuchte er als stellvertretender ÖVP-Parteiobmann die westlichen Bundesländer, um seine Partei zu organisieren und zur gemeinsamen Arbeit aufzurufen. „Als er in der Steiermark auf die ‚Soziale Partei', in Kärnten auf die ‚Demokratische Partei' und in Tirol auf die ‚Staatspartei' trifft, die wohl alle das Konzept der ÖVP vertreten, sich aber nicht entschließen können, ihr Eigenleben aufzugeben, da kann er sehr hart und deutlich werden." (Susanne Seltenreich) Figl betont bei diesen Gesprächen beziehungsweise Versammlungen, dass alle zusammenarbeiten sollen, um den Wiederaufbau unserer Heimat zu sichern, niemand dürfe aus parteistrategischen Gründen die Zusammenarbeit gefährden. Im September halten ÖVP und SPÖ in Salzburg Länderkonferenzen ab. Sie dienen zur Vorbereitung auf eine große Länderkonferenz im Niederösterreichischen Landhaus.

In der ÖVP, die das Provisorium mit dem Aufbau ihrer Bünde (Bauernbund, Wirtschaftsbund, Arbeiter- und Angestelltenbund) beendet hat, ist der Salzburger Tagung die Neuwahl des Präsidiums am 9. September 1945 vorausgegangen. „Wiens Vizebürgermeister Leopold Kunschak wird zum Präsidenten, Staatssekretär Leopold Figl zum Bundesparteiobmann gewählt. Stellvertreter werden Staatssekretär Julius Raab und Unterstaatssekretär Lois Weinberger. Generalsekretär wird der führende Mann der Parteigründung, Felix Hurdes." (Susanne Seltenreich)

Appell zur Einigkeit — Am 22. September 1945 ruft Leopold Figl in Salzburg erstmals als Bundesparteiobmann die ÖVP-Parteiobmänner der einzelnen Bundesländer zur gemeinsamen Arbeit auf. Er betont in Salzburg: „Bei der Länderkonferenz in Wien werden wir gemeinsam mit den anderen

Parteien die Forderung aufstellen, dass Österreich eine Regierung, eine Verwaltung und eine Wirtschaft erhalten muss."

Die große dreitägige Länderkonferenz im Niederösterreichischen Landhaus in Wien wird von Staatskanzler Renner einberufen. Sie dauert vom 24. bis 27. September. Es gibt heftige Diskussionen, aber schließlich konstruktive Beschlüsse. Landeshauptmann Figl betont bereits in seiner Begrüßungsansprache als Gastgeber: „Dieses Haus der Stände, im Jahr 1848 errichtet, erlebte schon manche entscheidende Sitzung, und manche weittragende Entschlüsse wurden hier gefasst. Hier tagte auch die erste Länderkonferenz der Ersten Republik. Wenn unser Österreich wiedererstehen soll, dann müssen wir alle zusammenarbeiten, und zusammenstehen." Es wird damals nicht ganz zu Unrecht befürchtet, dass die Republik in einen Ost- und einen Westteil gespalten werden könnte.

Den Vorsitz in der dreitägigen Konferenz führen außer dem Staatskanzler die drei Staatssekretäre Figl (ÖVP), Schärf (SPÖ) und Koplenig (KPÖ). Zu den wichtigsten Beschlüssen gehört die Aufnahme von mehreren Vertretern der westlichen Bundesländer in die Provisorische Regierung, unter anderen der Tiroler Landeshauptmann Karl Gruber, der später der erste gewählte Außenminister der Zweiten Republik werden sollte. Mit großem Nachdruck verlangt die Länderkonferenz die rasche Anerkennung der Regierung durch die westlichen Besatzungsmächte, die Aufhebung der Demarkationslinien und die Wiederzuerkennung der vollen Staatssouveränität.

Bei den folgenden Länderkonferenzen wird bereits der wichtige Beschluss gefasst, am 25. November 1945 freie Wahlen zum Nationalrat und zu den Landtagen in ganz Österreich abzuhalten. Im Oktober anerkennen alle vier Besatzungsmächte die Regierung Renner, und der Alliierte Rat dehnt seine Befugnisse auf ganz Österreich aus. Die Besatzungsmächte akzeptieren auch den Wahltermin.

Keine Wahlempfehlung der Kirche — Noch vor der ersten Nationalratswahl gibt die katholische Kirche eine Stellungnahme zur Politik ab, die von ihrer Haltung in der Ersten Republik grundsätzlich abweicht. Die neue Weichenstellung wird von der Bischofskonferenz vorgenommen. Sie betont, dass an der Abberufung des Klerus aus der Politik von 1933 festgehalten wird. Sie bekräftigt diese Absicht mit den Worten: „Habt keine Angst, die Kirche wird keine Politik treiben." Gemeint sind hier nicht grundsätzliche Aussagen zur Gesellschaftspolitik.

„Diese Trennung erfolgt keineswegs schmerzlos und nicht abrupt von heute auf morgen. Aber das Signal wird auch beim ehemaligen Kirchengegner, bei den Sozialisten, verstanden. Der neue Vorsitzende Adolf Schärf, der schon in der NS-Zeit geheime Kontakte zu dem katholischen Juristen-Kollegen Felix Hurdes hatte, weigert sich nun, in der SPÖ den antikirchlichen Freidenkerbund wieder als Organisation der Partei anzuerkennen." (Markus Lehner)

Die Welt blickt auf Österreich — Die Welt blickt bei der Schicksalswahl im Spätherbst 1945 mit Spannung und im Westen mit Sorge auf Österreich. In Ostösterreich sind keineswegs alle mit den raschen Wahlen einverstanden. Viele halten die Wahlen am 25. November, zu denen nur drei Parteien zugelassen sind, wegen der bevorstehenden Schwierigkeiten für verfrüht. Es sind weder das Geld noch die Zeit und die Mittel für einen entsprechenden Wahlkampf vorhanden. Und rund 300.000 Männer sind noch in Gefangenschaft. Alle ehemaligen Mitglieder einer NS-Organisation, die Parteianwärter sowie die Angehörigen der Wehrverbände des NS-Regimes (SS und SA) sind von den Wahlen ausgeschlossen. Zudem steht die Provisorische Regierung unter der totalen Kontrolle der Besatzungsmächte, die KPÖ hat wichtige Posten in der Verwaltung besetzt. In der Sowjetzone sind die Ungewissheit und Sorge vor dem Ausgang der Urnengänge am größten, denn gleichzeitig mit dem Nationalrat werden auch die Landtage gewählt. Es ist das erste Mal seit 1932, dass die Österreicher bei freien Wahlen ihre Stimmen abgeben können.

Leopold Figl, der Spitzenkandidat der ÖVP, tritt vehement für die raschen Wahlen ein, strahlt Optimismus und Zuversicht aus: „Der 25. November wird ein geschichtlicher Tag sein, es geht um Österreich, um einen Wendepunkt in unserer Politik, um ein freies Vaterland und ein freies Volk, besinne Dich, wem Du Dein Vertrauen schenkst, damit die Freiheit und das Glück Deines Landes gesichert sind." Es ist ein kurzer, ruhiger Wahlkampf, der diesem Schicksalstag vorausgeht. So haben SPÖ wie ÖVP ihre Spitzenleute auch in Versform auf Plakaten beworben: „Wiener Frauen, Wiener Männer – wählen Körner, Seitz und Renner!" „Spart Enttäuschungen und Ärger – wählet Figl, Raab, Weinberger!"

Der Wahlkampf — Die Kommunisten strahlen vor Optimismus und werden von den Sowjets massiv unterstützt, teils bringen sie mit sowjetischen

Der Kalte Krieg und die Auswirkungen auf Österreich

Am 8. Mai 1945 kapituliert das „Dritte Reich" – der Zweite Weltkrieg ist in Europa zu Ende. Kurz davor zeichnen sich aber schon neue Konfliktlinien ab, diesmal unter den Alliierten. Hatte der Kampf gegen den Nationalsozialismus die Allianz zwischen den Demokratien USA und Großbritannien einerseits und der kommunistisch-stalinistischen Sowjetunion andererseits geeint, hielt diese Zweckgemeinschaft nur so lange, als es das Kriegsgeschehen erforderte: Schon auf der Konferenz von Jalta im Februar 1945 beginnt die Einheit zu bröckeln. Franklin D. Roosevelt, Winston Churchill und Josef Stalin teilen Europa in Einflusssphären auf, mit denen auch die Besatzungszonen in Deutschland und Österreich grundsätzlich feststehen. Nach Roosevelts Tod im April 1945 zerbricht die Koalition mehr und mehr – während die Sowjetunion an der Bildung eines strategischen Sicherheitsgürtels von Satellitenstaaten arbeitet, versuchen die Westalliierten eine Ausbreitung des Kommunismus in Europa zu verhindern. Der „Kalte Krieg" bricht aus. In dieser Atmosphäre spricht Winston Churchill in seiner berühmten Rede in Fulton 1946 von einem „Eisernen Vorhang": „Von Stettin an der Ostsee bis Triest an der Adria hat sich ein Eiserner Vorhang über den Kontinent gesenkt."

Dieser „Eiserne Vorhang", sichtbarstes Zeichen des Kalten Kriegs, verläuft einige Zeit mitten durch Österreich. 1945 ist Österreich vom NS-Regime befreit, bleibt aber von den Siegermächten USA, Großbritannien, UdSSR und Frankreich besetzt. Sie teilen das Land im Juli 1945 in vier Besatzungszonen auf.

Ein Gürtel kommunistischer Satellitenstaaten — Nach 1945 werden die im Einflussbereich der Sowjetunion liegenden Staaten immer mehr von Moskau abhängig. Die Rote Armee kommt, befreit die Länder von der deutschen NS-Besatzung … und bleibt, offiziell freilich, um die Nachschubwege ins besetzte Deutschland und Österreich zu sichern. Die Soldaten verleihen der sowjetischen Machtpolitik wirkungsvoll Nachdruck. Die kommunistischen Machtübernahmen in Polen, dem sowjetisch besetzten Teil Deutschlands, Rumäniens und in Ungarn sind nur durch die starke Präsenz der Roten Armee möglich. In Jugoslawien und Albanien ist der Erfolg der kommunistischen Parteien von der Partisanenbewegung getragen. Lediglich in der Tschechoslowakei und in Bulgarien kommen die dortigen kommunistischen Parteien durch Wahlen an die Macht. Die neuen Volksdemokratien bilden politisch und auch wirtschaftlich eine Gegenwelt zum freien Westen: Ein Einparteiensystem wird eingerichtet, die nach stalinistischem Modell organisierten kommunistischen Parteien diktieren das Geschehen. Dazu werden die politischen Gegner verfolgt und in Schauprozessen nach stalinistischer Manier drakonisch abgeurteilt. Diese „Säuberungen" machen aber auch vor der eigenen Partei nicht halt. Die autoritären politischen Strukturen liegen zentral in der Hand der kommunistischen Parteien, die Kultur wird staatlich gelenkt, die Medien kontrolliert und dadurch die Meinungsäußerung streng überwacht. Ein großer Sicherheitsapparat mit einem dichten Netz an Informanten sorgt für die Unterdrückung jeglicher Opposition – auch wenn sie nur im privaten Rahmen geäußert wird.

Zusammenarbeit stärkt den Westen — Die USA ziehen sich nicht wie nach dem Ersten Weltkrieg aus Europa zurück. Den westlichen Alliierten unter ihrer Führung ist schnell klar, dass sowohl dem raschen wirtschaftlichen als auch dem politischen Aufbau Westeuropas Priorität zukommt. Nur so kann die kommunistische Expansion – auch in Italien und Frankreich gibt es nach 1945 starke kommunistische Parteien – aufgehalten werden. Auf politischer Ebene sollen die westlichen Demokratien zu mehr Zusammenarbeit geführt werden. Der über Jahrhunderte zerstrittene Kontinent, dessen Schicksal in den Jahrzehnten davor vom deutsch-französischen Konflikt geprägt war, soll kooperieren: 1949 wird der Europarat als erstes Forum eines europäischen Austausches gegründet. Damit Hand in Hand geht die Zusammenarbeit auf wirtschaftlicher Ebene, die bis heute als Hebel für die politische Integration fungiert. Die massiven Zollgrenzen und Handelsschranken der Zwischenkriegszeit sollen der Vergangenheit angehören. Die USA unterstützen den wirtschaftlichen Wiederaufbau mit dem Marshall-Plan. Um die Empfängerstaaten in die Entscheidungen einbinden zu können, wird 1948 die Organisation für die europäische wirtschaftliche Zusammenarbeit (OEEC) gegründet. Die später gegründete Europäische Gemeinschaft für Kohle und Stahl (EGKS) ist der Beginn der heutigen Europäischen Union.

Autos ihr Werbematerial bis in die Dörfer. Die KPÖ rechnet mit mindestens 25 bis 30 Mandaten, Umfragen gibt es damals nicht. Der KPÖ-Führer Ernst Fischer schwärmt in einer Wiener Versammlung davon, dass sich nach den Wahlen die Sozialisten ohnehin mit den Kommunisten zu einer marxistischen Einheitsfront zusammenschließen würden – und die Volkspartei macht von dieser Parole eifrig Gebrauch. Die sowjetischen Kommandanten beobachten den Wahlkampf mit großem Interesse. Als Adolf Schärf, der Spitzenkandidat der SPÖ, von Generaloberst Alexej Scheltow eingeladen wird, möchte er eine Wahlvoraussage. Schärf antwortet, man rechne, da die Sozialistische Partei in der Vergangenheit höchstens 42 Prozent der Stimmen erreicht habe, mit einem Stimmenverlust an die KPÖ und schätze den voraussichtlichen Erfolg der SPÖ auf etwa 40 Prozent der Stimmen.

Das am meisten beachtete und diskutierte Plakat in Wien und Niederösterreich wird von einer anonymen Gruppe kurz vor den Wahlen angebracht, es lautet: „Wer die Rote Armee liebt, wählt kommunistisch!" Die Wahlredner der ÖVP und SPÖ, auch Figl und Schärf, sind häufig im Einsatz, sie müssen manchmal auch Erklärungen der Besatzer vorlesen. In manchen Orten in Niederösterreich und im Burgenland sind auch sowjetische Offiziere bei den Versammlungen anwesend. Sie sitzen jeweils in der ersten Reihe und werden selbstverständlich auch begrüßt. Aber sie greifen nicht in den Ablauf der Veranstaltungen ein, denn diese sind schließlich vom Oberkommando genehmigt. Leopold Figl reist mit einem alten Mercedes durch die Besatzungszonen in Österreich, der zuletzt dem Gauleiter von „Niederdonau" und St. Pöltner Lungenfacharzt Hugo Jury gehört hat. Eine Episode wird von einer Fahrt Figls zu einer Wahlveranstaltung in Gmunden erzählt: Figls Auto ist in den Abendstunden zu schnell unterwegs und wird von einer US-Streife knapp vor seinem Ziel gestoppt. Es dauert die halbe Nacht, bis Figl, nach langer Diskussion und mehreren Telefonaten, das amerikanische Kommando wieder verlassen darf.

Mit alten, oft schlecht funktionierenden Autos und Motorrädern wird das Werbematerial aus den Parteizentralen in Wien in die ländlichen Bezirke gebracht. Auch in den kleinen Städten und Orten auf dem Land ist die Stimmung für die ÖVP wie auch für die SPÖ nicht besonders optimistisch. Manche Funktionäre befürchten, dass die KPÖ in Ostösterreich bis zu 30 Prozent der Stimmen erhalten könnte.

Aber es kommt anders. Die ÖVP punktet vor allem mit ihrem Spitzenkandidaten Leopold Figl, dem Bauernbunddirektor und Provisorischen

Landeshauptmann, der sich bei der Versorgung der hungernden Wiener bereits verdient gemacht hat. Der SPÖ schadet, dass ihr Zentralsekretär Erwin Scharf im Wahlkampf verlangt hat, die Kriegsgefangenen in Sibirien durch ehemalige Nationalsozialisten auszutauschen. Da viele Männer noch nicht heimgekehrt sind, stellen die Frauen über 60 Prozent der Wahlberechtigten. Viele fürchten sich immer noch vor den Überfällen und Vergewaltigungen betrunkener Sowjetsoldaten in nächtlicher Stunde. Kein Wunder, dass das Ergebnis der Schicksalswahlen vom 25. November 1945 eine herbe Enttäuschung für die KPÖ ist.

Die lange Nacht – das sensationelle Ergebnis — Schon die Auszählung der Stimmen am frühen Abend des 25. November in den kleinen Umlandgemeinden Wiens zeigt den Trend zu den Großparteien, speziell zur ÖVP, auf. Als dann nach und nach die Ergebnisse aus den großen Städten eintreffen, ist die Sensation perfekt. Selbst in den Industrieorten bleibt der Anteil der Kommunisten weit unter den Erwartungen. Aber ein totales Debakel der KPÖ hat niemand erwartet. Zumal die Alliierten nur ÖVP, SPÖ und KPÖ zur Wahl zugelassen haben. Als dann am 26. November das Wahlergebnis amtlich feststeht, geht ein großes Aufatmen durch das Land. Was niemand voraussagte, ist eingetreten: Die ÖVP mit Leopold Figl als Spitzenkandidat erhält mit dem Gewinn von 85 Mandaten die absolute Mehrheit im 165 Sitze umfassenden Nationalrat. Die SPÖ kommt auf 76 Mandate und die KPÖ nur auf vier Mandate. Im niederösterreichischen Landtag fällt die Blamage der Kommunisten ebenso deutlich aus: 32 Landtagssitze bekommt die ÖVP, 22 die SPÖ und nur zwei Sitze die KPÖ. Auch die Schikanen der Sowjets während der Endphase des Wahlkampfes wie die Beschlagnahme von Werbematerial und Zeitungen, in denen sich die Sowjets angegriffen fühlten, haben sich für die KPÖ als kontraproduktiv erwiesen. Die internationale Presse schreibt von einem klaren Bekenntnis der Österreicher zur Demokratie. Diese für die KPÖ geradezu vernichtende Wahl trägt dazu bei, dass Österreich vor dem Schicksal der Tschechen und Ungarn bewahrt wird.

Als die KPÖ ihren Schock über das Wahlergebnis einigermaßen überwunden hat, schreibt die „Österreichische Zeitung" im Namen der Kommunisten: „Wir haben eine Schlacht verloren. Aber wir stehen erst am Anfang des Kampfes für Österreich, und diesen Kampf werden wir gewinnen."

Leopold Figl als Kanzler einer Allparteien-Regierung — Wenige Tage vor ihrem Rücktritt beschließt die Regierung Renner noch die erste Währungsreform der Zweiten Republik. Der Schilling wird wieder das offizielle Zahlungsmittel, Reichsmark und „Alliierte Militärschillinge" werden im Verhältnis 1:1 umgetauscht, pro Kopf allerdings nur 150 Mark. Das übrige bis April 1945 ersparte Geld befindet sich auf Sperrkonten, 40 Prozent davon sind in Ausnahmefällen mit Dringlichkeitsnachweis verfügbar.

Der neu gewählte Nationalrat konstituiert sich am 19. Dezember 1945 und wählt Leopold Kunschak zu seinem Präsidenten, Zweiter Präsident wird ÖGB-Präsident Johann Böhm (SPÖ). Am nächsten Tag wird Karl Renner zum ersten Bundespräsidenten der Zweiten Republik gewählt. In der ÖVP ist es als stärkste Partei selbstverständlich, ihren Obmann, den 43-jährigen Leopold Figl, für die Funktion des Bundeskanzlers vorzuschlagen.

Auf Grund der absoluten Mehrheit könnte Figl eine Alleinregierung bilden, aber er bekäme dafür nicht die Zustimmung und es entspräche nicht dem Grundkonsens der politischen Elite, die sich ein gutes Jahrzehnt vorher noch als erbitterte Feinde im Bürgerkrieg gegenübergestanden ist. Es ist nicht nur der „Geist der Lagerstraße", der die Solidarität der „roten" und „schwarzen" ehemaligen KZ-Insassen prägt, sondern auch die von den Österreichern erlebte Katastrophe des Zweiten Weltkrieges, die die Sehnsucht der Menschen nach Frieden, nach Versöhnung und Zusammenarbeit bestärkt.

Für Figl und seine Freunde ist es ein Gebot der Stunde, die Sozialisten als Partner zu integrieren, ihnen die Funktion des Vizekanzlers anzubieten und auch einen Kommunisten in die Regierung aufzunehmen. Vor der Präsentation seiner Allparteien-Regierung im Nationalrat muss Figl mit seiner Kabinettsliste nach Baden zum sowjetischen Oberkommando fahren und diese vorlegen. Schließlich muss er mehrere Änderungen vornehmen. Es schmerzt Figl, dass die Berufung seines engen Freundes Julius Raab zum Wirtschaftsminister am Veto der Sowjets scheitert, wiewohl sie nichts gegen seine Aufnahme als Staatssekretär für öffentliche Bauten, Übergangswirtschaft und Wiederaufbau in die Provisorische Regierung von Karl Renner eingewendet haben. „Der wahre Grund für seine Ablehnung war wohl, dass Julius Raab in dieser Funktion die Errichtung einer gemeinsamen sowjetisch-österreichischen Erdölgesellschaft verhindert hatte, die auch nach dem Staatsvertrag auf Dauer den Sowjets eine wirtschaftliche Einflussmöglichkeit in Österreich gesichert hätte." (Karl Pisa) Raab wird

)ben links: Staatssekretär und Landeshauptmann .eopold Figl mit Mitgliedern der Niederösterreichischen .andesregierung und Offizieren der Besatzungsmächte.

)ben rechts: ÖVP-Spitzenkandidat Leopold Figl gibt eine Stimme bei der Nationalratswahl am 25. November 945 ab.

Unten links: Ein großer Tag für das Parlament: Bundespräsident Karl Renner am Rednerpult, Nationalratspräsident Leopold Kunschak (o.), auf der Regierungsbank der neue Kanzler Leopold Figl, kurz vor seiner Regierungserklärung, und Innenminister Oskar Helmer (re. v. Figl).

Unten rechts: Eine der Hauptsorgen der neuen Regierung ist damals die Ernährung – vor allem der Kinder, wie das Leopold Figl in seiner Regierungserklärung ausdrücklich betont hat.

daraufhin Klubobmann der ÖVP im Nationalrat und bestimmt dadurch die Politik der Nachkriegsregierung wesentlich mit.

Neben Kanzler Figl nehmen in der Regierung Vizekanzler Adolf Schärf (SPÖ), Landwirtschaftsminister Josef Kraus (ÖVP), Innenminister Oskar Helmer (SPÖ) und Außenminister Karl Gruber (ÖVP), ein Tiroler und damit Vertreter der westlichen Bundesländer, Schlüsselpositionen ein.

„Es wird ein neues Österreich ..." — Bei der ersten Regierungserklärung am 21. Dezember 1945, die Figl der Alliierten Kommission, den Repräsentanten der vier Besatzungsmächte, ebenfalls zur Genehmigung vorlegen muss, zeigt er sich als kluger und mutiger Anwalt Österreichs. Er kommt zwar den Wünschen der Besatzungsmächte nach und nimmt einige Änderungen vor, er dankt den alliierten Truppen für die Befreiung Österreichs von der NS-Herrschaft und verspricht, dass die Bundesregierung eng mit dem Alliierten Rat zusammenarbeiten werde, aber in freier Rede vor dem Nationalrat fügt er so manches hinzu, was nicht in seinem schriftlichen Redekonzept steht – und das unter großem Beifall des Parlaments.

Einleitend betont Figl: „Das Österreich von morgen wird ein neues, ein revolutionäres Österreich sein. Es wird von Grund auf umgestaltet und weder eine Wiederholung von 1918 noch von 1933 noch eine von 1938 werden. Die gesamte Staatsverwaltung muss neu geordnet werden, zuallererst muss wieder die Einheit der Gesetzgebung in Österreich hergestellt werden. Jeder Wiederaufbau, wie überhaupt jede positive Arbeit in Österreich ist insofern unmöglich, als man dieses territorial an sich nicht große Land, das wirtschaftlich, politisch und verwaltungstechnisch seit Jahrhunderten organisch ineinander verflochten ist, in vier Zonen teilt. Die Wiederherstellung der Einheit Österreichs ist eine der vordringlichsten Voraussetzungen für jede Aufbauarbeit in diesem Staat."

Ein Schwerpunkt der Regierungserklärung ist auch der Kampf gegen Hunger und Kälte. Der Kanzler verkündet ein Sofortprogramm, um die Ernährung und die Versorgung mit Heizmaterial zu sichern. Der Alliierte Rat, betont er, habe beschlossen, an die UNRRA (eine Hilfsorganisation der Vereinten Nationen) wegen Hilfsmaßnahmen für die hungernde Bevölkerung heranzutreten. „Die größte und heiligste Aufgabe aber für uns wird es sein, unsere Kinder diesen Winter hinüberzubringen." Tatsächlich nimmt die Kinder- und Säuglingssterblichkeit in dieser Zeit erschreckende Ausmaße an. Die Kinder reagieren besonders empfindlich auf die Unterernährung, viele sterben – entkräftet vom Hunger – an Durchfallerkrankungen, Typhus, Diphtherie oder Lungenentzündung.

Kleiner Staat mit grosser Tradition — Der Kanzler fordert in seiner Regierungserklärung auch die Rückkehr Südtirols nach Österreich und die Unteilbarkeit Kärntens. Schließlich stellt damals der KP-Chef Jugoslawiens, Marschall Tito, Ansprüche auf Teile Südkärntens. Figl bittet die Alliierten um die Herabsetzung ihrer Truppenkontingente „auf ein erträgliches wirtschaftliches Maß“, denn Österreich müsse zum Teil für deren Kosten aufkommen. Er unterstreicht die Schlüsselstellung Österreichs in Europa – es fühle sich bereits heute „auf Grund seiner außenpolitischen Ideologie“ als ein Teil der Vereinten Nationen, er hoffe, dass „dies bald auch legistisch der Fall“ sein werde.

Da die Alliierten aus Figls vorgelegter Regierungserklärung den Satz gestrichen haben, dass Österreich immer eine „Brücke zwischen Ost und West“ gewesen sei – offenbar weil man dadurch Spannungen zwischen der Sowjetunion und den Westmächten hätte heraushören können –, sagt Figl: „Unser neues Österreich ist ein kleiner Staat, aber er will der großen Tradition, die vor allem eine Kulturtradition ist, als Hort des Friedens im Zentrum Europas treu bleiben“. Und: „Wir waren niemals ein Ableger einer anderen Nationalität, noch wollen wir es jemals werden, wir sind nichts anderes als Österreicher, das aber aus ganzem Herzen“. Figls Rede endet mit brausendem Beifall im Nationalrat.

Dutzende Reporter aus vielen Staaten sind unter den Zuhörern und als Ehrengäste die Vertreter des Alliierten Rats und hohe Diplomaten.

„Ich bitte euch: glaubt an dieses Österreich!“ — So wie Leopold Figl selbst im KZ als mutiger Anwalt Österreichs aufgetreten war, zeigt der 43-jährige Bundeskanzler bereits in seiner ersten großen Rede, dass er dies auch gegenüber den Besatzungsmächten sein werde. In der Präsidentenloge sitzt bei dieser festlichen Sitzung des Nationalrates nahe dem Bundespräsidenten Karl Renner eine alte Bäuerin mit schwarzseidenem Kopftuch. Es ist die Mutter von Leopold Figl, die ihren „Poldl“ nach dem frühen Tod des Gatten hat alleine großziehen müssen. Wie im Gebet hat sie die Hände gefaltet. Sie schämt sich nicht ihrer Tränen. Nach der Sitzung bietet der österreichische Bundespräsident Frau Figl den Arm an und führt sie sorgsam die Stiege hinunter. Bald darauf fährt Josefa Figl, nach einigen herzlichen Worten mit ihrem Sohn, wieder zurück zu ihrem Hof.

Leopold Figl widmet sich nun ganz seiner neuen Aufgabe als Bundeskanzler und übersiedelt von seinem Schreibtisch im Bauernbundhaus in der Schenkenstraße auf den Ballhausplatz. Die Funktion des Bauernbunddirektors gibt der Kanzler an seinen Freund Eduard Hartmann ab.

Die Hauptsorge der Regierung ist damals die Sicherung der Ernährung. Tuberkuloseerkrankungen werden immer mehr, Kinder werden mit Hungerödemen in die Spitäler eingeliefert, in Niederösterreich registriert man zahlreiche Typhusfälle. Manchmal ist es nur mit Hilfe von Lebensmittelspenden der Besatzer möglich, die auf den Lebensmittelkarten zugesagten Rationen aufzubringen. Der Ernst der Situation geht aus der ersten Weihnachtsansprache von Kanzler Figl deutlich hervor:

„Ich kann euch zu Weihnachten nichts geben, ich kann euch für den Christbaum, wenn ihr überhaupt einen habt, keine Kerzen geben. Kein Stück Brot, keine Kohle zum Heizen, kein Glas zum Einschneiden. Wir haben nichts. Ich kann euch nur bitten: Glaubt an dieses Österreich."

Wie wir heute wissen, wird diese legendäre Rede von Leopold Figl erst viel später, wenige Wochen vor seinem Tod auf Tonband aufgezeichnet, da im ORF-Archiv keine Aufnahme aus dem Jahr 1945 gefunden wurde und man diese programmatische Dokumentation für die Nachwelt erhalten wollte. Figl hat dieses Bekenntnis zu Österreich bereits im KZ trotz grausamer Folter abgelegt. Im „Bauernbündler" erschienen 1945 wiederholt Auszüge von Figl-Reden, in denen er Ähnliches ausdrückte, meist auch mit Aufforderungen an die Bauern verbunden, alle Lebensmittel, die sie nicht unbedingt brauchen, abzuliefern.

Der Dreikönigstag 1946 bringt für Österreich ein freudiges Ereignis: Der amerikanische Hochkommissar General Mark Clark übergibt an Bundeskanzler Figl die Reichskleinodien, unter denen sich auch die Krone Karls des Großen befindet. Die Schätze sind von Adolf Hitler „als Symbol der Wiederherstellung eines Großdeutschlands" 1938 nach Nürnberg gebracht und in der Meistersinger-Kirche ausgestellt worden. Die heimgekehrten Reichsinsignien werden in die Nationalbank zur Verwahrung gebracht.

Figl, ein Meister der Taktik: hohe Politik und „Schnorren"

Mut, Überzeugungskraft und Schlauheit – das sind die „Waffen" des gastfreundlichen Leopold Figl. Mit ihnen erreicht der junge Kanzler bei den sowjetischen Besatzern manche Erleichterung.

Der Bundeskanzler von 1945 muss nicht nur „hohe Politik" machen, diese Funktion bedeutet damals, dass er auf Grund seiner engen Kontakte zu den obersten Generälen der Besatzungsmächte, ohne die manchmal gar nichts geht, bei diesen immer wieder intervenieren, protestieren und bitten muss. Sein Sohn Johannes sagt 2005 in einem Zeitungsinterview: „Vater lebte zwischen dem Schnorren von Erdäpfeln und hoher Diplomatie. Er musste sich um jede Kleinigkeit kümmern. Einmal wurde er von einem Bahnbeamten angerufen, dass ein Zug mit Erdäpfeln in Amstetten warte, und die Russen die Lok konfisziert hätten. Papa setzte alle Hebel in Bewegung, und nach zwei Stunden rollte der Zug nach Wien."

Bekannt ist auch, dass Figl, als in Wien wieder einmal kein Mehl vorhanden ist, so lange mit dem amerikanischen Hochkommissar redet, bis dieser einen Waggon aus den Reservebeständen der US-Army freigibt, was er eigentlich gar nicht hätte tun dürfen. Daraufhin soll Figl vom Wiener Bürgermeister und späteren Bundespräsidenten Theodor Körner spontan umarmt worden sein.

„Des wer' i schon mach'n" — Der Bundeskanzler, der wie kein anderer Politiker mit den leitenden Stellen der Besatzungsmächte reden, streiten, feiern und verhandeln kann – wiewohl er keine Fremdsprache beherrschte –, ist in dieser Ära der Zweiten Republik die „letzte Instanz", wenn jemand nicht weiterweiß. Und jeder Anrufer hofft, Figls bereits berühmtes Wort: „Des wer' i schon mach'n" zu hören.

Ernst Trost schildert Begebenheiten aus dieser schwierigen Zeit, etwa wenn wieder einmal in Wien kein Brot mehr vorhanden ist und der Wiener Bürgermeister oder der Ernährungsminister am Wochenende anrufen: „Was sollen wir machen, wenn sich am Montag die Leute vor den Bäckerläden anstellen und die Regale leer sind?“ Leopold Figl greift seinerseits zum Telefon und verlangt General Mark Clark, den amerikanischen Oberbefehlshaber, der sich sofort nach seinem Einzug in Wien dafür eingesetzt hat, dass die tägliche Kalorienmenge von 800 auf 1550 erhöht werde. Aber Clark hat keine Zeit, er sagt, er könne den Kanzler jetzt nicht empfangen, da er ein offizielles Mittagessen habe. Figl: „Des macht nix, da kumm i zum Mittagessen.“ Und er fährt vom Ballhausplatz in die Villa des Amerikaners und platzt in die Gesellschaft hinein, die eben bei Kaffee und Likör sitzt. Dann redet Figl so lange auf Clark ein, bis dieser nachgibt und Figl das Mehl zusagt. Aber das genügt Figl nicht. „Ich muss es ja in die Brotfabriken transportieren. Ich brauche Lastautos.“ Clark ist verzweifelt, aber Figl lässt nicht locker, und so bekommt er auch seine Lastwagen. Am Montag stehen die Wiener nicht vergeblich vor den Bäckerläden an.

UNRRA schickt Weizen — Im März 1946 findet in London eine „internationale Notstandskonferenz“ über die Getreideversorgung in Europa statt. Figl entsendet Landwirtschaftsminister Josef Kraus nach London. Kraus erklärt dort, dass in Österreich der Frühjahrsanbau voll im Gange sei und er hoffe, dass es mit Hilfe der UNRRA möglich sein werde, das noch fehlende Saatgut zu erhalten. Er beschwert sich bitter darüber, dass in Österreich noch immer der Güteraustausch zwischen den Besatzungszonen verhindert werde. Bald darauf treffen die ersten Weizenlieferungen der UNRRA in Österreich ein. Figl und Kraus prüfen das Saatgut mit „bäuerlichem Kennerblick“, halten es in ihren Händen. Bilder über diesen „feierlichen Empfang“ werden in der internationalen Presse gebracht. Innerhalb eines Jahres liefert die UNRRA Waren im Wert von rund 135 Millionen Dollar nach Österreich, zum Großteil Nahrungsmittel und landwirtschaftliche Betriebsmittel.

1946 trifft auch der erste große Konvoi der Schwedenhilfe – eine überparteiliche Organisation, die mit Mitteln aus privaten Spenden und staatlichen Subventionen in Wien Ausspeisungsstellen für Kinder errichten lässt – ein. 119 Lastwagen bringen Lebensmittel, Medikamente, Kleidung und andere lebenswichtige Güter in die Bundeshauptstadt, wo sie von einem Empfangskomitee freudig begrüßt werden.

Da der Tagessatz auf den Lebensmittelkarten von 1550 Kalorien nach

Oben links: General Mark Clark, Hochkommissar der USA (im Bild sitzend neben Figl), für Bundeskanzler Figl oftmals der „Nothelfer" bei Lebensmittelengpässen.

Oben rechts: Kinderausspeisung bei geistlichen Ordensschwestern.

Mitte links: Mütter aus Baden freuen sich über eine Butterspende.

Mitte rechts: Beseitigung von Schutt in Wiener Neustadt mit primitiven Werkzeugen.

Unten: Gespräch zwischen Bundeskanzler Figl und dem sowjetischen Hochkommissar Wassili P. Swiridoff bei einer Garden-Party in der amerikanischen Botschaft.

dem kalten Winter 1946/1947, der wegen Kohlenmangel sogar die Schwerindustrie lahmlegt, nicht eingehalten werden kann, wird er auf 1200 gesenkt. Man ist froh, sich wenigstens einmal am Tag einigermaßen sättigen zu können. Damals haben Landeshauptmann Reither und andere Funktionäre der Niederösterreichischen Landwirtschaftskammer eine Kantine eingerichtet, die sie mit ihren eigenen Produkten versorgen. Mehrere Minister, ihre Sekretäre und höhere Beamte, insgesamt etwa 200 Leute, essen in dieser „Regierungskantine“. Mit Kupons, die man gegen Lebensmittelkarten eintauscht, kann man dort mittags essen gehen. Wie groß überall der Hunger ist, geht aus folgender Episode hervor: „Bei einem großen Empfang der Regierung für hohe Offiziere der Alliierten konnte man sehen, wie sich die eingeladenen Österreicher die Taschen mit Essen vom Buffet vollstopften. Und Figl schimpfte: ‚Des geht do net, wie schaut denn des aus?‘“ (Ernst Trost)

Figl zitiert Landeshauptleute nach Wien — Der extrem kalte Winter – es werden Temperaturen bis minus 31 Grad gemessen – ist eine enorme Belastung für die Bevölkerung, denn ein Großteil hat kaum Heizmaterial. Die Regierung muss sich jetzt nicht nur um die Ernährung, sondern auch um die Aufbringung von Brennstoffen kümmern. Dabei kommt es zu harten Auseinandersetzungen mit manchen Landeshauptleuten, die es vorerst ablehnen, bestimmte Lebensmittel und Brennstoffe außerhalb ihrer Landesgrenzen zur Verfügung zu stellen. Am 14. Jänner teilt Bundeskanzler Figl dem Ministerrat mit, dass er für 16. Jänner eine Landeshauptleutekonferenz mit „verpflichtender Teilnahme“ auch für alle Landesernährungsreferenten in Wien angesetzt habe.

Der Ausdruck „verpflichtend“ mag vielleicht autoritär klingen. Aber in einer Notzeit könne man, so Figls Überzeugung, nicht anders vorgehen. Die Konferenz stehe unter dem Motto „Kampf gegen Hunger und Kälte“. Figl betonte, er habe die Landeshauptleute mit aller Deutlichkeit auf ihre Verpflichtung gegenüber dem Gesamtstaat aufmerksam gemacht. Wenn nicht im Inland das letzte Kilogramm an Lebensmittel und Brennstoff aufgebracht werde, könne man sich nicht an das Ausland um Hilfe und Kredit wenden. Auch die Landeshauptleute werden darauf hingewiesen, „dass wir ein Staat sind, dass auch die Länder zugrunde gehen müssten, wenn der Staat zugrunde ginge und dass Wien nicht nur die Bundeshauptstadt ist, sondern auch sein Zentrum ist und in Wien sich die Politik des gesamten

Staates entscheidet. Wenn sich Wien nicht hält, können auch die Bundesländer von sich aus den Staat nicht halten."

Bemerkenswert in diesem Zusammenhang ist, dass sich Österreichs Regierung in dieser Notzeit immer wieder um Hilfe an die Amerikaner wendet. „Vom Sommer 1946 an nahm die Westorientierung der Bundesregierung deutlich zu, obgleich noch bis zum Herbst 1947 ein kommunistischer Minister der Regierung angehörte. Ernährungshilfe, Wiederaufbauhilfe, Finanzhilfe zur Ankurbelung der Wirtschaft – all das konnten wir im Westen, vor allem in den USA eher finden als im Osten. Dazu kam die schrittweise Volksdemokratisierung von Österreichs Nachbarstaaten, die in Ungarn im Mai 1947 besonders deutlich sichtbar wurde." (Gerald Stourzh)

Mit Schaufel und Karren zum Wiederaufbau — Es müssen vielerorts in Österreich, besonders im Osten des Landes, Berge von Schutt weggeräumt werden, oft mit Handkarren und primitiven Werkzeugen, um mit dem Wiederaufbau beginnen zu können. In Wiener Neustadt, der am schwersten zerstörten Stadt, überstanden nur 18 von rund 4000 Häusern die 29 Bombenangriffe ohne Schäden. In St. Pölten, wo es vor allem das Bahnhofsviertel traf, sind fast 40 Prozent der Stadt zerstört. In Wien wurden 1946 bereits 400.000 Kubikmeter Schutt zum Großteil von Frauen weggeschafft. Fast keines der öffentlichen Gebäude und der historischen Bauten hat das Kriegsende heil überstanden.

Auch im Bundeskanzleramt, in dem ein Teil der Beamten im ersten Winter ohne Heizung und in beschädigten Büros amtieren muss, und im Parlament versucht man so schnell wie möglich die gröbsten Schäden zu beheben. Möglichst rasch werden in ganz Österreich auch die zum Teil zerstörten Bahnhöfe, die Post- und Telegraphenbetriebe und die Straßenverbindungen wiederhergestellt, sodass im Laufe des Jahres der Verkehr wieder durchgängig ermöglicht wird.

„Ich komm' mit fünf Leut'" — Leopold Figl ist ein Meister des Dialogs und der Taktik. Wie kein anderer versteht er es, mit den „Amis", aber auch mit den zuerst sehr misstrauischen Sowjets zu verhandeln. Er lädt die Offiziere und Diplomaten der Besatzungsmächte in die Bauernstube seines Wiener Domizils, in den Figl-Hof in Rust im Tullnerfeld oder auch zu einem Wiener Heurigen ein. Figl, die Amerikaner nennen ihn bald „The Poldl", versteht es, eine gemütliche, vertrauensbildende Atmosphäre zu schaffen.

Leopold Figl, die Jagd und die Politik

Leopold Figl ist zeitlebens ein begeisterter Weidmann und Jäger. Als junger Bauernbunddirektor hat er mit seinen Freunden beim Schüsseltrieb, dem gemütlichen Beisammensein nach einer Jagd, sicher auch über die damals schwierige politische Situation diskutiert. Nach der Befreiung Ostösterreichs im Frühjahr 1945 sind die Sowjets auch die Jagdherren im Lande. Sie „schossen auf alles, was ihnen vor die Büchse kam", erzählte mir ein alter St. Pöltner Jäger. In den ersten Monaten der Besatzungszeit kann man in Wald und Flur mitunter Rehkitze herumirren sehen, deren Mutter von den Besatzungssoldaten erlegt worden ist. Auch für die amerikanischen Soldaten in Oberösterreich und Salzburg ist die Ausübung des „freien Jagdrechtes" vorerst eine Selbstverständlichkeit. Dagegen ist die heimische Jägerschaft „entwaffnet" worden. Mit der Androhung der Todesstrafe müssen von den Bewohnern sämtliche Waffen an die Behörden abgegeben werden. Doch so mancher Weidmann hat seine Jagdgewehre rechtzeitig eingefettet, gut verpackt und versteckt oder vergraben. Abgelieferte Waffen bekommen die Jäger selten zurück, zumeist werden sie von sowjetischen Offizieren verwendet, die fleißig auf die Pirsch gehen bzw. fahren. Ohne jede Rücksicht auf Schonzeiten werden Reviere in der Umgebung ihrer Quartiere „entvölkert".

Bundeskanzler Leopold Figl wird mit den Problemen der Jagd bei seinen Fahrten in ländliche Gebiete wiederholt konfrontiert. Aber erst eineinhalb Jahre nach dem Einmarsch der Alliierten gelingt es, ein Jagdverbot für Angehörige der Besatzungstruppen zu erwirken, aber vor allem höhere Offiziere halten sich nicht immer daran. Ebenfalls im Herbst 1946 wird jenen, die in Österreich befugt sind, die Jagd auszuüben, das Tragen von Jagdwaffen erlaubt – allerdings mit der Auflage, dass nur Schrotflinten und Kleinkalibergewehre zugelassen werden. Rehe und Hirsche kann man damit nur auf kurze Distanz erlegen.

Im „Krickelmuseum" und auf der „Hofjagd" — Die Freude an der Jagd teilt Bundeskanzler Figl nicht nur mit vielen anderen Politikern, sondern auch mit den hohen Offizieren der alliierten Streitkräfte. Innenminister Oskar Helmer, der mit Figl wiederholt vom sowjetischen Hochkommissar in dessen Residenz im Hotel Imperial vorgeladen wurde, erzählte später: „Der Poldl verstand es meisterhaft, wenn es bei den Besprechungen im Hotel

Leopold Figl in seinem „Krickelmuseum" (li.) und mit Jagdfreunden (re.).

Imperial sehr kritisch geworden ist und Scheltow besonders wütend war, auf andere Dinge abzulenken, und da vor allem auf die Jagd. Und wenn er sich gar nicht beruhigen wollte, dann ging er mit ihm auf die Pirsch." Wiederholt lädt Figl hohe Offiziere der Besatzungsmächte zu einer Jagd ein, wo dann nachher beim Schüsseltrieb in gemütlicher Atmosphäre leichter eine Einigung in schwierigen Fragen erreicht werden kann.

Jagdatmosphäre kann Leopold Figl in seinem „Krickelmuseum" – wie es Julius Raab einmal bezeichnete – in seiner Wohnung in der Peter-Jordan-Straße in Wien vermitteln, wo zahlreiche Trophäen, meist gute Rehböcke, die Bauernstube schmücken. Beim „gemütlichen Plauscherl" fühlt sich Figl wohl, und für passionierte Jäger unter den Gästen gibt es mitunter eine große Auszeichnung: eine Einladung zur „Hofjagd". Figl ist nämlich der Initiator der damals bald berühmt gewordenen Hubertusjagden in Neuberg-Mürzsteg, dem ehemaligen kaiserlichen Hofjagdgebiet. Sie sind weniger pompös wie manche Jagden des Hofes zu Monarchiezeiten, aber der Zweck ist gar nicht so verschieden. Sie dienen nicht nur der Repräsentation, sondern auch der hohen Politik, dem Aufbau menschlicher Beziehungen. Dazu lädt Figl nicht nur Politiker und Diplomaten, sondern auch hohe Vertreter der Besatzungsmächte ein. Nach der großen Jagd auf Hochwild wird dann regelmäßig der Hubertushirsch auf einem Pferdewagen in Jägerbegleitung mit Fackelzug zur Hubertusmesse in das Neuberger Münster gebracht. Beim großen Abendessen mit den Trinksprüchen ist dann auch Zeit für Gespräche im kleinen Kreis.

Seine Ehefrau Hilde ruft er oft am Nachmittag an: „Geh, richt' a bissel was, heut' komm' ich abends mit fünf Leut'." Wenn er mit seiner Frau und den Kindern an hohen Feiertagen nach Rust fährt, um dort den Tag bei der Mutter und den Verwandten zu verbringen, dann sagt er vor der Heimkehr nicht selten: „Gebt mir bitte a Gselchtes mit, ich brauch' wieder etwas für meine Gäste in Wien." Und zu Figl kommen sie alle gern: Nicht nur die „schwarzen" und „roten" Politiker wie Bundespräsident Renner und sein Freund Helmer, auch die Hochkommissare der Besatzungsmächte und ausländische Staatsgäste.

Manchmal gelingt es bei ein paar Achterl Wein und einer rustikalen bäuerlichen Jause mehr auszuhandeln als bei offiziellen Konferenzen. Leopold Figl hat die Gabe, sich sehr schnell auf seinen jeweiligen Gesprächspartner einzustellen, gleich ob einfacher Arbeiter oder Staatsmann.

Mehr Kompetenzen – weniger Besatzungskosten — Nach langen Verhandlungen und Gesprächen mit den einzelnen Hochkommissaren gelingt es der österreichischen Regierung, wesentliche Erleichterungen und ein Stück mehr an Souveränität zu erreichen. Mit der Unterzeichnung des 2. Kontrollabkommens am 28. Juni 1946 wird jene Bestimmung eliminiert, die besagt, dass jedes österreichische Gesetz der Einstimmigkeit im Alliierten Rat bedürfe. Nun kann ein Gesetz auch dann in Kraft treten, wenn einer der vier Hochkommissare dagegen ist. Damit ist ein wichtiger Schritt auf dem Weg des Landes in die Unabhängigkeit getan.

Am 8. Mai 1946 werden vom Alliierten Rat die Besatzungskosten, die Österreich an die Alliierten zu zahlen hat, mit 35 Prozent des gesamten Staatshaushaltes festgelegt. Sie betragen 812,5 Millionen Schilling. Die Regierung Figl/Schärf muss das wohl oder übel zur Kenntnis nehmen, bemüht sich aber ständig, diese hohe Belastung für die Wirtschaft und den Steuerzahler zu vermindern. Schließlich wird 1947 der Anteil der Besatzungskosten am Staatsbudget auf 15 Prozent gesenkt, das sind 399,5 Millionen.

„Ich fürchte mich nicht vor Sibirien" — Das sowjetische Hochkommissariat hat seinen Sitz im Wiener Hotel Imperial. Vor dem Hotel patrouillieren sowjetische Soldaten mit geschulterten Gewehren, die Wiener machen einen Bogen um das Gebäude. Leopold Figl muss jeden Mittwoch hierher, um unter dem Bild Stalins Generaloberst Alexej Scheltow Rede und Antwort zu stehen. Scheltow ist eine Art Polit-Kommissar, der eine hohe Position im sowjetischen Geheimdienst (NKWD) innehat. „Häufig haben die Russen Zeitungsartikel auf dem Tisch mit Sonntagsreden von Innenminister Helmer oder Staatssekretär Graf, in denen sie mutig und ohne Rücksichtnahme gegen Übergriffe der sowjetischen Besatzungsmacht protestierten. ‚Wie ist das möglich, dass Ihre Minister solche Reden halten?' Figl versucht dann vergeblich, den beiden Russen die Demokratie und Pressefreiheit zu erklären." (Ernst Trost)

Manchmal lassen die Sowjets nach einem Gespräch Schinken und Kaviar auftragen und viel Wodka. Wenn sie schlecht gelaunt sind, steht kein Aschenbecher auf dem Tisch, um den starken Raucher Figl in stundenlangen Gesprächen zu zermürben. Die sowjetischen Gesprächspartner arbeiten auch mit Drohungen. Figl soll darauf geantwortet haben: „Ich habe Hitlers KZ überlebt, ich fürchte mich auch vor Sibirien nicht."

Als Figl einmal fünf Stunden nicht aus dem Imperial kommt, ruft seine Frau Hilde seinen Freund Fritz Eckert an, der die Amerikaner informiert. Schließlich wartet Eckert noch eine halbe Stunde, da kommt Figl in Eckerts Büro, schweißgebadet, erschöpft und völlig fertig: „Wenn ich heute nur für eine Minute feig gewesen wäre, dann wäre es für Österreich für eine Ewigkeit aus gewesen." (Ernst Trost)

„Bring Wasser statt Wodka" — Als ihn die sowjetischen Offiziere einmal mit Wodka mürbe und unter den Tisch trinken wollen, flüstert Figl dem Ober zu, ihm eine Flasche mit Wasser anstatt mit Wodka zu servieren. Durch ein Versehen schenkt sich einer der Offiziere aus Figls Flasche ein. Entrüstet und voll Zorn bezeichnen sie die Täuschung nicht nur als große persönliche Beleidigung, sondern auch des sowjetischen Volkes.

Andererseits wird Leopold Figl vom sowjetischen Hochkommissar und dessen Stab als guter Gastgeber und Antifaschist geschätzt. So ist General Scheltow sehr beeindruckt, als ihm Figl im Juni 1947 bei der Übergabe des KZ Mauthausen durch die Sowjets an die Regierung jene Zelle zeigt, in der er 96 Tage in Einzelhaft hat verbringen müssen.

Wie Innenminister Oskar Helmer später schreibt, habe es Figl meisterhaft beherrscht, auf angenehme Dinge wie die Jagd abzulenken, wenn es bei Besprechungen mit den Sowjets kritisch geworden sei. Figl habe den Hochkommissar wiederholt zur Jagd eingeladen, wo man nachher in gemütlicher Atmosphäre die Dinge besprechen und leichter etwas erreichen konnte.

Die sowjetische Ausbeutung und die Hilfe der USA

Ein Tiefschlag für Österreichs Wirtschaft ist der am 5. Juni 1946 von Marschall Fjodor I. Tolbuchin erlassene sowjetische Befehl Nr. 17 zur Beschlagnahme sämtlicher „deutscher Vermögenswerte". Die Sowjets berufen sich bei den Protesten der Westmächte über die rigoros durchgeführten Beschlagnahmungen des „deutschen Eigentums" in Ostösterreich auf das Potsdamer Abkommen vom 2. August 1945 zwischen Truman (USA), Stalin (UdSSR) und Churchill (Großbritannien), das eine Übereinkunft über deutsche Reparationen enthielt, in denen auch der Zugriff der Alliierten auf das deutsche Auslandsvermögen eingeschlossen war. Allerdings wurde nicht genau definiert, was unter dem „deutschen Eigentum" verstanden werden kann.

Die Sowjets interpretieren den Begriff offenbar so, dass er alle Betriebe umfasst, die von den Nationalsozialisten von 1938 bis 1945 in deutschen Besitz genommen wurden, gleichgültig wie das geschehen ist. Der Regierung Figl gelingt es am 26. Juli 1946 noch, durch ein Verstaatlichungsgesetz zumindest die drei größten Banken, wichtige Kohlebergwerke und Betriebe der Grundstoff-, der Verkehrs- und Elektroindustrie zu retten. Groteskerweise lehnt die KPÖ im Nationalrat das Gesetz ab, auch der sowjetische Oberbefehlshaber Wladimir Kurassow protestiert bei der Bundesregierung. Aber da die anderen Alliierten zustimmen, kann das Gesetz in Kraft treten.

Mit diesem Gesetz entsprechen Kanzler Figl und die ÖVP auch einem Wunsch der SPÖ, obwohl der ÖVP-Wirtschaftsbund mit diesen Verstaatlichungen keine Freude hat, es aber als „Notmaßnahme" akzeptiert. Bereits am 9. Oktober kann Kanzler Figl den Donawitzer Hochofen anblasen und erklärt: „Mit dem Anblasen dieses Hochofens sagen wir der Welt, was unser Volk – nach einem Jahr der Befreiung mit dem Erbe von Schutt und Trümmern belastet –, dank seines Fleißes und seiner Arbeiterschaft zu leisten vermag. Wir geloben, dass dieses Eisen dem Frieden und nicht der Vernichtung der Menschheit dienen soll."

Wirtschaftliche Dimensionen der Besatzung

Auf die österreichische Innenpolitik konnte die sowjetische Besatzungsmacht nach 1946 und dem Abschluss des Zweiten Kontrollabkommens keinen maßgebenden Einfluss mehr ausüben. Spätestens der am 5. Juli 1946 von Marschall Fedor Tolbuchin erlassene sowjetische Befehl Nr. 17 zur Beschlagnahme sämtlicher deutscher Vermögenswerte ließ die wirtschaftliche Ausbeutungspolitik der Sowjetunion in Österreich offenkundig werden. Mit diesem Befehl legten sich die sowjetischen Besatzungsbehörden ein rechtliches Mittel zurecht, um in eigenem Ermessen „deutsches Eigentum" zu beschlagnahmen. Abgesehen von den Demontagen, die sofort nach dem Einmarsch der Roten Armee einsetzten, war das sowjetische Vorgehen bis zur Verkündigung des Befehls Nr. 17 im ersten Besatzungsjahr nicht so rigoros wie in den Folgejahren. Vom Beginn der Besatzung Österreichs an verfolgte die Sowjetunion das Ziel, eine bilaterale Erdölgesellschaft („Sanafta") zu gründen, um durch österreichische Kapitaleinlagen eine Verlängerung der Rentabilitätsdauer (und damit eine Maximierung der wirtschaftlichen Entnahmen) zu erwirken. Das Projekt Sanafta war vordergründig eine ökonomische Frage und sollte der Sowjetunion nachhaltig ein Standbein in der österreichischen Erdölwirtschaft sichern. Auch auf Druck der Westmächte ließ die österreichische provisorische Staatsregierung unter Karl Renner die Verhandlungen scheitern. Mit dem Versuch, in Österreich bilaterale Gesellschaften zu gründen, wandte die Sowjetunion dieselbe Strategie wie in anderen Ländern – beispielsweise Rumänien – an.

Besonders lukrativ: die Erdöl- und Grundstoffindustrie — Österreich kam in den wirtschaftspolitischen Überlegungen des Kremls bereits während des Zweiten Weltkrieges eine gewisse Aufmerksamkeit zu. Zum einen trug Moskau der Tatsache Rechnung, dass die Industriebetriebe auf dem Gebiet Österreichs in der Rüstungsproduktion des „Dritten Reiches" eine bedeutende Rolle gespielt hatten; vor allem die Grundstoffindustrie, der Maschinen-, Stahl- und Fahrzeugbau und die Elektro- und Textilindustrie. Besonders aber war die Erdölförderung im Wiener Becken für europäische Verhältnisse beachtlich. Schon vor 1945 hatte das sowjetische Außenamt ein genaues Bild über die geografische Gewichtung der österreichischen

Die Erdölförderung in Niederösterreich war für europäische Verhältnisse beachtlich, und spielte in den politischen Überlegungen der Sowjetunion nicht erst nach 1945 eine gewisse Rolle.

Industrie. Diese Erkenntnisse schlugen sich schließlich auch auf die Aufteilung der Besatzungszonen nieder.

Zum anderen war sich die Sowjetunion sehr bald darüber im Klaren, dass es in Österreich so viel reichsdeutsches Auslandsvermögen gab wie in keinem anderen Land der Welt. Bei den häufiger werdenden Protesten der Westmächte im Alliierten Rat gegenüber den allzu rigoros durchgeführten Requirierungen vermeintlichen „deutschen Eigentums" in Ostösterreich konnte sich die sowjetische Seite stets lapidar auf das in Potsdam – auf sowjetisches Drängen hin – verbriefte Recht der Alliierten, in ihren Besatzungszonen in Europa auf das „deutsche Eigentum" zugreifen zu dürfen, berufen.

Österreich – Opfer und Täter zugleich? — Das Potsdamer Abkommen vom 2. August 1945 enthielt eine Übereinkunft über deutsche Reparationen, die durch Entnahmen in den Besatzungszonen Deutschlands und durch den alliierten Zugriff auf das deutsche Auslandsvermögen abgegolten werden sollten. Für Österreich, das den Alliierten offiziell nicht als besiegtes, sondern als befreites Land galt, waren infolgedessen keine offiziellen Entschädigungsleistungen vorgesehen. Dennoch machte Moskau in den wirtschaftlichen Forderungen an Österreich über Umwege die Grundsätze der Moskauer Deklaration von 1943 geltend, in der einerseits der Staat Österreich als erstes „Opfer" der nationalsozialistischen Aggressionspolitik bezeichnet wurde, die andererseits aber auch daran erinnerte, dass Österreich „für die Beteiligung am Kriege auf Seiten Hitler-Deutschlands eine

Verantwortung trägt, der es nicht entrinnen kann". Auf Basis dieser – in sich widersprüchlichen – Deklaration bot sich der sowjetischen Besatzungsmacht fortan die Möglichkeit, sich in ihrer Besatzungszone in Österreich nicht nur des „deutschen Eigentums" zu bedienen, sondern unter diesem Deckmantel auch eine wirtschaftliche Ausbeutungspolitik zu verfolgen. Zunächst geschah dies durch umfangreiche Demontagen, die bei Weitem nicht nur kriegswichtige und vor allem deutsche Betriebe betrafen, und später durch den Zugriff auf das „deutsche Eigentum", wobei sich die sowjetische Seite einer weitläufigen Definition des Begriffs bediente.

Die Potsdamer Reparationsregelung hatte nämlich einen entscheidenden Haken: Es wurde nicht eindeutig definiert, was mit dem Begriff „deutsches Eigentum" konkret gemeint war. Die sowjetische Seite verstand es in der Folge, dieses Vakuum in ihrem Sinn zu nutzen, und folgte dabei einer einfachen Formel: Für sie galt schlichtweg jedes Eigentum als „deutsch", das sich bei Kriegsende 1945 in deutschen Händen befunden hatte und de jure von deutscher Hand nicht kostenlos erworben worden war. Mit welchen Methoden die Nationalsozialisten das jeweilige Vermögen „deutsch" gemacht hatten, spielte für Moskau indes keine Rolle – auch dann nicht, wenn sich die NS-Machthaber das Eigentum mittels „Arisierungen" angeeignet hatten.

Letztlich überführten sie das beschlagnahmte deutsche Vermögen in eigens geschaffene Verwaltungen: die Erdölbetriebe, Ölfelder, Raffinerien und Tankstellen in die SMV (Sowjetische Mineralölverwaltung), Industrie, Gewerbe- und landwirtschaftliche Betriebe, Grund- und Forstbesitz, Immobilien u. a. in die USIA (Verwaltung sowjetischen Eigentums in Österreich). Die sowjetischen Wirtschaftskörper bestanden in Österreich bis 1955, ehe sie infolge des Staatsvertrags gegen hohe Ablösezahlungen an Österreich zurückerstattet wurden.

Mit Ausnahme der Sowjetunion verzichteten alle Alliierten auf das „deutsche Eigentum“ und übergeben es in die Verwaltung Österreichs.

USIA-Betriebe und Marshallplan — 436 österreichische Unternehmen werden nun von der Sowjet-Besatzung beschlagnahmt und unter ihre Kontrolle gestellt. Die so genannten USIA-Betriebe machen einen wesentlichen Teil der österreichischen Wirtschaft aus. Zu ihnen gehören z. B. die ÖMV mit den Ölfeldern im Weinviertel, die DDSG mit ihrer Schiffsflotte, die Voithwerke in St. Pölten und zahlreiche andere Fabriken, aber auch große Gutsbetriebe wie das Schloss Grafenegg.

Die Betriebe erhalten sowjetische Direktoren, liefern ihre Waren, wie auch das Erdöl aus den Raffinerien, in die Sowjetunion und zahlen keine Steuern. Der Wirtschaft entgehen so pro Jahr rund 300 Millionen Schilling, die 23.000 Beschäftigten in den USIA-Betrieben fehlen der Privatwirtschaft. Niederösterreich ist von den USIA-Betrieben und den Billigverkaufsläden der Sowjet-Besatzung am meisten betroffen, zumal einzelne Betriebe in die Westzone Österreichs auswandern und sich in Niederösterreich und im Burgenland in dieser Zeit kaum ein neuer Betrieb ansiedelt.

In den USIA-Betrieben werden zudem mit Hilfe der jeweiligen Direktoren und KPÖ-Betriebsräte unter der Arbeiterschaft kommunistische Zellen aufgebaut, die im Bedarfsfall auch außerhalb der Betriebe Aktivitäten setzen.

1947 starten die Amerikaner eine große Hilfsaktion zum Wiederaufbau der Wirtschaft in den Ländern Europas, die vom Krieg schwer heimgesucht wurden. Auch Österreich wird die Teilnahme am Marshallplan angeboten. Die Hilfsaktion ist nach deren Initiator benannt, dem US-Außenminister George C. Marshall. Die Regierung Figl/Schärf stimmt zu – zum großen Missfallen der Sowjets, denn Stalin hat bereits der Tschechoslowakei die Annahme dieser Mittel verboten.

Die KPÖ polemisiert nun heftig gegen eine Teilnahme am Marshallplan, droht dies mit Hilfe der Sowjets zu verhindern. Aber Figl und seine Minister lassen sich nicht einschüchtern. Die Hilfslieferungen, vor allem Lebensmittel, landwirtschaftliche Maschinen etc., müssen zwar von den Begünstigten bezahlt werden, die einfließenden Gelder werden aber als billige Kredite an die österreichische Wirtschaft weitergegeben. Die ERP-Kredite (European Recovery Program) werden so nachhaltig zu einer wesentlichen Hilfe beim

Aufbau und der Modernisierung der im Krieg schwer in Mitleidenschaft gezogenen Betriebe in Österreich.

Das Ringen um den Staatsvertrag — Bereits 1946 beginnt das Ringen um einen österreichischen Staatsvertrag und den damit verbundenen Abzug der Besatzungsmächte. Bei einer Konferenz vom 16. Jänner bis 25. Februar 1947 im Lancaster-House in London führt General Clark den Vorsitz. Kanzler Figl legt im Beisein von Vizekanzler Adolf Schärf und einer offiziellen Vertretung aller drei Parlamentsparteien den Standpunkt Österreichs in London dar: „Der Staatsvertrag muss zum Ausdruck bringen, dass Österreich ein befreites Land ist, dessen Unabhängigkeit muss in den Grenzen des Jahres 1937 wiederhergestellt werden." Österreich dürfe für die Handlungen der „deutschen Besatzungsmacht" nach dem 13. März 1938 nicht verantwortlich gemacht werden. Der Staatsvertrag müsse einer „Magna Charta" gleichen, damit er nicht eines Tages vom österreichischen Volk als eine Last empfunden werde.

Figls Darlegungen werden zwar wohlwollend aufgenommen, doch scheitert diese Londoner Konferenz an der Haltung Jugoslawiens, das Gebietsansprüche auf Südkärnten im Ausmaß von 3000 Quadratkilometern stellt, inklusive der Städte Villach und Klagenfurt. Zudem verlangt die Sowjetunion, das von ihr beschlagnahmte „deutsche Eigentum" von Österreich anzuerkennen und zu legalisieren.

Das sind unzumutbare Ansprüche, die von Figl und seiner Delegation zurückgewiesen werden müssen. Auch die sowjetische Forderung nach Abgeltung der Lebensmittelspenden nach dem Krieg („Erbsenschuldansprüche") erschwert eine Einigung. Während die Sowjets später die jugoslawische Gebietsforderung in Kärnten – nach dem Bruch des Kreml mit Tito – nicht mehr unterstützen, bleibt das „deutsche Eigentum" bis 1955 ein Hindernis für den Staatsvertrag.

1947 wird übrigens nach einer ergebnislosen Außenministerkonferenz in Moskau bei Gastgeber Molotow eine Österreich-Kommission eingesetzt, die den Begriff des „deutschen Eigentums" in einer für alle vier Besatzungsmächte akzeptierten Definition festlegen sollte. Diese in Wien stationierte Kommission kommt in ihren insgesamt 85 Sitzungen (!) zu keiner Einigung.

Die so genannte „Figl-Fischerei" — 1947 wird immer offensichtlicher, dass die Chancen auf einen baldigen Abschluss eines Staatsvertrags wegen der unnachgiebigen Haltungen der Sowjetunion wieder einmal in die Ferne rücken. In der Hoffnung, in dieser Frage durch Vermittlung der KPÖ vielleicht einen besseren Zugang zu den sowjetischen Führungsträgern zu erhalten, finden in der Folge Kontakte der ÖVP-Spitze mit dem KPÖ-Abgeordneten Ernst Fischer statt. Klubobmann Julius Raab trifft gemeinsam mit Handelsminister Eduard Heinl (ÖVP) in der Wohnung des Abgeordneten Rudolf Kristofics-Binder (ÖVP) mit Fischer zusammen. Am 5. Juni 1947 ist Bundeskanzler Figl zu einem Abendessen geladen, an dem neben Raab auch Landwirtschaftsminister Josef Kraus und Figls Sekretär Johann Dorrek dabei sind. Fischer soll dabei erklärt haben, dass es einen Vertragsabschluss mit der Sowjetunion sehr erleichtern würde, wenn einige Regierungsmitglieder ausgewechselt würden. Fischer nannte dabei angeblich Außenminister Gruber und Innenminister Helmer, das Innenministerium hätte Fischer für die KPÖ reklamiert. Fischer soll außerdem Julius Raab als neuen Bundeskanzler genannt haben, anderen Aussagen zufolge habe er den Grazer Universitätsprofessor Josef Dobretsberger als neuen Bundeskanzler vorgeschlagen. Dobretsberger war dafür bekannt, dass er, obwohl ein Bürgerlicher, gute Kontakte zur KPÖ hat. Daraufhin lehnt Figl weitere Gespräche ab.

Der Kanzler informiert danach Außenminister Gruber, der wiederum die Amerikaner, diese danach die Briten und weiters dann den Korrespondenten der Presseagentur Associated Press über die Gespräche. „Alsbald brachte der Wiener Kurier eine entsprechende Sensationsmeldung. Fischer konterte mit der von keiner Seite bestätigten Behauptung, Figl hätte seine Bereitschaft zum Rücktritt erklärt. Gesprächsaufzeichnungen, wenn es sie je gab, sind bis heute nicht zu Tage gekommen. Die Aufregung in der Öffentlichkeit, aber auch innerhalb der ÖVP-Spitze war sehr groß, dort vor allem wegen Grubers Alarmierung der Presse. Die nicht in die Gespräche eingebundenen Sozialisten konnten die Gekränkten spielen. Der Imageschaden für den Bundeskanzler, der gar nicht der Initiator der Kontakte war, war beträchtlich.“ (Gerald Stourzh)

Ernst Trost schreibt in seinem Buch „Figl von Österreich“ zutreffend: „Es war die erste tiefe Wunde, die Figl als Bundeskanzler geschlagen worden ist. In seinem Inneren saß auch eine Spur von Groll, weil man ihn so ins offene Messer hatte laufen lassen.“ Die unangenehme Affäre, die Figl umgehend beendet hat, obwohl sie andere inszeniert hatten, ist als „Figl-Fischerei“ in die Geschichte eingegangen.

en links: Transparent im Badener Kurpark, gefeiert ·d im April 1946 der Jahrestag der Befreiung durch die te Armee.

en und Mitte rechts: Vorstellung einer russischen nzgruppe in der St. Pöltner Glanzstofffabrik, einem IA-Betrieb, veranstaltet von der Österreichisch- wjetischen Gesellschaft bei freiem Eintritt.

Unten links: Bundeskanzler Leopold Figl bei Premierminister Winston Churchill in London.

Unten rechts: Margarethe Ottilinger als junge, lebensfrohe Frau – ihre Verhaftung und Verschleppung durch die Sowjets löst 1948 weltweites Aufsehen und heftige Proteste der Regierung aus.

Entführt und verurteilt — In dieser Zeit häufen sich in der Sowjetzone die Entführungen, Verurteilungen und auch Morde. Vor allem an Polizisten und Kriminalbeamten, die sich um die Aufklärung von Verbrechen bemühen, die von „unbekannten Männern in Uniform" verübt wurden. Gefährdet sind auch Flüchtlinge aus dem Ostblock, die „Lügen" über die Situation in den jungen Volksdemokratien verbreiten – vermeintliche Spione, an deren Verschwinden die Sowjets Interesse haben. Andere werden durch eine mehrmonatige Verhaftung und Verhöre „vorgewarnt".

„Selbst gegen Figls Sekretär Dr. Dorrek erließen die Sowjets 1946 einen Haftbefehl. An einem Vormittag rief das Dienstmädchen Dorreks am Ballhausplatz an. Zwei Kriminalbeamte und ein russischer Soldat hätten nach ihm gefragt." Es stellt sich heraus, dass der Haftbefehl vom KPÖ-Staatspolizeichef Heinrich Dürmayer stammt, der antwortete, dass die Sowjets nicht wussten, dass es sich um den Sekretär des Bundeskanzlers handelt. Figl riet seinem Sekretär, ein paar Tage zu ihm in die Wohnung zu ziehen.

Schon zu Beginn der Besatzungszeit werden allein im Bezirk Wiener Neustadt drei Bürgermeister wegen Nichtigkeiten umgebracht und zwei niederösterreichische Landtagsabgeordnete nach Sibirien verschleppt. Einer kommt als schwerkranker Mann zurück, der zweite stirbt in einem sowjetischen Lager. Zivilisten droht wegen Kleinigkeiten eine drakonische Strafe. So erging es einem Schüler aus Korneuburg, der 1947 für die Matura lernt, als spielende Buben sowjetischer Offiziere mit Steinen gegen sein Zimmerfenster werfen. Er gibt erzürnt einem der Buben drei Ohrfeigen. Der „Preis" waren drei Jahre Arbeitslager in Sibirien. Erst nach weiteren drei Jahren, nach Stalins Tod, 1953, darf Herbert Killian nach Hause zurückkehren.

Weltweites Echo verursacht am 5. November 1948 die Verhaftung der 29-jährigen Sektionschefin im Ministerium für Wirtschaftsplanung, Margarethe Ottilinger. Bei einer Rückfahrt aus Oberösterreich mit Minister Peter Krauland wird sie an der sowjetischen Zonengrenze auf der Ennsbrücke aus dem Auto gezerrt und im Gefängnis des Sowjet-Oberkommandos in Baden gefoltert, um ein Geständnis zu erpressen. Sie soll zugeben, für die Amerikaner spioniert zu haben. Sie wird im Mai 1949 zu 25 Jahren Zwangsarbeit verurteilt. Ausgezehrt und krank kehrt sie nach vielen Interventionen der Regierung nach dem Staatsvertrag heim. Später wird sie vom Obersten Sowjet rehabilitiert.

Heimkehr, Entnazifizierung und Angst vor einem Linksruck

Durch ständige Interventionen bei den alliierten Siegermächten gelingt es der Regierung Figl/Schärf, die Heimkehr der Kriegsgefangenen zu beschleunigen. Die ersten 100.000 erhalten von den Westmächten bereits vor Weihnachten 1945 die Freiheit, die ersten größeren Heimkehrertransporte aus der Sowjetunion folgen erst 1947.

Die meisten Kriegsgefangenen befinden sich noch in sowjetischen Lagern. Relativ bald werden die Österreicher von den Amerikanern, Engländern und Franzosen entlassen. Nur Kriegsverbrecher, Gestapo-Angehörige und SS-Offiziere werden oft vor Gericht gestellt. Die letzten Eisenbahnzüge mit Heimkehrern aus der UdSSR werden erst nach dem Staatsvertrag von 1955 in Wiener Neustadt eintreffen, manche Spätheimkehrer mit einem Körpergewicht von weniger als 50 Kilogramm.

Der Jubel und die Freude über die Ankunft des Sohnes, des Vaters oder Bruders sind groß, manchmal getrübt durch eine schwere Kriegsverletzung. Für die Männer, die viele Jahre von der Familie getrennt waren, beginnt ein neues, ungewohntes Leben. Frauen klagen ihren Angehörigen, dass sich der Mann „ganz verändert" habe. Die Heimkehrer selbst spüren ebenfalls die Entfremdung. „Auch diese Menschen waren Kriegsversehrte, obwohl ihnen keine Arme oder Beine fehlten." (Gerhard Jagschitz)

Verurteilungen und Amnestie — Auf Grund des NS-Verbotsgesetzes, das die Regierung bereits nach ihrer Konstituierung am 27. April 1945 beschlossen hat, wird von den Behörden die Registrierung aller Angehörigen einer NS-Organisation vorgenommen. So mancher „Ehemalige" versucht dabei, seine Rolle in der Hitler-Zeit zu bagatellisieren, um bei den „abgestuft auferlegten Sühnefolgen" möglichst günstig davonzukommen. Wer wegen eines Kriegsverbrechens angeklagt wird, muss sich vor einem Volksgericht verantworten.

Bereits im August 1945 findet der erste Kriegsverbrecherprozess gegen vier KZ-Aufseher statt. Sie haben 1944 an der Ermordung von 102 Häftlingen bei der Verlegung der Lagerinsassen von Engerau nach Mauthausen mitgewirkt. Drei werden wegen besonderer Grausamkeit zum Tode verurteilt, einer zu acht Jahren Kerker. Insgesamt werden nur fünf Prozent der früheren Nationalsozialisten vor eines der Volksgerichte gestellt, die in Österreich 43 Todesurteile fällen, von denen 30 vollstreckt werden. Zahlreiche prominente NS-Führer entziehen sich durch Flucht ins Ausland oder durch Selbstmord der Verantwortung vor Gericht.

Hunderte Freiheitsstrafen werden verhängt, aber nur ein geringer Teil muss zur Gänze verbüßt werden. Ein Kreisleiter wird etwa zu 15 Jahren Kerker verurteilt, muss aber weniger als ein Drittel absitzen. Die Minderbelasteten werden zu Sühneleistungen und Geldbußen verpflichtet. So werden z. B. von der Stadtgemeinde St. Pölten für den Wiederaufbau der zerstörten Häuser, Schulen und Produktionsstätten auch belastete ehemalige Nationalsozialisten herangezogen. Bis 1947 gibt es im Stadtteil Viehofen ein Arbeitslager, von dem aus die „Ehemaligen" zum Arbeitseinsatz abkommandiert werden.

Ab Februar 1948 unterstützt der sowjetische Hochkommissar Wladimir Kurassow eine Amnestie der so genannten Minderbelasteten unter den früheren Nationalsozialisten in Österreich, dabei handelt es sich um nahezu eine halbe Million Staatsbürger. Der tiefere Grund dafür ist folgender: „Es war dies ein relativ großes Wählerpotential, das bei einer Parteigründung im nächsten Wahlgang die beiden Großparteien schwächen würde, was durchaus im Interesse der sowjetischen Politik war. Kurassow schlägt vor, die Minderbelasteten von den Sühnefolgen zu befreien und ihnen das aktive und passive Wahlrecht zu gewähren." (Wolfgang Mueller)

Als auch die USA, die Engländer und Franzosen im Alliierten Rat zustimmen, verabschiedet der Nationalrat einstimmig ein Gesetz über die so genannte Minderbelastetenamnestie, das am 25. Mai 1948 vom Alliierten Rat approbiert wird und 487.000 der 524.000 registrierten ehemaligen Nationalsozialisten in den Genuss des Wahlrechtes bringt und sie von allen ihnen auferlegten Sühneleistungen befreit. Sie dürfen nun alle ihre staatsbürgerlichen Rechte wieder ausüben, ihren Beruf im öffentlichen Dienst etwa als Lehrer oder Polizist wieder antreten.

Die Rückkehr der Kriegsgefangenen aus der UdSSR

Von den rund 600.000 Österreichern, die bei Kriegsende in alliiertem Gewahrsam namentlich registriert und erfasst wurden, befanden sich rund 120.000 bis 130.000 in der Sowjetunion. Sie fanden sich vor allem in den sowjetischen Lagern der GUPWI (Hauptverwaltung für Kriegsgefangene und Internierte des NKWD), in Gefängnissen oder in Arbeitsbataillonen wieder. Rund 70.000 bis 80.000 von ihnen waren nicht mehr in den sowjetischen Lagern und Gefängnissen registriert worden, weil sie zuvor starben. Ihr Schicksal ist bis heute ungeklärt.

Für viele Zivilisten und Kriegsgefangene endete die Gefangenschaft erst nach Jahren, für Tausende erst im Zuge der erfolgreichen österreichischen Staatsvertragsverhandlungen. Keine andere Gewahrsamsmacht behielt österreichische Kriegsgefangene so lange wie die Sowjetunion. Dort sollten sie für die sowjetische Industrie arbeiten und wieder aufbauen, was zuvor von der Deutschen Wehrmacht zerstört worden war. Große Leistungen des ersten sowjetischen Nachkriegs-Fünfjahresplans sind von ihnen erbracht worden. Es gab nahezu keine Baustelle, bei der nicht auch Österreicher eingesetzt wurden.

Ein Teil der österreichischen Kriegsgefangenen war zwischen 1943 und 1955 sowohl wegen ihnen angelasteter Kriegsverbrechen als auch wegen Vergehen gegen die sowjetische Lagerordnung des GUPWI-Systems und wegen krimineller Delikte verurteilt worden. Die politischen Verfahren wurden anfangs in Schauprozessen und Einzelanklagen, später – besonders 1949 – in Massenverfahren, bei denen der Nachweis einer persönlichen Schuld nicht mehr erbracht werden musste, abgehandelt.

Frühe Heimkehr der Arbeitsunfähigen — Die ersten österreichischen Kriegsgefangenen wurden aus sowjetischen Kriegsgefangenenlagern der NKWD-GUPWI-Verwaltung 1945/46 entlassen. Es waren dies vor allem kranke, invalide und langfristig arbeitsunfähige Personen, also solche, deren Arbeitskraft für den Wiederaufbau nicht genutzt werden konnte – immer mit der Einschränkung, dass der Gefangene nicht an Kriegsverbrechen beteiligt gewesen war.

Diese frühzeitig Entlassenen trafen noch kaum in geschlossenen Transporten ein, sondern einzeln und oft sogar zu Fuß. Auf sie wartete zu Hause

Nach Jahren in Krieg und Gefangenschaft wieder zu Hause bei den Kindern.

noch kein Empfangskomitee, sondern sie fanden ausgebombte Häuser vor. Die Familie war oft in alle Windrichtungen zerstreut. Viele Heimkehrer mussten sich während längerer Krankenhausaufenthalte von Kriegsverwundungen, der Hungerkrankheit Dystrophie oder anderen Leiden erholen.

Die geordnete Rückführung der Österreicher wurde ab 8. Jänner 1946 federführend vom Bundesministerium für Inneres betrieben. Dazu hatte man als Überbau ein fünfköpfiges Komitee unter Vorsitz von Bundeskanzler Leopold Figl gegründet, das sich neben den Fragen der Rückführung auch der Vermisstensuche und der Abwicklung bzw. Aufnahme des Postverkehrs annahm. Die Gründung einer „Zentralen Kriegsgefangenenkommission" unter Bundesminister Oskar Helmer am 5. Juli 1947 sollte ein weiterer Schritt in den Bemühungen der Österreicher um eine Beschleunigung der Rückführung der Kriegsgefangenen aus der Sowjetunion sein.

Vor diesen Organisationen hatte der österreichische Staat versucht, in persönlichen Kontakten – etwa bei Treffen von Handelsdelegationen oder anlässlich der „Wiener Messen" – und über das sowjetische Außenministerium in Moskau die Rückführung der Österreicher zu betreiben. Tatsächlich kamen bis Ende 1945 2600 Heimkehrer in geschlossenen Transporten und eine weit größere Zahl einzeln und ohne Entlassungspapiere nach Hause. In den Verhandlungen zur Rückführung der Kriegsgefangenen stützte man sich auf österreichischer Seite auf die Kontakte der österreichischen KP-Funktionäre, vor allem auf Franz Honner und Ernst Fischer. Laufende Interventionen bei der sowjetischen Kommandantur waren notwendig, um nach der ersten Entlassungswelle von 1945 auch im folgenden Jahr 15.000 Mann nach Hause zu bekommen.

Der Heimathafen für Russlandheimkehrer — Schließlich legte man als Ankunftsort für die großen Heimkehrertransporte ab 1947 Wiener Neustadt fest. Trotz Fürsprache des Innenministeriums bei den sowjetischen Besatzungsbehörden kamen bis zur Jahresmitte 1947 nur drei Transporte an – und dies, obwohl bei der Moskauer Außenministerkonferenz vom April 1947 ein wesentlicher Schritt zur Abwicklung der weiteren Vorgangsweise bezüglich der Repatriierung aller Österreicher festgelegt wurde.

1947 versuchte eine Frauendelegation mit Vorsprachen und Demonstrationen die Rückführung zu beschleunigen. Generaloberst Alexei Scheltow gab für die Sowjetunion eine Bemühungszusage. Ab dem September 1947 begannen organisierte Heimkehrertransporte, die bis zum Jahresende den Großteil der noch in den Lagern verbliebenen Österreicher heimbrachten. Bis 31. Dezember 1948 wären vereinbarungsgemäß alle Österreicher zu entlassen gewesen.

1953 und 1955 wurden fast ausschließlich die verurteilten Kriegsgefangenen und Zivilisten entlassen. 1956 waren die Repatriierungen abgeschlossen. Nach der Ankunft dieser Spätheimkehrer kam schließlich 1956 ein letzter Kriegsgefangenentransport aus der Sowjetunion an. Die Sowjetunion bezeichnete die mit diesem 78. Transport Heimgekehrten als die letzten österreichischen Kriegsgefangenen aus der Sowjetunion. Dass dies keinesfalls so war, kann erst heute in mühsamer wissenschaftlicher Detailarbeit belegt werden.

Wahlen 1949 — Auch der zweiten freien Wahl zum Nationalrat im Oktober 1949 sehen die Österreicher mit unsicheren Gefühlen entgegen. Man fürchtet, dass sich die politische Landschaft grundlegend ändern könnte. Dafür sind zwei Gründe maßgebend: In der SPÖ hat es harte Auseinandersetzungen zwischen dem rechten Parteiflügel unter Parteichef und Vizekanzler Adolf Schärf und dem Führer der linken Genossen, Erwin Scharf, gegeben. Dieser hatte den wichtigen Posten des SPÖ-Generalsekretärs inne. Scharf wurden seine engen Verbindungen mit den Kommunisten zum Verhängnis. Er wurde seines Postens enthoben und von der SPÖ ausgeschlossen. Darauf gründet er gemeinsam mit der KPÖ die Wahlgemeinschaft „Kommunisten und Linkssozialisten". Nun fürchten viele, dass ein wesentlicher Teil der bisherigen SPÖ-Wähler zum Linksblock abwandern würde.

Die Katholische Aktion lässt Plakate und Flugzettel drucken, die von der Katholischen Jugend verteilt bzw. aufgehängt werden mit der Aufforderung „Katholiken wählt katholisch!" Für diese Aktivitäten sind nicht primär parteipolitische Motive ausschlaggebend, sondern „die Angst vor einem Linksputsch und einer Machtübernahme durch die KPÖ, wobei sich die Situation in den ebenfalls von den Sowjets besetzten Nachbarländern als abschreckendes Beispiel aufdrängt." (Markus Lehner)

Der zweite Unsicherheitsfaktor der Wahlen von 1949 ist die Gründung einer neuen Partei, des VdU (Verband der Unabhängigen). Er konstituiert sich am 26. März in Salzburg. Obmann ist der Herausgeber einer Wochenzeitung, Herbert Kraus, der in der ÖVP für eine Integration der „Minderbelasteten" eingetreten ist. Eine führende Position nimmt auch der Journalist Viktor Reimann, ein ehemals politisch Verfolgter, ein. Dazu kommen mehrere ehemalige Nationalsozialisten.

Die Sowjets unterstützen im Alliierten Rat konsequent die Zulassung des VdU, weil sie sich dadurch bei den kommenden Wahlen eine Schwächung der Volkspartei erwarten. Am längsten zögern die Amerikaner, die am stärksten für die Entnazifizierung und Elitensäuberung eingetreten sind, letztlich stimmen auch sie zu, um nicht als undemokratisch zu gelten.

Die ÖVP versucht in einem Geheimgespräch mit ehemaligen Nationalsozialisten in Oberweis (Oberösterreich) potenzielle Wählerschichten zu „inhalieren", wie dies Julius Raab nannte. Raab beendet gemeinsam mit dem oberösterreichischen ÖVP-Mandatar Alfred Maleta „wegen der überzogenen Mandatsforderungen" der Ex-Nationalsozialisten die Gespräche allerdings bald. Als das Geheimtreffen in die Öffentlichkeit dringt, verurteilt es der sowjetische Hochkommissar „als Verschwörung gegen die Demokratie" und beschuldigt die ÖVP, ein Wiederaufleben des Nazismus zu ermutigen, und bringt im Alliierten Rat den Antrag ein, die Volkspartei zu verwarnen, er findet aber dafür keine Mehrheit. Auch die SPÖ mit Vizekanzler Schärf und Innenminister Helmer bemüht sich um das „braune Lager" und fördert den VdU im Wahlkampf durch einen Kredit der Papierfabrik Steyrermühl.

Der Ausgang der zweiten Nationalratswahl nach dem Krieg am 9. Oktober 1949 verändert Österreichs politische Landschaft, was von niemandem so erwartet worden ist. Die meisten ehemaligen Nationalsozialisten votieren für den neu gegründeten VdU, der 16 Mandate erhält. Die ÖVP verliert die absolute Mehrheit und erreicht 77 Parlamentssitze (-8 Mandate), die SPÖ 67 (-9 Mandate), KPÖ und Linkssozialisten erreichen 5 Mandate, Letztere können trotz massiver Unterstützung durch die Sowjets nur einen Parlamentssitz dazugewinnen. ÖVP-Klubobmann Julius Raab spricht sich im Klub für eine Dreier-Koalition mit dem VdU aus, aber der Plan wird bald fallengelassen, da sowohl der Bundespräsident als auch der Alliierte Rat ein Veto eingelegt hätten. Die Volkspartei mit Kanzler Figl bildet nun mit den Sozialisten eine Koalitionsregierung, die sich weiterhin für den Staatsvertrag und den Abzug der Besatzungstruppen einsetzt, wie das auch Kanzler Figl in seiner Regierungserklärung hervorhebt.

Kurswechsel der Sowjets um 180 Grad — Am meisten enttäuscht vom Wahlergebnis sind die Sowjets und ihre Genossen von der KPÖ. Sie glaubten, dass Erwin Scharf einen wesentlichen Anteil vom linken Flügel der SPÖ als „Mitgift" bei seinem Wechsel auf die Seite der KPÖ mitnehmen könnte – es wird aber nur ein Mandat. Die Schwächung der Großparteien ist ebenso ausgeblieben. Sie können nun in der großen Koalition ungehindert weiterregieren, und der VdU zeigt nun immer deutlicher seine prowestliche Ausrichtung.

Die Wählergruppe, deren Parteigründung von den Sowjets im Alliierten Rat massiv unterstützt worden war, wird nun von diesen und im Gefolge von der KPÖ als eine „neue faschistische Partei" bezeichnet, wie Ernst Fischer in der „Prawda" zitiert wird. Der stellvertretende sowjetische Hochkommissar, Generaloberst Scheltow, spricht „von einem Aufleben des Neonazismus in Österreich". Als am 1. Juli 1950 der steirische VdU auf Grund einer neonazistischen Kundgebung von Innenminister Helmer im Einvernehmen mit Bundeskanzler Figl und Vizekanzler Schärf per Erlass aufgelöst wird, fordern die Sowjets „die Ausdehnung dieses Verbotes auf ganz Österreich, aber die Westmächte lehnen dies ab." (Wolfgang Mueller)

Generalstreik oder Putschversuch? — Der Beginn der 1950er-Jahre bringt nochmals eine große Kraftprobe zwischen der Regierung Figl/Schärf und den Kommunisten. Seit 1945 wurden immer wieder Lohn- und Preisabkommen zwischen Arbeitgebern und Arbeitnehmern abgeschlossen. Es ist dies die Geburt der Sozialpartnerschaft, deren Väter Julius Raab und Johann Böhm sind. Der Schwarzhandel und die „gelenkte Inflation" (Franz Nemschak) sollten eingedämmt werden. Es gab enorme Preis-, aber auch Lohnerhöhungen. Natürlich mussten auch unpopuläre Maßnahmen gesetzt werden, um die Wirtschaft zu stabilisieren.

Dazu kommt, dass die Amerikaner für 1950 eine Kürzung der ERP-Hilfe um nahezu ein Drittel von bisher jährlich rund 270 Millionen Dollar ankündigen und verlangen, dass die Marshallplan-Mittel künftig mehr für Investitionen eingesetzt werden müssen. Beim Lohn- und Preisabkommen 1950 glaubt man zuerst, die erhöhten Lebensmittelpreise würden ausreichen, um u.a. die gestiegenen Brot- und Mehlpreise auszugleichen, aber dann ist die Weizenanlieferung nicht einmal halb so groß wie angenommen.

Der folgende Verteilungskampf gibt der KPÖ den äußeren Anlass zur Ausrufung eines Generalstreiks am 27. September. „Das Konzept der Kommunisten stand fest. Eine spontan organisierte Protestbewegung gegen die Lohn-Preispolitik sollte zur Eroberung der Gewerkschaften führen und von dieser Machtposition aus der Plan zur Errichtung einer österreichischen Volksdemokratie gefördert werden". (Oskar Helmer) Dieser Versuch – obwohl durch den Aufbau paramilitärischer Verbände in den USIA-Betrieben unterstützt – scheitert aber an der entschlossenen Haltung des Großteils der Bevölkerung. Schon während der Verhandlungen empören sich die Kommunisten über den „Preistreiberpakt", obwohl gerade sie wenig Grund dafür haben, denn „insbesondere unsere volksdemokratischen Kohlelieferanten haben sich veranlasst gesehen, ihre Preise kräftig zu erhöhen". (Karl Ausch)

Schon früh am Morgen des 27. September beginnen Streiktrupps der KPÖ und Rollkommandos aus den USIA-Betrieben den Verkehr lahmzulegen. Bahnhöfe werden blockiert, in Wiener Neustadt wird das Hauptpostamt besetzt. Die Streiktrupps sperren Arbeiter von den Fabriken aus, reißen Straßenpflaster heraus und gießen in Wien Straßenbahnweichen mit Zement aus. In Dürnkrut wird eine SPÖ-Versammlung gestürmt und mehrere

Oben: Wiener Neustadt ist die Endstation der Russland-Heimkehrer.

Mitte: Der Salzburger Richard Menapace, „Glockner-König“ und viel bejubelter Sieger der ersten Österreich-Radrundfahrt 1949, für die die Sowjets an der Ennsbrücke die Zonengrenze öffnen.

Unten: Wiederbelebung alten Brauchtums: die „Weinberggeiß“ beim Winzerfest in Poysdorf 1950.

Personen werden durch Schlageisen und Messerstiche von den KPÖ-Leuten schwer verletzt.

Eine Betriebsrätekonferenz der KPÖ-Fraktion „Gewerkschaftliche Einheit" beschließt die Absetzung der ÖGB-Führung. In Graz und Linz versucht man die Landesorganisationen, in Steyr und Donawitz die Bezirksleitungen des ÖGB zu besetzen. In Wien marschieren einige tausend Demonstranten vor dem Ballhausplatz auf, um der Regierung ihre Forderungen zu präsentieren, aber sie werden nicht vorgelassen. Rollkommandos aus dem Zistersdorfer Erdölgebiet versuchen, das Gewerkschaftshaus in der Hohenstaufengasse in Wien zu besetzen.

Der Generalstreik bricht zusammen — Aber dann ändert sich die Situation. In Wien treten die vom Sekretär der Bau- und Holzgewerkschaft, Franz Olah, organisierten Arbeiter auf den Plan und verjagen die KPÖ-Trupps. In Niederösterreich ruft auch der Bauernbund zum Widerstand auf. Bundeskanzler Figl und Innenminister Helmer zeigen eine entschlossene Haltung. Die Regierung betont in einer Erklärung, die in den Zeitungen und im Rundfunk verbreitet wird, dass es sich „nicht um einen wirtschaftlichen Streik handelt, sondern um einen Putschversuch. Bürger Österreichs, verteidigt die Freiheit eures Landes!"

Da ein Großteil der Arbeiterschaft nicht mitmacht, bricht die KPÖ schließlich den Generalstreik ab. Das Präsidium des ÖGB beschließt, mehrere KPÖ-Führer ihrer Funktionen im Gewerkschaftsbund zu entheben. Wirtschaftskammerpräsident Julius Raab und ÖGB-Präsident Johann Böhm betonen gemeinsam: „Bevor wir mehr konsumieren können, müssen wir mehr produzieren. Erst wenn wir den Ertrag unserer eigenen Arbeit heben können und unsere Produktion weiter steigt, dann wird auch der Tag kommen, an dem wir den Reallohn der arbeitenden Menschen dieses Landes entscheidend erhöhen können", schreibt „Die Industrie", das Blatt der Industriellenvereinigung.

Trotz aller Bemühungen der Regierung und der Sozialpartner bessert sich die Lebenssituation der Österreicher nur langsam. Noch 1951 ist vieles Mangelware. So verordnet die Regierung im Herbst zwei fleischlose Tage. Dienstags und freitags darf keine Fleischspeise auf den Speisekarten der Gastwirte aufscheinen. So manche Familie kann sich damals ohnehin nur am Sonntag ein Fleischgericht leisten.

ÖVP-Niederlagen und Figls Abschied vom Kanzleramt

Am 31. Dezember 1950, zwei Wochen nach seinem 80. Geburtstag, stirbt Bundespräsident Karl Renner. Er war bereits in der Kaiserzeit Reichstagsabgeordneter und wurde dem gemäßigten sozialdemokratischen Flügel zugerechnet. Von 1918 bis 1920 war er als Staatskanzler der erste Regierungschef der Republik und leitete als solcher 1919 die österreichische Delegation bei den Friedensverhandlungen in Saint-Germain. 1945 gehörte er zu den Gründervätern der Zweiten Republik, er war der erste Kanzler der Provisorischen Staatsregierung. Als Leopold Figl im Dezember 1945 das Amt des Bundeskanzlers übernahm, wurde Renner vom Parlament zum Bundespräsidenten gewählt.

Nach dem Tod Renners verständigen sich ÖVP und SPÖ darüber, dass auf Grund der Bundesverfassung von 1927 der neue Bundespräsident in Hinkunft vom Volk gewählt werden soll. Daraufhin beschließt der Nationalrat das dafür notwendige Gesetz. Für die Bundespräsidentenwahl im Mai 1951 nominiert der Parteivorstand der Volkspartei den Landeshauptmann von Oberösterreich, Heinrich Gleißner. Die Sozialisten einigen sich auf die Kandidatur des Wiener Bürgermeisters Theodor Körner. Der Berufsoffizier war Generalstabschef der Isonzoarmee im Ersten Weltkrieg und als solcher der Vorgesetzte von Hauptmann Julius Raab. In der Zwischenkriegszeit war er militärischer Berater des Schutzbundes. Nach 1945 erlangte er große Verdienste als Wiener Bürgermeister beim Wiederaufbau der Stadt.

Zum ersten Wahlgang der Bundespräsidentenwahl treten sechs Kandidaten an: neben Gleißner und Körner noch Burghard Breitner (VdU), Gottlieb Fiala (Linksblock) und zwei unabhängige Bewerber. Da keiner die absolute Mehrheit erreicht, gibt es zwischen Heinrich Gleißner und Theodor Körner eine Stichwahl, die Körner mit 52,1 Prozent der Stimmen für sich entscheiden kann.

Diese erste Niederlage der ÖVP bei einer großen Bundeswahl seit 1945 führt innerhalb der Volkspartei zu einer Führungsdiskussion. Figl sei gegenüber dem Koalitionspartner zu konziliant, heißt es vor allem aus den westlichen Bundesländern. Schließlich löst Julius Raab seinen Freund Figl im Juni 1952 als geschäftsführender Obmann, im Februar 1953 als Bundesparteiobmann ab.

Der auferstandene Dom: Symbol der Hoffnung — Am 25. und 26. April 1952 feiert ganz Österreich: Der im April 1945 ausgebrannte und nun wiederaufgebaute Wiener Stephansdom wird feierlich eröffnet. Die bei dem Brand zerschellte und in St. Florian neu gegossene Glocke für den Dom wird im Triumphzug auf der Bundesstraße 1 nach Wien gebracht und dort an der Stadtgrenze von Bundespräsident Theodor Körner, der gesamten Bundesregierung mit Bundeskanzler Leopold Figl, der an der Spitze des Kuratoriums für den Wiederaufbau des Stephansdoms stand, und Vizekanzler Adolf Schärf, dem Diplomatischen Corps und den Bischöfen mit Kardinal Theodor Innitzer feierlich empfangen.

Blenden wir zurück: Der Kampf der Roten Armee um Wien begann am 6. April 1945. Hitler hatte SS-General Dittrich nach der Einkesselung der Stadt die vorzeitige Räumung verboten. Vor der anrückenden Roten Armee wurde am Stephansdom die weiße Fahne gehisst. Als Hitler das in seinem Bunker in Berlin erfuhr, befahl er der Artillerie, den Dom mit Granaten in Schutt und Trümmer zu legen. Der Kommandeur der deutschen Flakbatterien habe, wie Hugo Portisch in seiner Dokumentation „Österreich II" schildert, den Befehl verweigert: „Kulturdenkmäler zu zerstören ist ein Verbrechen, alle Offiziere und Mannschaften stimmten mir zu." Hauptmann Gerhard Klinkicht habe damit eine standrechtliche Hinrichtung riskiert. Der Brand des Steffl entstand in der Nacht vom 11. auf den 12. April durch Funkenflug – die nebenstehenden Gebäude standen in Flammen. Der Brand ergriff den Dachstuhl, die Orgel und das Glockenhaus. Die mit 21 Tonnen zweitgrößte freischwingende Glocke der Welt, Pummerin genannt, stürzte in die Tiefe und zerschellte.

Der ausgebrannte Dom löst eine unglaubliche Solidaritätsaktion in ganz Österreich aus. Die Wiener Bevölkerung und vor allem die Katholische Jugend helfen beim Schuttaufräumen, sammeln in ganz Österreich Spenden zum Preis eines Dachziegels für den Wiederaufbau des Domes. 250.000 glasierte färbige Ziegel werden benötigt. Dazu leisten alle neun Bundesländer einen Beitrag, Niederösterreich spendet das neue Steinpflaster, die

Stadt Wien errichtet das Dach, die Steiermark das große Tor. Die Mittel für das Glasfenster bringt Tirol auf, Vorarlberg finanziert die Kirchenbänke, Kärnten die Kronleuchter, das Burgenland die Kommunionbank, Salzburg den Tabernakel und Oberösterreich das Gießen der tonnenschweren Pummerin in St. Florian.

Die zweitägige Fahrt auf dem Tieflader wird an den Orten entlang der Bundesstraße 1 durch feierliche Empfänge unterbrochen, die im Radio direkt übertragen werden. In Strengberg wird die Pummerin erstmals auf dem Boden Niederösterreichs begrüßt. Der geschmückte Tieflader mit der riesigen Glocke, begleitet von einer Polizeieskorte und vom Aufnahmewagen des Rundfunks, fährt von Amstetten über Melk bis St. Pölten, wo wieder eine große Feier stattfindet und die Glocke über Nacht bleibt. Am nächsten Tag fährt der Glockenzug bis an die Stadteinfahrt von Wien. In Schönbrunn übergibt Oberösterreichs Landeshauptmann Heinrich Gleißner die Glocke an Kardinal Theodor Innitzer, den Wiener Erzbischof.

Die Triumphfahrt der größten Glocke des Landes und die feierliche Eröffnung des wiedererstandenen Stephansdoms unter dem Klang der Pummerin, mit der ganz Österreich mitfeiert, sind ein deutliches Zeichen für den Optimismus und die Hoffnung der Aufbaugeneration, sie manifestiert das Staatsbewusstsein in dem in vier Besatzungszonen geteilten Österreich.

Die UNO als Fürsprecher — 1952 versucht die Regierung Figl zuerst durch bilaterale Gespräche dem Ziel des Staatsvertrags näher zu kommen. Kanzler Figl fliegt nach England, in die USA, nach Frankreich, um dort mit den Regierungen über die ins Stocken geratenen Staatsvertragsverhandlungen zu konferieren. Er möchte auch nach Moskau fahren, doch er wird nicht eingeladen. Mehrere Staatsmänner besuchen zudem auch Österreich. Außenminister Karl Gruber fliegt nach Brasilien und Mexiko.

Schließlich schickt die Regierung ein Memorandum an alle Mitgliedsländer der UNO, um sie auf die Situation in Österreich, besonders auf die große Belastung durch die Besatzung, aufmerksam zu machen, und ersucht um Unterstützung bei den Vereinten Nationen. Die Resonanz bleibt nicht aus, über Antrag Brasiliens wird eine Resolution einstimmig beschlossen – die Ostblockländer bleiben der Abstimmung fern –, in der Österreichs Forderung nach einem baldigen Staatsvertrag und dem Abzug der Besatzungsmächte befürwortet wird. Die Großmächte werden aufgefordert, möglichst umgehend die Souveränität Österreichs wiederherzustellen.

Julius Raab, Freund und Weggefährte auf Lebenszeit

„Was für Leopold Figl das Weinglas war, war für Julius Raab seine ‚Beamtenforelle' (die Knackwurst, die er als spartanisches Mittagsmahl einzunehmen pflegte) und seine Virginia (eine altösterreichische dünne Zigarre): Symbole, die das Wesen dieser beiden ersten Bundeskanzler der Zweiten Republik erklären sollten, bodenständige Gemütlichkeit im Falle des ‚Poldl', traditionsbewusste Disziplin im Falle des ‚Julius'", schreibt der Publizist Peter Pelinka in seinem Buch „Österreichs Kanzler".

Es gibt kaum zwei ÖVP-Politiker in der Zweiten Republik, deren Lebenswege und politische Laufbahnen sich so häufig gekreuzt haben wie jene von Figl und Raab. Auch wenn beide dieselben Ziele hatten, jahrelang denselben Weg gingen, so war der Stil unterschiedlich: „Figl war eher charmant, harmoniebedürftig und allerorten um Ausgleich bedacht, ein zeit seines Lebens – gemessen an den gesellschaftlichen Rahmenbedingungen – untadeliger Demokrat. Raab war eher spröde, machtbewusst und autoritär, ein Mann, der kaum Widersprüche und Widerstände aushielt und erst in der Zeit zwischen 1938 und 1945 zum Demokraten ohne Wenn und Aber geworden ist" (Pelinka).

Zwei Männer der ersten Stunde — Figl und Raab waren Männer der ersten Stunde in der Zweiten Republik, der politische Alltag kann jedoch persönliche Freundschaften auch auf harte Proben stellen. 1952 löste Raab seinen Freund Leopold Figl in der Funktion des ÖVP-Parteiobmannes ab. Anlass war die kurz davor durch die ÖVP verlorene Bundespräsidentenwahl. „Durch seinen autoritären Stil, durch die Auswahl hervorragender Mitarbeiter sowie durch die Ausarbeitung neuer politischer Konzepte, insbesondere in Wirtschaftsangelegenheiten, brachte Raab die Volkspartei geschlossen hinter sich", meint der Wiener Politikwissenschafter Peter Gerlich. Nach der stimmenmäßig verlorenen, aufgrund des Wahlrechts mandatsmäßig aber gewonnenen Nationalratswahl 1953 übernahm Raab von Figl auch das Amt des Bundeskanzlers.

In dieser Funktion erreichte Raab große Popularität: „Einerseits repräsentierte er auch für den kleinen Mann die bürgerlichen Tugenden wie Fleiß und Sparsamkeit, Privatinitiative, Selbständigkeit und Verläßlichkeit", so der niederösterreichische Landeshistoriker Hermann Riepl. Der Linzer

Leopold Figl und Julius Raab: eine Freundschaft auf Lebenszeit.

Wirtschaftshistoriker Roman Sandgruber ergänzend: „Julius Raab war kein Wissenschaftler, auch keiner, der Wirtschaftspolitik studiert hatte, aber er war ein begnadeter Wirtschaftspolitiker, eine Persönlichkeit, die Persönlichkeiten einzusetzen und anzuziehen wusste und die von diesen präsentierten Konzepte durchsetzen konnte. Ohne Raab hätte Reinhard Kamitz, wie er selbst bestätigte, seinen Kurs nie verwirklichen können. Raab war kein Vielredner, aber seine Fähigkeit für griffige Formulierungen ist berühmt."

An seinem Grab durfte nur Figl sprechen — „Sein Sinn und sein autoritärer Führungsstil führten dazu, dass Raab das Ende seiner politischen Laufbahn nicht leicht fiel. Es war ihm nicht vergönnt, einen würdevollen Ausstieg aus dem politischen Leben zu erreichen" (Peter Gerlich). Nach der Wahlniederlage seiner Partei bei der Bundespräsidentenwahl 1957 wurden innerhalb der ÖVP die Stimmen nach einer Ablöse Raabs immer lauter. 1961 trat er als Bundeskanzler ab. 1963 ließ er sich von seiner Partei überreden, gegen den amtierenden Bundespräsidenten Adolf Schärf anzutreten. Raab, von seiner Krankheit schon schwer gezeichnet, verlor diese Wahl. Die Niederlage, die man voraussagen hätte können, schmerzte ihn sehr: „Gestern ham ma a Schraufn kriegt", soll der einsilbige Kommentar Raabs gewesen sein.

Am 8. Jänner 1964 starb Julius Raab im 72. Lebensjahr. In seinem Testament hatte er sich gewünscht, dass an seinem Grab nur ein einziger Redner sprechen sollte: sein Freund und politischer Wegbegleiter Leopold Figl.

Während Figl gerade eine Reise in die Beneluxländer absolviert, um dort für Österreichs Anliegen zu werben, kommt es zu einer schweren Koalitionskrise, sodass der Kanzler sein Reiseprogramm abbrechen muss.

„Rumpelstilzchen" Dobretsberger — Am 29. und 30. November 1952 findet in Wien mit Unterstützung Moskaus der Gründungskongress der „Wahlgemeinschaft Österreichische Volksopposition" (VO) statt, zu deren Vorsitzenden Josef Dobretsberger gewählt wird. Er kommt aus dem bürgerlichen Lager, gehörte im Ständestaat der Regierung Schuschnigg als Sozialminister an und lebte in der NS-Zeit im Exil in der Türkei, von wo aus er auch mit im Ausland lebenden Kommunisten guten Kontakt hatte.

Er kandidierte bereits 1949 als Listenführer der Demokratischen Union, einer links-bürgerlichen Partei, die auch von vergrämten ÖVP-Leuten, ehemaligen Nationalsozialisten und unzufriedenen Parteilosen unterstützt wurde. Das Wahlergebnis mit rund 12.000 Stimmen war allerdings enttäuschend. Durch die Wahlgemeinschaft der Linkssozialisten, Kommunisten und mehrerer KPÖ-Organisationen mit der Demokratischen Union unter Führung Dobretsbergers, dem „bürgerlichen Hoffnungsträger der KPÖ" (Wolfgang Mueller), vermeinte man auch von sowjetischer Seite einen Wähleranteil von bis zu 25 Prozent zu erreichen.

Das von der Volksopposition beschlossene und auf Osthandel, Neutralität und Zurückdrängung der Großparteien ausgerichtete Programm wird in Moskau positiv bewertet. Es entspreche „dem Lebensinteresse der Arbeiterklasse, der Klein- und Mittelbauern, der werktätigen Intelligenz und den Frauen und der Jugend." (Wolfgang Mueller) Das interne Ziel ist dagegen: Eine nationale Einheitsfront unter Führung der KPÖ zu schaffen, als „Mantel für ein volksdemokratisches Mehrheitsparteiensystem". (Kurt Skalnik) Eine bereits vorbereitete Kampagne beginnt nach der Gründung sofort mit dem Wahlkampf: Die „Österreichische Volksstimme" der KPÖ, die „Russische Stunde" der RAVAG, eine Kabarettgruppe und mehrere „Agitationsautos", deren Hauptaufgabe es ist, gegen die Großparteien zu Felde zu ziehen, versorgen auch entlegene Ortschaften mit den Botschaften der VO.

Der Großteil der Österreicher weiß sehr bald, worum es sich handelt. Dafür nur ein treffendes Beispiel, das auch die Volksmeinung widerspiegelt: Die ehemals britische „Weltpresse", seit 1950 in sozialistischer Hand, bringt eine Karikatur Dobretsbergers, der mit dem Kommunisten Ernst Fischer und dem Linkssozialisten Erwin Scharf im Wald um ein Lagerfeuer tanzt und singt: „Ach wie gut, dass niemand weiß, dass ich Kommunismus heiß."

Die VO hat wenig Zeit für ihre Kampagne: Da sich die Regierung Figl/Schärf nicht über das Budget 1953 einigen kann, werden ein Budgetprovisorium sowie kurzfristige Neuwahlen beschlossen.

Julius Raab wird Bundeskanzler — Bei der Nationalratswahl am 22. Februar 1953 kann die ÖVP nur um ein Haar ihre Mandatsmehrheit retten, sie erhält 74 Mandate (-3), die SPÖ 73 (+6), die Wahlpartei der Unabhängigen (WdU) kommt auf 14 (-2) und die Volksopposition auf 4 Mandate, um ein Mandat weniger, als die KPÖ und die Linkssozialisten im Jahr 1947 verbuchen konnten. Das bedeutet das Ende der Volksopposition.

Das auch für die ÖVP unerfreuliche Ergebnis der Nationalratswahl führt zur Ablöse von Bundeskanzler Figl, der bereits ein Jahr vorher die Funktion des ÖVP-Bundesparteiobmanns an seinen Freund Julius Raab abgegeben hat. Der Ruf nach „Reformen" ist unter den ÖVP-Funktionären unüberhörbar. Der energische Präsident der Bundeswirtschaftskammer und Klubobmann im Parlament, Julius Raab, scheint dafür der richtige Mann zu sein. Der 50-jährige Leopold Figl, der sich über sieben Jahre lang unermüdlich für Österreich in einer der schwersten Zeiten des Landes eingesetzt hat, wird am 2. April von seinem um elf Jahre älteren Freund als Bundeskanzler abgelöst. Ohne große Verabschiedung verlässt Figl am Abend seines letzten Amtstages, nur von seinem langjährigen Sekretär Lukas Beroldingen begleitet, den Ballhausplatz. „Still und bescheiden geht er wieder in die Schenkenstraße, in das Heim des Bauernbundes zurück. Den wohldotierten Posten aber, den man ihm angeboten hat, lehnte er ab." (Susanne Seltenreich)

Nach außen hat sich an seiner Freundschaft mit Julius Raab, dem neuen Kanzler, nichts geändert, innerlich aber ist er tief gekränkt über die Art und Weise seines Abganges. Bereits am nächsten Tag besucht ihn Julius Raab in seiner Wohnung zu einer Aussprache. Was dabei geredet wird, ist nie bekannt geworden.

Figl als „Ombudsmann" — Im Bauernbundhaus wird Figl freundlich aufgenommen. Sein Nachfolger als Bauernbunddirektor, Eduard Hartmann, überlässt ihm sofort sein Zimmer. Leopold Figl ist nun wieder für „seine Bauern" da. Aber rasch wird er zu einer Art Ombudsmann für alle Österreicher, die sich an ihn wenden: für ehemalige KZ-Kameraden, die beruflich noch nicht recht Fuß fassen können, genauso wie für Menschen, die ihm ihre Sorgen unterbreiten. Figl hat nach wie vor gute Kontakte zu den Besatzungsbehörden, er nimmt auch seine außenpolitischen Beziehungen mit in die Schenkenstraße, wo man auf Dolmetscherdienste nicht eingerichtet ist. Daneben besucht Figl wieder gerne die Bauernversammlungen. Freunden, die ihn trösten wollen, weil er das Kanzleramt verlassen musste, entgegnet er: „Bundeskanzler sein ist keine Lebensstellung, sondern eine Mission, zu der man berufen und von der man wieder abberufen wird." Figl hilft wie schon als Kanzler finanziell den „kleinen Leuten", bis ihn der Sekretär aufmerksam macht, dass seine Kasse leer ist. Er spendet aus seinem nunmehr recht bescheidenen privaten Einkommen, denn eine Ministerpension gibt es damals noch nicht.

Oben links: Feierlicher Empfang im April 1952 für die „Pummerin“ auf ihrem Weg nach Wien.

Oben rechts: Theodor Körner, der erste vom Volk gewählte Bundespräsident, bei der Eröffnung der neuen Traisenbrücke in St. Pölten.

Mitte links: Demontage der Schranken an der britisch-sowjetischen Zonengrenze am Semmering, Juni 1953.

Mitte rechts: Bundeskanzler Julius Raab (re.) besucht das von der Hochwasserkatastrophe arg in Mitleidenschaft gezogene Pöchlarn, Sommer 1954.

Unten: Bundeskanzler Julius Raab nach der Rückkehr der österreichischen Delegation aus Moskau am sowjetischen Militärflughafen in Bad Vöslau am 15. April 1955.

„Russisches Tauwetter“ und der Weg zum Staatsvertrag

Leopold Figl ist knapp acht Monate im Bauernbund, als ihn sein Nachfolger Julius Raab ersucht, das Außenministerium zu übernehmen. Der langjährige Chef des Außenamts, Karl Gruber, legt seine Funktion zurück. Grund für diesen Rückzug sind die von Gruber verfassten Memoiren, deren Teilvorabdruck in der „Presse“ enormen politischen Staub aufgewirbelt hat. Der Stein des Anstoßes ist eine ausführliche Schilderung des Geheimgespräches, das Leopold Figl 1947 mit dem KPÖ-Abgeordneten Ernst Fischer über die Frage des Staatsvertrags geführt hat. Zudem wird die Rolle, die Julius Raab dabei spielte, detailliert aufgezeigt. Das ist ein zu starker Tobak für den Kanzler. Gruber nimmt am 14. November 1953 aus Parteiräson den Hut.

Am 26. November 1953 wird Leopold Figl von Bundespräsident Körner als Außenminister angelobt. Er beherrscht zwar keine Fremdsprache, aber er kann mit allen gut reden, er hat das Vertrauen der Westmächte genauso wie jenes der Sowjetunion. Die Berufung von Figl ist wohl auch eine Wiedergutmachung für die unsensible Absetzung des ersten Kanzlers der Zweiten Republik. Außerdem spürt Julius Raab offenbar, dass Figl der richtige Mann für das entscheidende Ringen um den Staatsvertrag ist. Am außenpolitischen Horizont hat sich seit dem Tode Stalins im März 1953 einiges geändert. Der neue Chef der KPdSU, Nikita Chruschtschow, lockert den Druck der Sowjetunion auf die Ostblockstaaten, nachdem es in der DDR zu einem Aufstand und in Polen zu großen Streiks gekommen ist. Auch in Österreich wird das „russische Tauwetter“ spürbar.

Wieder offene Grenzen — Acht Jahre nach dem Zweiten Weltkrieg ist Österreich noch immer in vier Besatzungszonen aufgeteilt. Aber erstmals sieht man etwas Licht am Ende des Tunnels. Nach dem Tode Stalins lockert die neue Führung die Daumenschrauben auch in Österreich: Die Zensur der Bücher und Zeitungen wird aufgehoben. Vorher waren die Zeitungen immer wieder mit „weißen Flecken" erschienen, weil die sowjetischen „Aufpasser" ihnen nicht genehme Artikel herausnehmen ließen. Die Briefzensur wird aufgehoben und die Rundfunksender werden freigegeben. Die Sowjetunion verzichtet noch vor Großbritannien auf den Ersatz der Besatzungskosten.

Ab 9. Juni 1953 gibt es wieder ungehinderten Reiseverkehr innerhalb von ganz Österreich. Die Schranken an den Zonengrenzen werden abmontiert. Die Züge der Westbahn werden nun nicht mehr an der Ennsbrücke – vor der Überfahrt in die amerikanische Zone – gestoppt und von Sowjetsoldaten jeder einzelne Identitätsausweis kontrolliert. Die Sonderbeauftragten der Alliierten für den Staatsvertrag vereinbaren nach langer Unterbrechung den nächsten Termin für die 260. Sitzung.

Zu dem „Tauwetter" mit den Sowjets trägt auch der neue Kurs der Bundesregierung bei. Unter Bundeskanzler Raab und Außenminister Figl wird nun wiederholt über die Frage der Bündnisfreiheit bzw. der Neutralität Österreichs diskutiert. Raab mahnt Politiker und Medien, „den russischen Bären nicht bei jeder Gelegenheit in den Schwanz zu zwicken". Das ist offenbar Musik in den Ohren der Sowjets.

In Niederösterreich, das unter der Sowjet-Besatzung am meisten zu leiden hat, wächst der Optimismus. Mehrere Betriebe und die Baustelle des Donaukraftwerks Ybbs-Persenbeug werden von den Sowjets wieder freigegeben. Landeshauptmann Johann Steinböck eröffnet das Kampkraftwerk Dobra-Krumau, die erste Staustufe des Kamp in Thurnberg-Wegscheid ist bereits ein Jahr vorher in Betrieb gegangen. Der Schiffsverkehr auf der Donau ist nun wieder völlig frei, und die offenen Grenzen innerhalb Österreichs geben dem Tourismus erstmals deutliche Impulse. Im Advent 1953 gehören die Lebensmittelkarten der Vergangenheit an, es gibt volle Auslagen in den Geschäften.

Ein Lichtstreifen am Horizont — Im Februar 1954 fährt Leopold Figl zur Außenministerkonferenz der Alliierten nach Berlin. Erstmals darf ein österreichischer Außenminister dabei sein. Figl erläutert dabei den Standpunkt der österreichischen Regierung. Der sowjetische Außenminister Molotow verlangt, dass Österreich auf Militärbündnisse verzichtet. Figl versichert, dass Österreich zudem bereits betont habe, auch keinen fremden

Mächten Militärbasen zuzugestehen. Dennoch scheint auch 1954 bei der Berliner Konferenz der Staatsvertrag keineswegs in greifbarer Nähe zu sein.

Die Erklärung Figls, dass „Österreich nicht die Absicht hat, sich irgendwelchen Militärbündnissen anzuschließen", wenn es den Staatsvertrag erhält, nahm zwar der sowjetische Außenminister Molotow als „Anregung" für einen Zusatzartikel auf. Doch bis zum Abschluss eines Friedensvertrags mit Deutschland sollte ausschließlich Wien von den Besatzungstruppen geräumt werden, nicht jedoch die Sowjetzone und damit vor allem auch nicht Niederösterreich.

In dieser Situation stellt Figl an die Außenminister der Alliierten die Frage: „Wer von Ihnen würde es an meiner Stelle auf sich nehmen, mit einem derartigen Vorschlag vor die Volksvertretung seines Landes zu treten?" Denn bei einer solchen Lösung muss man damals an die als Berliner Blockade bekannten Maßnahmen denken, die zur Teilung Deutschlands in Bundesrepublik und DDR geführt haben.

Damit werden die Verhandlungen erneut zu den Akten gelegt. Der Optimismus vieler Österreicher wird gedämpft. Allein die Fußballweltmeisterschaft in der Schweiz hebt das Selbstwertgefühl: In der Endrunde vom 16. Juni bis 4. Juli 1954 erreicht Österreich nach einem 3:1-Sieg gegen Uruguay den dritten Platz, die Bundesrepublik Deutschland wird Weltmeister.

Im Februar 1955 erscheint für den Staatsvertrag wieder ein Lichtstreifen am Horizont: Im Kreml wird der sowjetische Ministerpräsident Malenkow durch Nikolai Bulganin abgelöst. Beim großen Parteitag der KPdSU deutet Molotow an, dass man die Österreich-Frage möglicherweise unabhängig von der deutschen Frage lösen könnte.

Streitpunkte: „deutsches Eigentum" und Neutralität — Nach mehreren diplomatischen Kontakten lädt Außenminister Vjaceslav Molotow eine österreichische Regierungsdelegation zu Gesprächen nach Moskau ein. Bereits am 11. April 1955 fliegen Bundeskanzler Julius Raab, Vizekanzler Adolf Schärf, Außenminister Leopold Figl und Staatssekretär Bruno Kreisky nach Moskau. Trotz der Einladung aus Moskau gehört auch viel Mut dazu, in die „Höhle des Löwen" zu fahren, um die Gunst der historischen Stunde zu nutzen. Die eigentliche Entscheidung für den Abschluss des Staatsvertrages fällt jedenfalls nicht erst am 15. Mai in Wien, sondern schon einen Monat zuvor in Moskau, nachdem Julius Raab das entscheidende Wort „Neutralität" ausgesprochen und damit den Durchbruch erzielt hat.

Herbert Grubmayr, später selbst Botschafter in Moskau, war zu diesem Zeitpunkt österreichischer Botschaftssekretär in Moskau. Er erinnert sich an ein internes Gespräch der österreichischen Regierungsdelegation am Tag ihrer Ankunft in der österreichischen Botschaft. Dabei gab es verschiedene Auffassungen zwischen Raab und Schärf bei den Themen „deutsches Eigentum" und „Neutralität": „Schärf beharrte auf dem Standpunkt, dass alle Betriebe der so genannten ‚USIA' ausnahmslos in österreichisches Eigentum übernommen werden müssen, koste es, was es wolle. Den Versicherungen der sowjetischen Seite, sich bei einer weiteren Führung der Betriebe den österreichischen Gesetzen zu unterwerfen, sei auf Grund der gemachten Erfahrungen kein Vertrauen zu schenken. Schärf schien vor allem eine Fortsetzung der Probleme mit dem kommunistisch dominierten Werkschutz und den im USIA-Bereich tätigen sowjetischen Geheimdienstfunktionären zu fürchten. Auch die Gefahr einer weiteren Beeinflussung der Arbeiterschaft im kommunistischen Sinne dürfte ihn dazu bewogen haben, einen solchen Rückzug der sowjetischen Besatzungsmacht auf wirtschaftlichem Gebiet zu fordern.

Raab hingegen meinte, man müsse der sowjetischen Seite klar signalisieren, dass sie den Preis für die Ablöse des ‚deutschen Eigentums' nicht unbeschränkt in die Höhe treiben könne. Viele Fabriken und die Ölfelder seien von der sowjetischen Verwaltung herabgewirtschaftet worden und man solle deshalb die ‚Russen' einfach unter der österreichischen Gesetzgebung weiterarbeiten lassen, wenn ihre Forderungen zu hoch geschraubt würden." Grubmayr hatte damals den Eindruck, dass der Bundeskanzler hier eine Nachricht über die in der Botschaft vermuteten Mikrofone an die sowjetische Führung weitergeben wollte: „Lizitiert uns nicht zu sehr hinauf, sonst machen wir nicht mit!"

Tatsächlich einigt man sich dann in dieser Frage, wenn auch, wie Raab mehrmals betont, unter schweren finanziellen Opfern für Österreich. Auch in der Frage der Verwendung des Wortes „Neutralität" treten Differenzen zwischen den Koalitionspartnern auf: Schärf ist in Moskau anfänglich strikt gegen diesen Terminus; er befürchtet damals offenbar negative Auswirkungen auf die Wählerschaft der SPÖ, wenn man sich zu einer Neutralität bekannt hätte, die dann möglicherweise von den österreichischen Kommunisten in Neutralismus uminterpretiert worden wäre, wobei er wohl die „Wühlarbeit" im Auge hat, welche die KPÖ unter der Arbeiterschaft mittels Verwendung dieser Vokabel betreiben könnte. Dem Einfluss Bruno

Kreiskys, der die Kriegszeit im neutralen Schweden verbracht hat, ist es schließlich zu verdanken, dass Schärf der von Molotow geforderten Verwendung des Wortes „Neutralität" zustimmt.

Das Moskauer Memorandum — Nach mehrtägigen Verhandlungen mit den Sowjets einigt man sich auch auf die in der österreichischen Delegation intern umstrittenen Punkte. Neben dem Verzicht auf Militärbündnisse und der Verpflichtung, die immerwährende Neutralität gesetzlich zu verankern, sind die Sowjets zu einigen Zugeständnissen bereit. Dabei geht es um die Rückgabe der Erdölfelder, die Ablösesumme für die DDSG, um die Heimkehr österreichischer Kriegs- und Zivilgefangener, aber auch um den Abzug der sowjetischen Besatzung.

Raab, Schärf, Figl und Kreisky unterzeichneten das Aide-Mémoire der mit dem Moskauer Memorandum abgeschlossenen Verhandlungen. Wobei der Preis für die Rückgabe des „deutschen Eigentums" zwar hoch ist, aber Österreich erst dadurch wirtschaftlich wieder zum Herrn im eigenen Haus werden kann.

Enorm ist der Jubel, als Raab, Schärf, Figl und Kreisky mit der Delegation aus Moskau zurückkehren und am Militärflughafen in Bad Vöslau eintreffen. „Österreich wird frei, die Kriegsgefangenen und Inhaftierten werden die Heimat wieder sehen. Das hat die aufrechte Haltung des österreichischen Volkes erduldet, erarbeitet und errungen", verkündet der Kanzler nach der Landung.

Die Zustimmung der Westmächte — „Mit den Zusagen der Sowjetunion in der Tasche ging es nach der Rückkehr der österreichischen Delegation aus Moskau darum, auch die Zustimmung der Westmächte einzuholen. Schwierig erschien den Österreichern vor allem, den Westmächten plausibel zu erklären, dass man durch eine Neutralitätserklärung für den ‚Westen' als Bündnispartner ausscheide. Seitens des ‚Westens' wurden im Zusammenhang mit einer Neutralität klare Forderungen aufgestellt: Wenn neutral, dann müsse das Staatsgebiet und die Souveränität durch österreichische Truppen gewährleistet sein. Hinzu kam die Schwierigkeit, dass das Moskauer Memorandum eine Verwendungszusage war, zu der erst die Zustimmung der Westmächte eingeholt werden musste." (Peter Fritz)

Bereits vom 2. bis 12. Mai 1955 findet in Wien eine Botschafterkonferenz statt, bei der alle Details durchgesprochen werden. Leopold Figl leitet die österreichische Delegation, ihm zur Seite sein Staatssekretär Bruno Kreisky und eine Reihe erfahrener Diplomaten. In der anschließenden Konferenz der Außenminister am 14. Mai sind bereits alle Punkte des Staatsvertrags genehmigt, als sich Figl außer Protokoll zu Wort meldet. Bundeskanzler Raab und die anderen Regierungsmitglieder hören mit Unbehagen, wie der Außenminister noch eine Forderung erhebt, denn man befürchtet, nun könnte sich der Abschluss des Staatsvertrages erneut verzögern. Figl verlangt energisch die Streichung jenes Absatzes in der Präambel, in dem von der „Teilnahme Österreichs am Zweiten Weltkrieg und einer daraus ergebenden Verantwortlichkeit“ gesprochen wird. Einen Augenblick ist es still, doch dann stimmt als Erster jener zu, von dem man es am wenigsten erwartet hätte: der sowjetische Außenminister Molotow. Darauf erklären sich auch die anderen drei Außenminister mit der Streichung der „Kriegsschuldklausel“ bereit. Figls Mut und sein unverbesserlicher Optimismus haben wieder einmal gesiegt. Draußen am Schwarzenbergplatz jubelt die Menge, als die Außenminister den Ort ihrer letzten Verhandlung, das Haus der Industriellenvereinigung, verlassen. Figls Freude wird getrübt durch den Tod der geliebten Mutter, die am 7. Mai im Alter von 82 Jahren gestorben ist. „Poldl“, wie sie ihn immer nannte, muss nun die Trauer verbergen.

Figls grosser Tag: „Österreich ist frei!“ — Am 15. Mai 1955 filmen bei der Unterzeichnung des Staatsvertrags im Schloss Belvedere die vielen Reporter aus aller Welt einen strahlenden Außenminister, denn es ist ein weltpolitisches Ereignis. Scharen von Journalisten sind angereist. Ganz Österreich feiert. Zehntausende Landsleute sind in den Park des Schlosses gekommen. Im großen prunkvollen Marmorsaal, in dem der siegreiche Prinz Eugen einst zu glanzvollen Festen eingeladen hat, wird jenes Dokument unterzeichnet, auf das die Österreicher ein Jahrzehnt lang sehnsüchtig warten mussten. Hell erleuchtet von den Scheinwerfern und im Feuer der Blitzlichter und dem Surren der Kameras unterzeichnet als Erster Vjaceslav Molotow den Staatsvertrag, gefolgt von Harold MacMillan, John Foster Dulles und Antoine Pinay. Als Letzter signiert Leopold Figl, der diesen Tag, für den er unermüdlich gekämpft hat, als den schönsten seines Lebens bezeichnet. Figl sagt in seiner Rede: „Ein 17 Jahre lang dauernder, dornenvoller Weg der Unfreiheit ist beendet. Die Opfer, die Österreichs Volk in dem Glauben an seine Zukunft gebracht hat, haben nun ihre Früchte getragen. Wir haben zehn Jahre auf diesen Tag gewartet, an dem die Außenminister der vier Mächte nach Wien kommen sollten, um die letzte Hand an den Entwurf des Staatsvertrages zu legen und ihn durch ihre Unterschrift zu bekräftigen. Heute ist der Tag gekommen, an dem wir den Vertrag unterzeichneten, womit Österreich seine Freiheit und Unabhängigkeit bekommt. Ich danke Ihnen allen, meine Herren Außenminister, für die Bereitschaft und für den guten Willen, den Sie in dem nunmehr unterzeichneten Vertrag bekundet haben. Ich bin der festen Überzeugung, dass dieses Vertragsinstrument den Ausgangspunkt einer neuen und glücklichen Epoche der österreichischen Geschichte darstellen wird, die sie künftig unter dem Zeichen einer Politik der Neutralität und Unabhängigkeit gegenüber allen Staaten entwickeln wird. Österreichs Volk jubelt heute, Österreichs Volk dankt heute für die Freiheit, Österreichs Volk geht heute aber auch mit dem festen Vorsatz der Pflichterfüllung für die ganze Welt an die Arbeit. Wenn nun die Glocken von ganz Österreich, vom Bodensee bis zum Neusiedlersee, von der Thaya bis zu den Karawanken läuten, dann läuten sie ein die neue Zeit für Österreich, dann künden sie, dass Österreich frei ist. Österreich wird nunmehr als freier und international souveräner Staat seinen Platz in der großen Familie der Völker einnehmen und in aktiver Mitarbeit in den weltumfassenden Organisationen alles daransetzen, um seinen Beitrag für die internationale Verständigung und den Frieden zu leisten. [...] Mit dem Dank an den Allmächtigen haben wir den Vertrag unterzeichnet, und mit Freude künden wir heute: Österreich ist frei!“

Anschließend tritt Figl mit den hohen Gästen auf den Balkon des Schlosses Belvedere und zeigt der jubelnden Menge das kostbare Dokument, den österreichischen Staatsvertrag. Das historische Bild geht um die Welt, und es bleibt im Geschichtsbild der Österreicher verwurzelt, ebenso wie Figls freudige Botschaft: „Österreich ist frei!“

Bereits am 4. Juni 1955 trifft der erste große Heimkehrertransport aus der Sowjetunion in Wiener Neustadt ein. Nachdem bis zur gesetzten Frist vom 25. Oktober die letzten Besatzungssoldaten abgezogen sind, beschließt am 26. Oktober der Nationalrat das Gesetz über die immerwährende Neutralität (dieser Tag wird später zum Nationalfeiertag erklärt). Am 5. November wird die 1945 von einer Fliegerbombe schwer getroffene Wiener Staatsoper feierlich eröffnet, die Berichte darüber kann man auch schon im Fernsehen verfolgen, das seine ersten Sendungen im Sommer aufgenommen hat.

Als Glockengeläute die Freiheit verkündet

Nach der Einigung mit der Sowjetunion im April 1955 über den Staatsvertrag mussten bis zu seiner Unterzeichnung am 15. Mai verschiedene Einzelfragen mit den Alliierten noch geklärt und in vier Sprachen übersetzt werden. Wichtige Formulierungen wurden in der Botschafterkonferenz und dann am 14. Mai 1955 bei der Außenministerkonferenz endredigiert.

Unter anderem tauchte plötzlich das Problem auf, wo der Staatsvertrag hinterlegt werden sollte, was eine heftige Reaktion der Sowjets zur Folge hatte. Ihnen stand, so argumentierten sie, als turnusmäßige Vorsitzführende im Alliierten Rat zu, dieses Dokument in Moskau zu verwahren. Außerdem sei schließlich die Wiederherstellung Österreichs ein sowjetisches Kriegsziel gewesen, festgelegt in der Moskauer Deklaration 1943. Auch dieser Streit konnte beigelegt werden.

Kriegsschuldklausel gestrichen — Als am 14. Mai 1955 der Text des Staatsvertrages noch einer sozusagen letzten Lesung durch die Außenminister unterzogen wurde, stand Figl auf und sagte zum Entsetzen der eigenen Delegation, er könne diesen Vertrag nicht unterschreiben, das ließe sein Andenken an seine zu Tode gefolterten KZ-Kameraden nicht zu. In der Präambel des Vertrages sei von einer Teilschuld Österreichs am Ausbruch des Krieges die Rede. Österreich habe damals nicht mehr bestanden, und die österreichischen Patrioten mussten in jener Zeit die Leiden der KZ-Haft über sich ergehen lassen. Nach einem kurzen betretenen Schweigen meldete sich Molotow und sagte, aus seiner Sicht könne man auf diesen Teil der Präambel verzichten. Die anderen Außenminister folgten, und der betreffende Teil der Präambel wurde tatsächlich gestrichen.

Für mich begann der 15. Mai nach einer kurzen Nacht sehr früh. Mein Kollege Franz Karasek und ich fuhren mit dem Kanzler über den Ring und den Schwarzenbergplatz zum Oberen Belvedere. Die Autokolonne konnte sich durch ein dichtes Spalier von jubelnden Menschen nur mühsam einen Weg bahnen. Die Wagenauffahrt war genau organisiert. Der Bundeskanzler traf vor den alliierten Außenministern ein. Die Bundesregierung, die Landeshauptleute, Parlamentarier und verschiedene Vertreter der Institutionen der Republik waren anwesend.

Leopold Figl am Balkon des Belvedere mit dem unterzeichneten Staatsvertrag.

Österreich ist frei! — Im Festsaal waren die Spannung und die Emotionen deutlich spürbar, nicht nur für uns Österreicher. Auch ich verfolgte mit tiefer innerer Bewegung die Zeremonie der Vertragsunterzeichnung. Nach allem, was man in den letzten zwei Jahrzehnten verkraften musste, war es einfach großartig, diese Stunde miterleben zu dürfen.

Die alliierten Außenminister gaben kurze Erklärungen ab und setzten dann ihre Unterschrift und die Siegel unter das Dokument. Als Letzter unterschrieb Leopold Figl – wie immer mit grüner Tinte. Dann stand Figl auf und rief die berühmten Worte: „Österreich ist frei!" Vom allgemeinen Jubel wurden auch die alliierten Außenminister erfasst. Durch die geschlossenen Fenster waren die begeisterten Rufe von draußen und das Glockengeläute von ganz Wien zu hören.

Für Außenminister Figl war diese Stunde auch deshalb ein unglaubliches Erlebnis, weil er nach fast einem Jahrzehnt des ständigen sowjetischen „Njet" nun selbst sah, wie Molotow den Staatsvertrag unterschrieb – und das genau nach 15 Jahren, 8 Monaten und 22 Tagen, nachdem er aus dem Lautsprecher auf dem Appellplatz in Dachau die Stimme dieses Molotow gehört hatte, der gerade mit Joachim von Ribbentrop den Hitler-Stalin-Pakt unterschrieben hatte.

„Der Figl hält den Vertrag eisern fest" — Die feierliche Unterzeichnung des Staatsvertrages war nun abgeschlossen, und es wurde Wein kredenzt. Die Außenminister wurden auf den Balkon gebeten. Das war in dem Wirbel des sich gegenseitigen Beglückwünschens technisch gar nicht so einfach. Mein Kollege Franz Karasek und ich sahen am Tisch den „Staatsvertrag" liegen. Einem plötzlichen Einfall folgend, gaben wir dieses kostbare Dokument Figl in die Hand, damit er es – aufgeschlagen, mit Siegel und Unterschriften – vom Balkon aus den begeisterten Menschen im Garten des Belvedere zeigen konnte. Ein Protokollbeamter wollte das verhindern: „Seid ihr verrückt, was ist, wenn er ihn in diesem Gedränge fallen lässt!" Wir wussten, „der Figl" hält diesen Vertrag eisern fest, den lässt er unter gar keinen Umständen fallen. Außenminister Figl mit dem Staatsvertrag in den Händen auf dem Balkon des Belvedere – dieses Bild ging um die Welt – und zurück in die österreichischen Schulbücher.

Die Fahrt im Wagen des Bundeskanzlers über die Prinz-Eugen-Straße und den Schwarzenbergplatz zurück ins Bundeskanzleramt war ein Triumphzug. Nach einem Besuch in der Hofburg bei Bundespräsident Körner fand im Dom zu Sankt Stephan ein sehr bewegendes und feierliches Tedeum statt, an dem auch die westlichen Außenminister teilnahmen. Als dann zum Schluss „Großer Gott, wir loben Dich!" erklang, standen auch sonst eher rauen Zeitgenossen die Tränen in den Augen.

Dr. Ludwig Steiner war von 1953 bis 1958 Mitarbeiter von Bundeskanzler Julius Raab und damit bei allen wichtigen Gesprächen über den Staatsvertrag dabei, vor allem auch bei den Verhandlungen in Moskau im April 1955.

Erfolgreiche Außenpolitik und „Feuerprobe der Neutralität“

Internationale Anerkennung kann die Regierung Raab mit dem unermüdlichen Außenminister Figl im Dezember verbuchen: Das Aufnahmeansuchen bei der UNO wird einstimmig angenommen. Das Jahr 1956 beginnt mit einem weiteren Triumph für Österreich. Der 20-jährige Toni Sailer gewinnt bei den Olympischen Winterspielen in Cortina d'Ampezzo (Italien) die Goldmedaillen in der Abfahrt, im Slalom und im Riesenslalom. Einen internationalen Erfolg und Anerkennung kann auch die Regierung verbuchen: den Beitritt zum Europarat. Am 16. April kann Außenminister Figl die Beitrittsurkunde in Straßburg hinterlegen.

Am ÖVP-Sieg bei der Nationalratswahl am 13. Mai 1956 haben Raab und Figl mit ihrem „Staatsvertrags-Bonus“ wesentlichen Anteil. Die Volkspartei verfehlt mit 82 Mandaten (+8) nur um einen Sitz die absolute Mehrheit. Die Sozialisten erhalten 74 Mandate (+1), die KPÖ 3 (-1) und die neu gegründete Freiheitliche Partei Österreich (FPÖ) bringt es nur auf sechs Mandate (die Vorgängerpartei VdU erhielt 1953 noch 14 Nationalratssitze). Das schlechte Abschneiden der Freiheitlichen wird mit ihrer Ablehnung des Staatsvertrages und der Neutralität Österreichs begründet.

Außenminister Figl versucht nun Österreichs Außenpolitik im Rahmen des Staatsvertrages eigenständig zu interpretieren, vor allem was die österreichische Neutralität betrifft. „Im Beitritt zu den Vereinten Nationen und zum Europarat wurde dies in einer besonderen Weise deutlich. Stand der UNO-Beitritt schon seit längerem für die österreichischen Politiker außer Zweifel, so gehörte Figl – was den Beitritt zum Europarat anlangte – zu den Wortführern. Gerade innerhalb der ÖVP war er der europafreundlichen Gruppe um Eduard Ludwig, dem steirischen Abgeordneten Barthold Stürgkh und dem späteren Außenminister Lujo Tončić-Sorinj mehr zugetan, als das bei Julius Raab der Fall war, der einmal etwas verächtlich von den ‚Europabastlern' gesprochen hatte." (Helmut Wohnout)

Figl hat bereits beim ÖVP-Bundesparteitag 1952 ein „flammendes Bekenntnis" für ein integriertes Europa abgelegt. „Nur der Grundgedanke des Solidarismus werde im Stande sein, das Verhältnis zwischen den Staaten zu verbürgen und sie über alle Grenzen hinweg zu einer kulturellen und wirtschaftlichen Gemeinschaft zu verbinden." (Helmut Wohnout)

Bewährungsprobe Ungarn-Krise — Die große Bewährungsprobe für Österreichs junge Neutralität erfolgt bereits im Spätherbst 1956: Nach einem Volksaufstand in Budapest gegen das alte KP-Regime wird die „Contrarevolution" durch sowjetische Panzer niedergewalzt. Über 180.000 Flüchtlinge kommen nach Österreich, bis die vom Kreml eingesetzte neue ungarische Regierung den Eisernen Vorhang wieder dicht macht.

Zum Missfallen der Sowjets hilft Österreich, wo es nur kann. Das Rote Kreuz und die Caritas wagen sich sogar nach Budapest, um Verwundete mit Medikamenten und Decken zu versorgen. Während andere Botschaften sich abriegeln, öffnen Österreichs diplomatische Vertreter verzweifelten Ungarn die Türen. Als erstes Land richtet Österreichs Regierung einen Appell an die Sowjetunion mitzuwirken, dass das Blutvergießen in Ungarn beendet, dass Friede und Freiheit „im Sinne der Menschenrechte" gesichert werden. Die von Außenminister Leopold Figl im Einvernehmen mit der Regierung entwickelte Neutralitätspolitik wird auch bei der Ungarn-Krise im Herbst 1956 auf eine schwere Probe gestellt.

„Innerhalb der Koalition hatte es in beiden Parteien Widerstand, was diese eindeutige Haltung gegenüber der Sowjetunion betraf, gegeben. Doch setzten sich mit Raab, Figl und Graf auf der einen Seite sowie Schärf und Helmer auf der anderen Seite jeweils die Spitzen der Regierungsparteien durch. Diese Politik kommunizierte Leopold Figl als Außenminister auch gegenüber dem sowjetischen Botschafter, wobei er sich der unangenehmen Aufgabe zu unterziehen hatte, den Sowjets klarzumachen, dass das an der Grenze eingesetzte Bundesheer über einen klaren Schießbefehl verfügte, der seine Gültigkeit auch für den Fall des Übertritts von Sowjetverbänden hatte. Auch wenn die Sowjetunion in der Folge deutlich machte, dass sie die österreichische Neutralität nicht als Exportartikel in Richtung ihrer Einflusssphäre betrachtete, so hatte das österreichische Verhalten während der Ungarn-Krise zu einer nicht zu unterschätzenden Steigerung des österreichischen Selbstwertgefühls, aber auch der internationalen Akzeptanz dieses Modells der bewaffneten Neutralität geführt.“ (Helmut Wohnout)

Figl bei der UNO und in Afghanistan — Am 8. November fliegt Außenminister Figl zur Generalversammlung der Vereinten Nationen nach New York, um zum ersten Mal Österreich als vollberechtigtes Mitglied zu vertreten. Am 9. November legt er im Auftrag der Regierung eine Resolution vor, in der die UNO zu einer Hilfsaktion für Ungarn aufgefordert wird. Am 12. November hält er die Antrittsrede. Es ist auch in anderer Hinsicht ein Novum: Erstmals wird vor diesem Forum Deutsch gesprochen. Außenminister Figl skizziert die besondere Situation Österreichs nach dem Zweiten Weltkrieg, geht auf die großen Opfer ein, die das Land für Tausende von Flüchtlingen erbringen musste, und behandelt ausführlich die Neutralität.

Dem internationalen Ansehen, der Bedeutung und den wirtschaftlichen Interessen Österreichs dient in der Folge noch eine Reihe von Auslandsreisen, die Figl bis in den Fernen Osten führen. Bei seiner zwei Monate dauernden Asienreise im Jahr 1958 besucht der Außenminister in Afghanistan österreichische Bautrupps, die hier Kraftwerke und Spinnereien errichten, in Pakistan Firmen, die Textilfabriken bauen, wobei auch heimische Kräfte angelernt werden. Im Iran bespricht Figl mit der für das Neue sehr aufgeschlossenen Schwester des Schahs das Projekt einer Gewerbeschule, in der acht Professoren und vier Lehrer aus Österreich unterrichten sollen. In Indien führt Figl Gespräche mit Ministerpräsident Pandit Nehru, auch im Libanon wird eine Intensivierung der Beziehungen mit Österreich behandelt.

Eine der letzten Reisen des Außenministers ist jene mit Kanzler Raab und einer Regierungsdelegation im Sommer 1958 nach Moskau, wo es in den Verhandlungen mit Ministerpräsident Nikita Chruschtschow gelingt, u. a. eine Reduzierung der Ablöselieferungen an Erdöl um 3,5 Millionen Tonnen zu erreichen und die Rückkehr der letzten noch in der UdSSR gefangen gehaltenen Österreicher zu erwirken. Auch eine Ausweitung des Handels wird vereinbart.

Präsident im Hohen Haus — Im Jahr 1959 ändert sich die politische Landschaft in Österreich. Bei der vorgezogenen Nationalratswahl am 10. Mai verliert die KPÖ ihre drei Mandate – durch das Niederwalzen des Ungarn-Aufstands mit sowjetischen Panzern hat sie nun jeden Kredit

)ben links: Gratulation von Außenminister Leopold Figl im Namen Österreichs an Papst Pius XII. zu dessen 30. Geburtstag, anwesend: Figls Sekretär Lukas Berollingen (li.) und der Generalsekretär im Außenamt Josef Schöner (re. v. Pius XII.).

)ben rechts: Das „Maisfest" in Rust im Oktober 1961: Maisverkostung durch Nationalratspräsident Leopold Figl (re. neben dem Dolmetscher) und den sowjetischen Botschafter in Österreich, Viktor Awilow (li.).

Unten: Erfolgreicher Besuch in Moskau, bei dem eine Herabsetzung der Ablöselieferungen erreicht werden kann: der stellvertretende Ministerpräsident Anastasij Mikojan, Staatssekretär Bruno Kreisky, Außenminister Leopold Figl, Bundeskanzler Julius Raab, Vizekanzler Bruno Pittermann, Botschafter Norbert Bischoff, ein Dolmetscher sowie Ministerpräsident Nikita Chruschtschow (v. li. n. re.).

verloren. Dies kommt der SPÖ zugute, die es versteht, die Einführung der 45-Stunden-Woche weithin als ihren Erfolg zu feiern. Die Sozialisten sind die Gewinner der Wahl, erhalten 78 Mandate (+4). Die ÖVP muss dagegen drei Nationalratssitze abgeben, behält mit 79 knapp die relative Mehrheit, obwohl sie knapp 16.000 Stimmen weniger als die SPÖ erhält. Denn auch die FPÖ, nun acht Mandate, kann zulegen (+2). Die ÖVP muss nun das Außenministerium an Bruno Kreisky abgeben.

Leopold Figl wird Präsident des Nationalrats. Der in aller Welt angesehene Staatsmann pflegt auch als „Herr im Hohen Haus" seine internationalen Kontakte. Kein Staatsbesuch, bei dem nicht auch Figl dabei ist. So kommt im Mai 1960 der Schah von Persien nach Wien, der ihm über die Erfolge der mit Hilfe Österreichs errichteten Gewerbeschule erzählt. Auch Berlins Bürgermeister Willy Brandt ist bei seinem Wien-Besuch zu Gast bei Figl. Internationales Medieninteresse erregt der Staatsbesuch von Nikita Chruschtschow, der sich im Sommer 1960 mit einer Delegation eine Woche in Österreich aufhält. Bei den Verhandlungen über wirtschaftliche Belange gelingt es der Regierung, ein Jahr früher als geplant, die Ablöselieferungen an Erdöl an die UdSSR zu beenden.

Das Erdöl und die Kukuruzwette — Chruschtschow ist angetan von der Freundlichkeit der Bevölkerung, äußert gegenüber Figl den Wunsch, dessen heimatlichen Bauernhof in Rust im Tullnerfeld kennenzulernen. Dort kommt es während einer Besichtigung der Felder zur legendären Kukuruzwette. Chruschtschow behauptet, dass der sowjetische Mais zehnmal mehr Ertrag brächte als der österreichische. Figl und sein Bruder, der den Hof bewirtschaftet, widersprechen heftig. Schließlich wird gewettet, und als Preis ein kapitales Zuchtschwein vereinbart. Figls Bruder nimmt die Sache sehr ernst, fährt nach Ungarn, um die Wachstumsbedingungen des sowjetischen Saatguts kennenzulernen. Ein sowjetischer Agrarexperte der Botschaft in Wien kontrolliert immer wieder das „russische Feld" in Rust. Am 16. Oktober 1961 ist es so weit: Figl und der sowjetische Botschafter Viktor Awilow überprüfen mit Agrarspezialisten beider Staaten das Ergebnis der Ernte. Über 100 Reporter aus vielen Ländern sind zu dem Fest nach Rust gekommen. Figl meint überglücklich: „Der russische Mais ist dem österreichischen gleichwertig, aber er bringt keinen zehnfachen Ertrag!" Die Fotos des lächelnden Figl mit dem Mais gehen um die Welt. Es ist dies einer der letzten großen Auftritte Figls als Nationalratspräsident.

Jahre der Zeitenwende und Heimkehr nach Niederösterreich

Die 1960er-Jahre, in denen sich Leopold Figl wieder stärker seinem geliebten Heimatland Niederösterreich zuwenden wird, bringen einige epochale Ereignisse, die der Welt neue Perspektiven eröffnen und die auch in Österreich mit großem Interesse verfolgt und diskutiert werden: 1961 startet mit dem sowjetischen Fliegermajor Juri Gagarin der erste bemannte Weltraumflug. Bald darauf bereiten die Amerikaner ihren ersten Weltraumflug vor. Im neutralen Österreich treffen im Juni 1961 Ministerpräsident Chruschtschow und der US-Präsident John F. Kennedy zu einem Gipfelgespräch zusammen. Das weltweit beachtete Treffen in Wien ist das erste der Staatschefs der beiden Supermächte nach dem Zweiten Weltkrieg, um die Spannungen zwischen den großen Machtblöcken zu verringern.

In Rom eröffnet der Reformpapst Johannes XXIII. neue Perspektiven für die Weltkirche: In seiner Sozialenzyklika „Mater et Magistra" (1961) verurteilt er den hemmungslosen Luxus weniger Privilegierter, dem in verschiedenen Ländern großes Elend gegenüberstehe. Er unterstreicht die Bedeutung des Sozialstaates, die Eigenverantwortung der Menschen und hebt die Bedeutung der kleinen und mittleren Betriebe hervor. Mit dem II. Vatikanischen Konzil (1962–1965), an dem 2500 Bischöfe teilnehmen, soll die Kirche an die Anforderungen der Zeit angepasst werden. Dazu zählen die Verwendung der Volkssprache (statt Latein) bei der Messfeier, die Errichtung von Volksaltären (der Geistliche zelebriert mit dem Gesicht den Kirchenbesuchern zugewandt), die Aufwertung der Laien und ein neues Verhältnis zu den anderen christlichen Religionen („Förderung der christlichen Einheit").

Leopold Figl wieder im Landhaus — Am 14. Jänner 1962 stirbt der niederösterreichische Landeshauptmann und Waldviertler Bauer Johann

Leopold Figls Heimkehr nach Niederösterreich

Der gefeierte und anerkannte Staatsmann wurde am 31. Jänner 1962 nach dem Tod Johann Steinböcks am 14. Jänner 1962 einstimmig zum Landeshauptmann gewählt. Leopold Figl kehrte sozusagen in seine engere politische Heimat zurück, aber keineswegs ins Ausgedinge. Auf die einstimmige Wahl war Figl sehr stolz, denn Steinböck war immer nur mit den Stimmen der ÖVP gewählt worden. Figl sagte dazu: „Das beweist mir wieder einmal, dass man Politik für den Staat, für das Land, für die Stadt oder das Dorf, nicht aber für eine Partei machen darf."

In seiner Regierungserklärung am 15. Februar 1962 erläuterte Figl, worum es ihm ging. Niederösterreich habe schon bei der Konferenz von Jalta das „schwarze Los" gezogen, weil es der sowjetischen Besatzungszone zugeschlagen wurde. Niederösterreich sei das durch die lange sowjetische Besatzung am meisten geschädigte Bundesland. Dadurch und durch den kleineren Anteil an ERP-Mitteln (der Löwenanteil floss in den amerikanischen Sektor) entstand in Österreich ein deutliches Wohlstandsgefälle, „eine unbillige Relativität des Wohlstands", deren Beseitigung ein Gebot der Stunde sei. „Die Hypothek, die Niederösterreich 1945 und in den folgenden 10 Jahren für den Gesamtstaat auf sich genommen hat, muß auch vom Gesamtstaat zurückgegeben werden. Auf Grund dieser Benachteiligung ging die Bevölkerungszahl zurück." (Hermann Riepl) Daher forderte Figl, Niederösterreich müsse bei der Verteilung der ERP-Mittel wenigstens nun seinen gebührenden Anteil finden. Ferner müsse man danach trachten, Industrie und Gewerbe anzusiedeln. St. Pölten, Krems, Wiener Neustadt, Neunkirchen, Pöchlarn, Amstetten, Wiener Neudorf und Brunn seien dafür besonders geeignet. Figl übersah dabei nicht die gewaltigen Leistungen seit Kriegsende: 232 neue Schulen und mehr als 50.000 neue Wohnungen waren errichtet, in 632 Ortschaften Kanalanlagen, in 415 Gemeinden Wasserleitungen gebaut worden. Niederösterreich müsse jetzt eine seiner Größe entsprechende Position auch in Wirtschaftskraft und Wohlstand der Bevölkerung erlangen.

Figl genoss das Bad in der Menge — Die letzten niederösterreichischen Jahre Leopold Figls waren voller öffentlicher Auftritte, die Figl durchaus genoss. Viele Menschen, „volle rauchige Säle, Festwiesen, feierliche Gottesdienste, Taufen und Firmungen, Muttertagsfeiern, Brückeneröffnungen, Schulfeiern, Ehrungen von Jubilaren, Ordensverleihungen, erste Spatenstiche, Feuerwehrfeste, Kirchweihtage, politische Versammlungen – das war einem Figl nie lästig …" (Ernst Trost) Ihm wurden unablässig neue Ehrungen zuteil, vor allem erhielt er etwa 400 Ehrenbürgerurkunden, nicht nur aus Niederösterreich. In seinem Heimatbezirk Tulln verliehen ihm alle Gemeinden kollektiv die Ehrenbürgerschaft.

Der Letzte der grossen „Alten" — Leopold Figl leitete als Landeshauptmann aber auch Entwicklungen ein, die in ganz andere Richtungen gingen; so fand etwa zu seiner Zeit die erste Wahl in die Personalvertretung der Landesbeamten statt. Schon 1956 hatte die Landesregierung einen entsprechenden Beschluss gefasst, dass sie die auf freiwilliger Basis gewählte Personalvertretung dulden und unterstützen werde. Dieser Beschluss war die Basis eines Erlasses von Figl (20. Juli 1962), der die Personalvertretungswahlen regelte. Figl hatte die daraufhin abgehaltenen Wahlen gegen die Angriffe der Sozialisten zu verteidigen, die das Ergebnis herb kritisierten. Oder als Franz Olah in Ungnade fiel, machte er dem KZ-Kameraden das Angebot, er könne – zur Sicherung des Einkommens – jederzeit in Niederösterreich eine Tankstelle haben; ein Angebot, auf das Olah natürlich nicht einging.

Am 9. Mai 1965 starb Leopold Figl – nach heutigen Begriffen durchaus nicht alt, im 63. Lebensjahr, und dennoch schon fast der Letzte der großen „Alten" von 1945 (Karl Renner, Theodor Körner, Julius Raab, Adolf Schärf, Lois Weinberger, Oskar Helmer, Johann Böhm); aus dem engeren Staatsvertragsteam von 1955 lebte nur noch Bruno Kreisky. Ob seine schwere Krankheit durch die Misshandlungen in Dachau und die Leiden in Flossenbürg, die Haft in Mauthausen oder im Wiener Gefangenenhaus vorbereitet wurde, wird sich wohl nie mehr eruieren lassen. Mit Leopold Figl ging, wenn man so will, das Heldenzeitalter der Zweiten Republik zu Ende. Die Normalität begann.

Steinböck, der seit 1949 die Hauptverantwortung für den Wiederaufbau des Landes getragen hat. Eine Woche nach dem Begräbnis ersucht der Niederösterreichische Bauernbund, der als die stärkste politische Kraft in der ÖVP das „Nachfolgerecht" besitzt, Leopold Figl das verantwortungsvolle Amt zu übernehmen. Einstimmig wählt der Landtag am 31. Jänner 1962 den verdienten Staatsmann und leidenschaftlichen Niederösterreicher zum Nachfolger Steinböcks. Erstmals stimmen auch die SPÖ-Abgeordneten für einen „schwarzen" Landeshauptmann.

Der ehemalige Bundeskanzler, Staatsvertrags-Außenminister und Nationalratspräsident wendet sich in den letzten Jahren seines politischen Wirkens mit Genugtuung seinem geliebten Niederösterreich zu. Es ist Figls Heimkehr. In seiner Regierungserklärung verspricht er, ein Landeshauptmann für alle Niederösterreicher zu sein, er verweist auf das wirtschaftliche West-Ost-Gefälle im Land. Das Fehlen einer eigenen Hauptstadt bezeichnet er als „schwere Belastung" – wenngleich die Zeit noch nicht reif sei für weitreichende Konsequenzen. Figl fordert eine Berücksichtigung dieses Mankos im Finanzausgleich und bei der Zuteilung von Förderungsmitteln.

„Figl brachte einen neuen persönlichen Stil in die Landespolitik. Der fast legendäre Bekanntheitsgrad Figls im In- und Ausland führte dazu, dass Figl sozusagen die große Welt in das Landhaus und in das Land brachte, wann immer sich dazu die Gelegenheit ergab. Landespolitisch war die zweite Ära Figls als Landeshauptmann jene Zeit, in der sich die österreichischen Freiheitsjahre nach 1955 vor allem wirtschaftlich sehr positiv auf das Land, insbesondere auf die Industrie und den Fremdenverkehr, auswirkten." (Franz Oswald)

Ein Landeshauptmann „zum Anfassen" — Leopold Figl ist von Anfang an ein Landeshauptmann „zum Anfassen". Er ist gerne unterwegs und findet überall rasch Zugang zu den Herzen seiner Landsleute. Landauf und landab wird er nur „der Poldl" genannt, und wenn er kommt, dann kommen auch die Niederösterreicher. 1963 ist im Land unter der Enns ein „Drillingsjahr": Innerhalb weniger Wochen werden im Frühjahr viermal Drillinge zur Welt gebracht. Figl fungiert jedes Mal als Pate. Er fährt nicht nur zu den großen Ereignissen, sondern kommt auch zu kleinen Festen. Er ist bei der Enthüllung des Schrammel-Denkmals in Litschau ebenso dabei wie bei der Einweihung der ersten Staatsvertragskapelle Österreichs in Mönichkirchen.

Figl ist als Landeshauptmann von Niederösterreich immer wieder

Gastgeber bei großen Staatsbesuchen, wie im Mai 1962, als Königin Juliane und Prinz Bernhard von den Niederlanden seiner Einladung zu einem „Niederösterreich-Tag" gerne nachkommen. In einem Sonderzug fahren die Gäste nach Ybbs-Persenbeug, wo sie Leopold Figl nach der Besichtigung des Kraftwerks zu einer Donaufahrt einlädt. Prinzessin Irene trägt das dazu passende Wachauer Dirndl, Prinz Bernhard den gleichen Trachtenanzug wie Figl. Der Abschluss des Staatsbesuches wird in Anwesenheit von Bundespräsident Adolf Schärf und Bundeskanzler Alfons Gorbach, der bereits 1961 dem erkrankten Julius Raab nachgefolgt war, in Dürnstein gefeiert. Es ist eine hervorragende Werbung für die Wachau, zu der der populäre Landeshauptmann wesentlich beigetragen hat.

Während der kurzen Amtsperiode von Leopold Figl treffen Landtag und Landesregierung mehrere in die Zukunft reichende Entscheidungen: Neben NEWAG und NIOGAS wird die NÖSIWAG als dritte Landesgesellschaft geschaffen, zuständig für die Wasserversorgung in den Gemeinden. 1963 sind alle Siedlungen unter der Enns an das Stromnetz angeschlossen. Die letzte „Lichtfeier" wird im August 1963 in Anwesenheit von Figl in Harmannschlag im oberen Waldviertel begangen.

Im selben Jahr wird auch eine Kennziffer veröffentlicht, die auf den steigenden Wohlstand der Bevölkerung Rückschlüsse gibt: Die Zahl der PKW mit Niederösterreich-Kennzeichen stieg auf über 100.000 an. Zum Vergleich: Im Oktober 1945 waren in ganz Niederösterreich 410 PKW registriert. In der Regierungszeit Figls wird auch der Betriebsinvestitionsfonds errichtet, und es werden die Voraussetzungen für Personalvertretungswahlen der Landesbediensteten („Figl-Erlass") geschaffen. Zudem wird der Landwirtschaftliche Wohnbauförderungsfonds gegründet und die Südstadt in Maria Enzersdorf mit der Zentrale der NEWAG (heute: EVN) eröffnet.

Erstes Volksbegehren und die Landtagswahl — Knapp vor der Landtagswahl findet das erste Volksbegehren in der Geschichte der Republik statt. Das Aktionskomitee der unabhängigen Presse, in dem auch die Vorläuferzeitungen der Niederösterreichischen Nachrichten vertreten sind, fordert darin die Entpolitisierung des Rundfunks. Der Gesetzesentwurf erhält 832.353 Unterschriften und wird im Juli 1966 unter der ÖVP-Alleinregierung unter Bundeskanzler Josef Klaus beschlossen. Der ORF erhält volle Programmautonomie und ist nur dem Aufsichtsrat verantwortlich.

Leopold Figl kämpfte immer

Leopold Figl war von einer ungeheuren Begeisterung für seine Aufgabe getragen, und diese Aufgabe sah er sowohl im Wiederaufbau der staatlichen Organisationen als auch in der Sicherung der (Mindest-)Versorgung der Bevölkerung. Auch die Organisation von ausländischer Hilfe und die Ordnung der Verhältnisse zu den Besatzungsmächten waren ihm ein Herzensanliegen. Für all das kämpfte er – er arbeitete eigentlich nie, er kämpfte immer – mit einer außergewöhnlichen Dynamik und mit einem heute kaum mehr vorstellbaren persönlichen Einsatz praktisch rund um die Uhr (sieht man von etwa vier, fünf Stunden Schlaf ab), und das jahrelang.

Als seine wichtigste Aufgabe sah es Figl an, die Menschen von der Lebensfähigkeit Österreichs zu überzeugen und für Österreich zu begeistern. So gut wie keine Rede – und er hielt täglich mehrere – endete anders als mit einem Bekenntnis zu Österreich: „Glaubt an dieses Österreich!" in der Weihnachtsansprache 1945 oder sehr häufig mit den Worten: „Es lebe die Republik Österreich!".

Um Mitternacht in der berühmten Bauernstube ... — Eine kleine Anekdote, die ich persönlich, wenn auch schon Jahre nach Figls Kanzlerschaft, erlebt habe, will ich hier erzählen: Es war eines Abends im Frühjahr 1963. Figl war nach seiner Zeit als Bundeskanzler und Außenminister wieder Landeshauptmann von Niederösterreich, eine Funktion, die er mit allergrößter Begeisterung ausübte. Vormittags hatte ein ÖVP-Parteitag in Krems stattgefunden, anschließend ein Mittagessen, dann standen verschiedene Besuche am Programm, und die – inzwischen kleiner gewordene – Runde beschloss den langen Tag in der legendären Bauernstube Figls in der Peter-Jordan-Straße im XIX. Bezirk. Mein Vater – damals Finanzminister – und meine Mutter waren auch dabei. Mein Vater hatte mich gebeten, ihn und Mutter in unserem privaten Peugeot zu chauffieren; so konnte er auf den Chauffeur verzichten und war trotz des offiziellen Einsatzes zumindest zeitweise im Kreise seiner Familie. Ich habe auf diese Weise noch die berühmte Bauernstube Figls persönlich sehen können.

Sie lag getrennt von den Wohn- und Schlafräumen im Halbstock des Hauses; ihr war – wenn ich mich recht erinnere – eine kleine Küche angeschlossen. Das ermöglichte Figl, noch zu später Stunde – nicht selten erst gegen Mitternacht – Bekannte, Freunde und vor allem auch politische Kontrahenten (der Innen- und der Außenpolitik) mitzubringen, ohne dass er dadurch das Familienleben und insbesondere den Schlaf der Kinder störte. Wie wertvoll diese Einladungen und die dort geführten Gespräche für den Verlauf von Verhandlungen waren, muss nicht betont werden.

Aber zurück zu meiner Geschichte: Nach dem langen Tag lud Figl die noch verbliebene Runde zu einem Besuch in seiner Bauernstube ein. Es dürften rund zehn Personen gewesen sein – ich habe nicht mehr alle in Erinnerung, jedenfalls war Eduard Hartmann, der damalige Landwirtschaftsminister, dabei. Kaum hatten wir in der Bauernstube Platz genommen, war auch schon die Hausfrau da – Hilde Figl war es gewohnt, mitten in der Nacht Gastgeberin zu spielen –, und in kürzester Zeit war nicht nur eingeschenkt, sondern stand auch ein (rustikales) Essen auf dem Tisch. Nach etwa einer halben Stunde stand Figl auf und hielt eine Rede. Er sprach in einer Art, wie er es auch vor hundert Gästen hätte tun können; er sprach – ganz kurz – von der Bedeutung des heutigen Parteitags, von der Notwendigkeit der Einigkeit in der Volkspartei (ein Dauerthema!) und – viel länger – von den Erfolgen für Österreich, von der Wichtigkeit einer mutigen und einigen Bundesregierung und davon, dass die Österreicher den Wiederaufbau und die Erringung der Freiheit durch ihre eigene Kraftanstrengung und Begeisterung geschafft hätten. Er verwendete Elemente von Reden, die sicher schon dutzende, wenn nicht hunderte Male verwendet worden waren. Für mich als jungen Menschen war das Ganze teilweise ein hochinteressantes Zeitzeugnis, teilweise auch gespenstisch. Figl wurde vor der Handvoll Freunden immer lauter und beendete die Rede naturgemäß mit: „Es lebe die Republik Österreich!“

Generalintendant Gerd Bacher eliminiert 1967 den Proporz und errichtet die neun Landesstudios.

Nur einmal, im Herbst 1964, zieht Leopold Figl als Landeshauptmann in einen Landtagswahlkampf. Sein Herausforderer ist Landeshauptmann-Stellvertreter Otto Tschadek (SPÖ), der diese Funktion bereits seit vier Jahren innehat. Tschadek ist als einer der wenigen Spitzenfunktionäre der SPÖ bekennender Christ. Er war vor dem Krieg als Rechtsanwalt tätig, rückte in der NS-Zeit zur Marine ein und war als Marinerichter tätig. Nach Kriegsende wurde er von der englischen Besatzung in Kiel zum Oberbürgermeister ernannt. Nach seiner Rückkehr aus Deutschland gehörte er bald zu den führenden Politikern der SPÖ. Unter Bundeskanzler Julius Raab übte er einige Jahre das Amt des Justizministers aus.

Nach einem kurzen, sachlichen Wahlkampf warten die Niederösterreicher vor ihren Radioapparaten und den noch selten in den Wohnungen stehenden Fernsehgeräten mit Spannung auf den Ausgang der Landtagswahl, denn erstmals sind noch vor Wahlschluss Hochrechnungen des Meinungsforschers Gerhart Bruckmann angekündigt. Die Vorhersagen werden bei der offiziellen Bekanntgabe des Ergebnisses durch den damaligen Innenminister Hans Czettel im Wesentlichen bestätigt: Der Mandatsstand (31 ÖVP, 25 SPÖ) bleibt gleich. Doch kann Leopold Figl an Stimmen leicht dazugewinnen (+2200), die SPÖ gewinnt 600 Stimmen dazu und hält ihre Mandate, die FPÖ und die Kommunisten erreichen die Drei-Prozent-Marke nicht und damit auch keinen Sitz im Landtag.

Figls letzte Jahre — Während der letzten Periode seiner Amtszeit als Landeshauptmann gibt Figl noch den Anstoß für große Reformen der Landespolitik. Aber er spürt bereits, dass er von seinen Landsleuten für immer Abschied nehmen muss.

Mitte der 1960er-Jahre beginnt eine neue Phase der niederösterreichischen Nachkriegsgeschichte. Das Land hat aufgeholt und wechselt in einigen Bereichen auf die Überholspur. Innerhalb weniger Monate werden unter Leopold Figl zwei große Reformwerke in Gang gesetzt, die das Gesicht und die Struktur des Landes grundlegend wandeln werden: die Kommunalstruktur und die Pflichtschulreform.

Andreas Maurer, ab 1959 ÖVP-Landtagsabgeordneter, wird nach der Landtagswahl Agrarlandesrat in der Regierung Figl. „In dieser Zeit lernte ich Leopold Figl so richtig kennen", erinnert sich Maurer später, „und

Oben links: 1963, im Jahr der vier Drillingsgeburten in Niederösterreich, als Figl viermal Taufpate war: hier die Drillinge der Familie Eigner aus St. Pölten-Ratzersdorf – Figl mit dem kleinen Josef, Hilde Figl mit der kleinen Maria. Nicht im Bild: St. Pöltens Bezirkshauptmann Alfred Korn mit der kleinen Leopoldine.

Oben rechts: Leopold Figl im Gespräch mit Juri Gagarin bei dessen Besuch 1962 im Niederösterreichischen Landhaus.

Mitte links: Freundschaftliche Verbundenheit: Landeshauptmann Leopold Figl und der St. Pöltner Diözesanbischof Franz Žak.

Mitte rechts: Die thailändische Königin Sirikit bei ihrem Österreich-Besuch 1964 mit Leopold und Hilde Figl in Dürnstein.

Unten: Begrüßung Figls durch Kardinal Franz König und Bundeskanzler Josef Klaus bei seinem letzten öffentlichen Auftritt im Rahmen einer Republik-Feier der katholischen Verbände am Stephansplatz.

diese Erfahrung hat mich persönlich tief geprägt. Figl war und er blieb auch mein persönliches Vorbild. Ich habe noch niemanden kennengelernt, der wie er auf den einzelnen Menschen, egal welcher Bevölkerungs- oder Berufsschicht er angehörte, zugehen konnte. Ob Arbeiter am Bau oder an der Werkbank, ob Bauer am Feld, ob Akademiker oder Künstler oder welcher Berufsstand auch immer. Jeder, dem Figl auf die Schulter klopfte und der einige Worte mit ihm wechselte, hatte das Gefühl, das kommt von Herzen und ist nicht alleine Pflichterfüllung oder gar eine Show."

Ein „heisses Eisen" — Mit Fingerspitzengefühl gehen Leopold Figl und seine Regierung an die Gemeindestrukturreform. Es ist ein „heißes Eisen", denn es wird in angestammte Gemeindehoheiten eingegriffen, die Landbevölkerung und Bürgermeister nicht gerne preisgeben wollen. 1652 Gemeinden gibt es vor den Zusammenlegungen der 1960er-Jahre im Lande. 1354 davon haben weniger als 1000 Einwohner, 925 zwischen 100 und 500, und 84 sogar weniger als 100 Einwohner. Vor einigen Jahrzehnten mögen diese Klein- und Kleinstgemeinden eine ideale Gemeinschaft gewesen sein. Weitgehende Selbstversorgung war noch möglich, Forderungen wie nach Kanalisation oder Wasserleitung wurden keine gestellt. Mit dem Fortschreiten der Technik und der Zunahme der Gemeindeaufgaben sind die Gemeinden aber nicht mehr in der Lage, diese Aufgaben zu erfüllen. Gemeinden mit mehr als 1000 Einwohnern erhalten wesentlich mehr Mittel aus dem Finanzausgleich des Bundes. Im Juli 1964 beschließt der Landtag die finanzielle Begünstigung für freiwillige Zusammenlegungen. Mit 1. Jänner 1965 schließen sich die ersten neun Klein- und Kleinstgemeinden zu drei größeren kommunalen Verwaltungen zusammen. 40 Millionen Schilling stellt das Land Niederösterreich den insgesamt 315 Gemeinden zur Verfügung, die sich von 1965 bis 1967 vereinigen werden.

Nicht einmal acht Wochen nach dem Wirksamwerden der ersten Gemeindezusammenlegungen, im Februar 1965, erfolgt bei einer unter Landeshauptmann Figl einberufenen Enquete der Startschuss für die zweite große Reform. Denn Niederösterreich ist nach wie vor nicht nur das Land der „Zwerggemeinden", sondern auch der „Zwergschulen". 70 Prozent der Sechs- bis Zehnjährigen besuchen 1965 ein- und zweiklassige Volksschulen. 17.667 Zehn- bis 14-Jährige gehen statt in die Hauptschule in eine „Volksschuloberstufe", mehr als 88 Schulen haben weniger als 20 Schüler. Eine Bildungsreform auf Bundesebene erfordert eine andere Schulorganisation, in Niederösterreich wird der Grundsatz postuliert: Der bessere Bildungsweg hat Vorrang vor dem kürzeren Schulweg. Das Wirksamwerden seines großen Reformwerkes erlebt Landeshauptmann Leopold Figl ebenso wenig wie den zehnten Jahrestag der Staatsvertragsunterzeichnung, bei dem er im Mittelpunkt großer Ehrungen gestanden wäre.

Abschied von Leopold Figl — „Figls letzte Jahre in Niederösterreich lassen sich im Nachhinein als großes Abschiedsnehmen deuten. Je mehr seine durch die Nachwirkungen der KZ-Jahre und das enorme politische Engagement angegriffene Gesundheit und Kraft zu schwinden begannen, desto intensiver genoss er seine Beliebtheit und Popularität." (Therese Kraus) Eine Reihe niederösterreichischer Gemeinden macht den großen Sohn ihrer Heimat noch zum Ehrenbürger. Ein schwerer Schlag ist für Leopold Figl auch der Tod seines Freundes Julius Raab im Jänner 1964. Im Februar 1965 begleitet er seinen langjährigen Vizekanzler, den amtierenden Bundespräsidenten Adolf Schärf, auf dessen letztem Weg. Mit äußerster Kraftanstrengung nimmt er noch an den Gedenkfeiern im April 1965 teil, bei denen Figl in Erinnerung an die erfolgreichen Staatsvertragsverhandlungen in Moskau ein letztes Mal geehrt wird.

„Das Jubiläum fiel auf den 15. Mai, die Vorbereitungen dazu liefen auf Hochtouren. Niederösterreich hielt seine eigene Feier bereits Anfang Mai im Niederösterreichischen Landtagssitzungssaal ab. Figl, wer sonst, sollte die Festrede halten. Wir alle verfolgten mit Sorge diese, wie sich herausstellen sollte, letzte Rede des Leopold Figl. Es war eine der eindrucksvollsten Stunden, die ich je im Leben erleben durfte. Figl wuchs einmal mehr, diesmal schon vom Tod gezeichnet, über sich hinaus und hielt eine ergreifende und unvergessliche Rede." (Andreas Maurer)

Am Ostersonntag des Jahres 1965 hält der große Staatsmann seine letzte Rundfunkansprache, in der er einen Vergleich mit den Apriltagen des Jahres 1945 zieht. Bereits am 9. Mai 1965 schließt der 62-jährige Landeshauptmann, der an einem auf die Folgen der KZ-Haft zurückzuführenden schweren Nierenleiden erkrankt war, in seiner Wiener Wohnung für immer die Augen. An seiner Bahre trauert Österreich. Einen Tag vor der Feier des Staatsvertragsjubiläums, am 14. Mai, wird Leopold Figl, einer der größten österreichischen Staatsmänner des 20. Jahrhunderts, unter großer Anteilnahme in einem Ehrengrab auf dem Wiener Zentralfriedhof beigesetzt.

„Wir fanden den Weg aus der Not"

„Am heutigen Tag sind es genau zehn Jahre her, dass in Wien im Gebäude des Alliierten Rates – dem heutigen Haus der Industrie – die Konferenz der Botschafter der vier Großmächte begann, die den Staatsvertrag für die letzte Außenministerkonferenz, die am 14. Mai 1955, also am Tag vor der Unterzeichnung des Vertragswerkes, stattfand, vorbereiten sollten. Ich selbst hatte als österreichischer Außenminister Gelegenheit, während dieser Konferenz so wie bei der folgenden Außenministerkonferenz und schon oft vorher den Standpunkt Österreichs zu vertreten. Damals war ja schon klar, dass es diesmal mit dem Staatsvertrag endlich klappen wird; obwohl Menschen, die zehn Jahre enttäuscht wurden, selbst damals noch mit unliebsamen Überraschungen rechnen mussten. Allerdings hatte unser Flug nach Moskau soweit Einigung mit den Sowjets gebracht, dass solche Überraschungen kaum mehr zu befürchten waren. Die Westalliierten hatten das Verhandlungsergebnis von Moskau zustimmend zur Kenntnis genommen.

Für mich persönlich gab es vor zwanzig Jahren nur mehr ein offenes Problem, und das war der dritte Absatz der Präambel des Staatsvertragsentwurfes. Dort stand nämlich nicht mehr und nicht weniger drinnen, als dass Österreich am Ausbruch des Zweiten Weltkrieges eine Mitschuld trägt. Eine Beibehaltung dieses Absatzes in der Präambel des Staatsvertrages hätte für Österreich ein Odium für lange Zeit bedeutet. Ich habe daher noch am 14. Mai 1955, als die Außenminister der vier Großmächte dem Staatsvertragswerk bereits ihre Zustimmung gegeben hatten, noch einmal die Streichung dieser für Österreich untragbaren Klausel verlangt. Ich war mir bewusst, dass nicht alle österreichischen Politiker mit meinem Schritt einverstanden waren, da manche der Meinung waren, man sollte die zur Unterzeichnung des Vertragswerkes bereiten Staatsmänner nicht 24 Stunden vor dem Festakt im Schloss Belvedere verärgern. Interessanterweise war der russische Außenminister Molotow, der damals den Vorsitz in der Außenministerkonferenz führte, der Erste, der meiner Forderung zustimmte. Die Westalliierten folgten selbstverständlich. In der Rückschau lässt sich die Haltung Molotows wohl am besten damit erklären, dass der Passus über die Kriegsschuld schon im Oktober 1943 auf die Forderung Stalins hin in der Moskauer Deklaration aufgenommen wurde, um die rechtliche Handhabe für Reparationsforderungen an Österreich zu sichern. Nun waren aber im Vertragswerk die wirtschaftlichen Leistungen Österreichs an die Sowjetunion genau festgelegt. Auch die große, mächtige Sowjetunion konnte nun kaum noch Interesse daran haben, dass das kleine Österreich, das nichts anderes als seine Freiheit und seine Unabhängigkeit haben wollte, mit einer fragwürdigen Kriegsschuld für alle Zukunft belastet wird.

Am vergangenen Dienstag wurde in Wien der zwanzigste Geburtstag der Zweiten Republik festlich gefeiert. Den Höhepunkt brachte wohl die Parade unseres Bundesheeres, das unsere im Staatsvertrag beschworene Neutralität schützen soll. Neben der großen Erinnerungsfeier hat es aber auch eine ganze Reihe kleinerer Veranstaltungen gegeben, die mir nicht weniger wichtig erscheinen als die Sitzung der Bundesversammlung im Parlament und die große Parade über die Ringstraße. So wird beispielsweise im Prälatensaal des Niederösterreichischen Landhauses bis zum 16. Mai eine kleine, aber äußerst interessante Ausstellung über die Situation Niederösterreichs im April und Mai 1945 gezeigt. Aus Bildern und Dokumenten, die dort ausgestellt sind, kann auch der, der die Ereignisse schon vergessen haben sollte, rekonstruieren, wie es damals war. Das ganze Ausmaß des Elends und der Not wird in der Erinnerung wieder wachgerufen; aber nicht nur die Not, auch die Kräfte, die uns damals befähigten, mit dem Elend fertig zu werden, werden erkennbar.

Und damit komme ich eigentlich wieder zum Ausgangspunkt meiner heutigen Rundfunkansprache zurück. Weil wir Menschen trotz Hunger und Entbehrungen bereit waren, gemeinsam das Schicksal zu meistern, haben wir es geschafft. So war es ja auch vor zehn Tagen, als die Bewohner der vom Hochwasser heimgesuchten Gemeinden gemeinsam gegen die Fluten ankämpften. Weil die Österreicher vor zwanzig Jahren an die Lebensfähigkeit ihres jungen Staates glaubten, fanden wir, schneller als im April 1945 selbst die größten Optimisten zu hoffen wagten, den Weg aus der Not. Zu den Jubiläen, die wir in diesen Tagen feiern, können wir uns alle gemeinsam nichts Besseres vornehmen, als dass wir uns bemühen wollen, uns diesen Glauben zu erhalten oder, soweit er vielleicht schon verlorengegangen ist, ihn wieder zu gewinnen. Auf Wiederhören in vierzehn Tagen!“

Das ist der Wortlaut von Leopold Figls letzter Radioansprache. Sie wurde am 2. Mai 1965 gesendet. Sieben Tage später starb Leopold Figl.

„Der Staatsvertrag war sein Lebenswerk" Anneliese Figl erzählt über ihren Vater

Frau Dkfm. Figl, wir sitzen in Ihrer Wohnung in der Peter-Jordan-Straße in Wien. Hier in der Bauernstube hat Ihr Vater oft wichtige Gespräche geführt, hier ist viel über die österreichische Politik in den Jahren von 1945 bis 1965 diskutiert und auch entschieden worden. Wie haben Sie Ihren Vater in dieser Umgebung erlebt?

Anneliese Figl: Ich habe meinen Vater hier in der Bauernstube fast immer mit Gästen erlebt, die er am Abend noch zu Gesprächen mit nach Hause brachte. Es hat sich in dieser Zeit hier viel abgespielt, da man wegen der fehlenden Infrastruktur in den Nachkriegsjahren nicht die Möglichkeit hatte, sich in Restaurants oder Gasthäusern zu treffen. Daher war es wichtig, dass mein Vater jederzeit jeden nach Hause mitnehmen konnte, um hier in aller Ruhe zu diskutieren. Für meinen Bruder und für mich war aber klar: Politik ist eine Angelegenheit für Erwachsene.

Für Ihre Mutter war es aber sicher nicht einfach, wenn zu Mittag ein Anruf kam und sich Ihr Vater mit fünf Gästen für den Abend ankündigte.

Meine Mutter hatte das totale Management über Familie und Haushalt. Sie musste sich um alles kümmern und dafür sorgen, dass immer etwas zu essen und zu trinken im Haus ist, was in der Nachkriegszeit keine Selbstverständlichkeit war. Sie musste auch sehr viel für Freunde und internationale Gäste kochen. Sie hat das wunderbar geschafft, da sie ausgebildete Hauswirtschaftslehrerin war. Diese Kochfähigkeiten kamen ihr da sehr zugute.

Welche Erinnerungen haben Sie an diese Politikerabende in Ihrem Elternhaus?

Wir wussten, wenn der Vater da ist, mussten wir alles machen, was im Moment notwendig ist, zum Beispiel jemanden vom Haustor abzuholen oder Brot und Wein zu bringen und dann wieder zu gehen. Die Gespräche der Erwachsenen hatten uns Kinder nicht zu interessieren. Dennoch hatten wir ein gemeinsames Gefühl für die Aufgaben des Vaters und wollten ihn dabei mit unseren kleinen Kräften unterstützen. Julius Raab war immer sehr wohlwollend zu „der Kleinen"!

Hat Ihr Vater manchmal über seine Tätigkeit in der Politik erzählt, über kommende Aufgaben oder über Schwierigkeiten?
Nein, wir Kinder haben darüber nichts gewusst, uns hat er das nicht erklärt, es hat einfach die Zeit gefehlt. Wenn er mit meinem Bruder und mit mir gesprochen hat, da wollte er als Vater reden und nicht uns die politische Weltlage erklären.

Hatte er viel Zeit für Sie und Ihren Bruder?
Nein, nicht viel. Aber er hat es geschafft, uns die Leitlinien für unser Leben zu geben. Kurz, prägnant und einprägsam. Eine Diskussion darüber gab es nicht. Wir haben uns dann bemüht – im Rahmen unserer Möglichkeiten –, das halbwegs zu erfüllen.

Welche Leitlinien hat Ihr Vater Ihnen und Ihrem Bruder vorgegeben oder aufgetragen?
Brav sein und nichts anstellen! Seine Begründung: Wenn wir etwas anstellen, dann machen es die anderen Kinder auch, und sagen dann, die Figl-Kinder haben es auch gemacht – und das geht nicht. Heute ist das nicht einmal mehr erwähnenswert, was man damals hätte „anstellen" können – aber es war ein Benimmkodex, und wir mussten ein bisschen „Vorbild" sein.

Was haben Ihre Mitschülerinnen und Mitschüler von den Figl-Kindern erwartet?
Man war einfach neugierig. Wie ich in der Schule in die Klasse gekommen bin, wurde mir nachher von den anderen erzählt, dass man vorher darüber geredet habe, die Figl-Tochter kommt zu uns, wie wird die ausschauen, was wird die machen? Dann haben sie ganz neugierig auf mich geschaut. Nach zwei Tagen war das vorbei, dann war ich eine von ihnen. Ein paar Monate später, als die Tochter von Minister Kraus in die Klasse kam, da habe ich – genauso wie die anderen – auch gefragt, wie wird denn die aussehen? Auch ihr ist es in kürzester Zeit gelungen, diese Quasi-Sonderstellung abzubauen. Es ist immer die Neugierde auf Neues.

Hatten Sie als Tochter des Bundeskanzlers irgendwelche Vorteile? Gab es Nachteile?
Vorteile gab es keine. Nachteile? Dass es keine Vorteile geben darf, und

darauf hat der Vater geachtet! Privilegien gab es damals nicht, mit P schrieb man damals Pflicht, nicht Privilegien.

Wie lebte man als Tochter des Bundeskanzlers?
Vermutlich so wie jede andere Tochter. Als ich dann 18 oder 19 war und mit meinem Bruder bei Einladungen war, die dann vielleicht um Mitternacht zu Ende waren, dann sind wir nicht mit der „Staatskutsche" abgeholt worden, nein, trippel, trappel, wir sind dann zu Fuß durch das nächtliche Wien nach Hause gegangen.

Wann wird einem Kind bzw. wann wurde Ihnen bewusst, welchen Stellenwert der eigene Vater in der österreichischen Geschichte hat?
Dieses Bewusstsein wächst mit den Jahren, es wird immer stärker und präsenter. In den 1950er-Jahren wusste man zwar, dass das alles wahnsinnig wichtig war und dass es mein Vater tun musste – gleichzeitig war man auch mit der Bewältigung des Alltags befasst und daher teilweise abgelenkt.

Wie oft wurden Sie früher und werden Sie jetzt noch auf Ihren Vater angesprochen?
Das kommt immer wieder vor. Wenn man zum Beispiel vorgestellt wird, dann wird gefragt, Figl – sind Sie verwandt, waren Sie … das kommt immer noch vor.

Wie reagieren dann die Menschen, wenn sie der Tochter des Außenministers des Jahres 1955 gegenüberstehen?
Die Reaktionen? Wohlwollend, freundlich, erfreut. Ich bin dann für manche vielleicht ein Relikt aus alten Zeiten.

Nein, Sie sind für die Menschen eine Verbindung zu einer Zeit, die für uns heute unvorstellbar ist – der Kampf um die Freiheit, das Bemühen um Nahrungsmittel, die Sorge um die Zukunft. Vielleicht möchte man damit auch Bewunderung für Ihren Vater zeigen.
Ja, auf jeden Fall, Bewunderung für meinen Vater höre ich immer wieder. 50, 60 Jahre danach, das ist schon eine lange Zeit. Wenn dann jemand vor einem steht, der das miterlebt hat, ist das schon ein besonderes Gefühl für die Menschen. Und für mich bedeutet es Freude, dass sich doch noch viele Menschen an diese Begebenheiten erinnern.

In Figls Bauernstube wird auch hohe Politik gemacht. Von links: Landwirtschaftsminister Josef Kraus, Staatssekretär Ferdinand Graf, Melly Forst, ÖVP-Klubobmann Julius Raab, Schauspieler und Regisseur Willi Forst, Leopold Figl und Gattin Hilde sowie Unterrichtsminister Felix Hurdes.

Wird dann manchmal Ihr Vater mit Politikern von heute verglichen? Sagen manche, das waren damals andere Politiker?
Ja, das hört man sehr oft. Man ist damals in den Beruf des Politikers hineingewachsen. Das Ziel war vorgegeben – die Freiheit Österreichs. Und so hat man Menschen gesucht, die in der Lage waren, für diese Ziele zu arbeiten und zu kämpfen, und daraus wurde quasi der Beruf des Politikers.

Zeitzeugen erzählen oft, dass das Verhältnis der Nachkriegspolitiker untereinander auch ein ganz anderes war im Vergleich zu heute.
Die gemeinsame Kriegs- und KZ-Vergangenheit hat zweifellos eine Rolle gespielt. Man hat den einem gegenübersitzenden Menschen geschätzt, auch wenn er bei einer anderen Partei war. Man wollte gemeinsam Ziele erreichen, nämlich Österreich wieder lebensfähig zu machen, für die Bevölkerung Wohlstand zu bringen, vor allem aber ein freies Land zu werden. Und an diesen Zielen haben sie gemeinsam gearbeitet.

Wenn diese Ziele erreicht wurden, was hat man dann gemacht, nach Staatsvertrag und Freiheit?
Man hat sich außenpolitische Ziele gesetzt, um nicht isoliert in Europa zu sein, sondern zusammenzuarbeiten, was letztlich in der EU gegipfelt hat. Man wollte nicht des Nachbarn Feind, sondern des Nachbarn Freund sein, ob das Italien, die Schweiz oder Deutschland war, denn auf der anderen

Seite des Landes war man ohnehin abgegrenzt, am Eisernen Vorhang hat die Welt nach Osten hin aufgehört.

Haben Sie sich jemals überlegt, in die Politik zu gehen?
Nein.

Warum nicht?
Politik war damals nicht Frauensache. Jagd und Politik waren nur für die Männer. Wenn sich die Frauen da eingemischt hätten, das wäre nicht geschätzt worden. Heute ist eine andere Zeit.

Ihr Vater ist 1965 gestorben. Politiker, Künstler, Sportler geraten nach dem Tod oft in Vergessenheit, Ihr Vater nicht. Kann man das Phänomen Leopold Figl erklären?
Nein, wie soll man das erklären, ich weiß es nicht. Er war eine Persönlichkeit, mit so vielen Facetten, die eben eine besondere Persönlichkeit ausmachten.

Und zu einer besonderen Zeit?
Keine Frage, zu einer besonderen Zeit mit einem sehr großen Erfolg, denn der Staatsvertrag war sozusagen sein Lebenswerk, für das er gelitten und gekämpft hat. Der Staatsvertrag war und ist auch für Österreich etwas ungeheuer Wichtiges.

Seine politische Karriere nach 1945 hat 20 Jahre gedauert, das ist im Vergleich zu manchen heutigen politischen Karrieren eigentlich kurz. Er hat vermutlich zu jenen Nachkriegspolitikern gezählt, die keine Rücksicht auf sich genommen haben, die auf Grund ihrer Erlebnisse vielleicht sogar so handeln mussten. Ihr Vater hätte auch in die Wirtschaft oder zu einer Interessenvertretung gehen können und dort auch viel für andere Menschen machen können, aber vermutlich nicht das, was er als Politiker erreicht hat.
Es war eine kurze, aber sehr intensive Zeit, mit sehr hohen Zielen, die mit aller Kraftanstrengung und totaler Hintanstellung persönlicher Interessen erreicht wurden.

Links: Leopold Figl erhält zu seinem 60. Geburtstag Ehrungen und Glückwünsche aus aller Welt. Höhepunkt war die Feier, die ihm seine Heimatgemeinde Rust bereitete. Von links: Sohn Johannes, Hilde und Leopold Figl, Tochter Anneliese. Rechts: Hilde Figl mit ihren Kindern Anneliese und Johannes im Sommer 1947 in Matrei in Osttirol.

In manchen Anekdotenbüchern wird Ihr Vater als sehr leutselig geschildert. Andererseits: Ein Politiker, der nicht karikiert wird, der existiert in der öffentlichen Meinung nicht.

Er war leutselig, er mochte die Menschen wirklich, unabhängig von Alter, Beruf und Funktion. Das mit der Trinkfestigkeit hat sich einfach aus einer Notwendigkeit ergeben. Mein Vater wusste, dass es die Sowjets als Beleidigung empfinden, wenn man mit ihnen nicht Wodka trinkt. Wodka war nicht das Lieblingsgetränk meines Vaters, und ausgehungert, abgezehrt, die Strapazen des KZ noch im Körper, musste er zu den Sowjets ins Hotel Imperial und dort Wodka trinken. Aber auch da war sein Blick auf das Ziel gerichtet: Man darf die Sowjets nicht beleidigen, man muss eine Gesprächsbasis aufrechterhalten, denn bei einem Nein würde auch die andere Seite Nein sagen und nie wieder mit einem reden. Das wäre nicht gut für die Politik und für das Land, daher hat mein Vater Wodka mit ihnen getrunken, um eine menschliche und eine persönliche Basis zu haben, dass man mit ihm weiter spricht und verhandelt.

Ihr Vater hat damit vermutlich auch sehr gut vermitteln können, dass ihm der Mensch wichtig ist, der ihm gegenübersitzt, und er nicht nur den Verhandlungspartner in den Sowjets sieht. Denken wir auch an die berühmte Karikatur, in der Ihr Vater Julius Raab ins Ohr flüstert „Jetzt

noch d' Reblaus, dann san's waach" – als hätte Österreich den Staatsvertrag wegen der Trinkfestigkeit seiner Politiker erhalten.
Man wollte die Sowjets nicht nur als die feindlichen Besetzer gegenübersitzen haben, sondern signalisierte ihnen, ihr seid zwar die Besetzer, und wir sind die Besetzten, aber wir alle sind Menschen. Wir sind keine Figuren, sondern Menschen, die miteinander reden sollten.

Können Sie sich noch erinnern, als Ihr Vater aus dem KZ kam und wie das erste Zusammentreffen 1945 war?
Er ist eines Abends nach Hause gekommen, auf einmal war er da. Ich wusste nicht, dass er im KZ ist, dass er eingesperrt ist, das hat man aus Sicherheitsgründen in der Familie vor mir nicht besprochen. Wenn eine Vierjährige in der Straßenbahn ein falsches Wort plappert, konnte das ganz böse Folgen für die Familie und den Vater haben, daher ist das vor der kleinen Schwester Plapperkind alles total verschwiegen worden. Für meine Mutter, meine Großmutter und meinen Bruder war es sicher nicht einfach.

An Ihren Vater erinnern in der Öffentlichkeit unter anderem die Figl-Gasse, ein Figl-Denkmal und ein Figl-Hof in Wien, das Figl-Museum in Michelhausen, ein Figl-Observatorium und eine Figl-Aussichtswarte. Was wissen die Menschen heute noch von Leopold Figl?
Mit seinem Namen bringt man sicher in erster Linie den Staatsvertrag in Verbindung, die Balkonszene ist wohl das Spektakulärste und Herausragendste.

Der 15. Mai 1955 war sicher auch in der österreichischen Geschichte einer der wichtigsten Tage?
Ja, keine Frage, und zwar ein positiver Höhepunkt. Ab diesem Zeitpunkt gab es wieder ein freies Österreich – und an diesem Lebenswerk hat mein Vater mitgearbeitet.

Das Gespräch mit Dkfm. Anneliese Figl, der Tochter Leopold Figls, führte Reinhard Linke.

Die Figl-Stiftung und das Figl-Museum in Rust

Jährlich vergeben die „Leopold-Figl-Stiftung" und der „Unterstützungsverein für Studierende aus der Land- und Forstwirtschaft" Stipendien und leisten damit einen erheblichen finanziellen Beitrag für die Aus- und Weiterbildung des Nachwuchses im ländlichen Raum. In den Genuss der Stipendien kommen Schülerinnen und Schüler der Allgemein- und Berufsbildenden Höheren Schulen sowie Studentinnen und Studenten an der Universität für Bodenkultur Wien und an der Veterinärmedizinischen Universität Wien. Bis heute wurden 11.300 Stipendien an Studierende vergeben.

Die „Leopold-Figl-Stiftung" wurde 1962, anlässlich des 60. Geburtstages von Leopold Figl, gegründet. Das Stiftungsvermögen wurde der „Förderung der begabten und materiell bedürftigen Jugend aus allen Schichten der Bevölkerung Niederösterreichs" gewidmet. Der Figl-Stiftung steht ein Kuratorium von acht Personen vor, dessen Präsident der ehemalige Vizekanzler und Finanzminister und jetzige Vorstandssprecher des Leipnik-Lundenburger-Konzerns, Josef Pröll, ist. Als Geschäftsführer der Stiftung fungiert Niederösterreichs Landtagspräsident Hans Penz. Das Grundkapital für die Stiftung wurde von der Niederösterreichischen Elektrizitätswirtschaft AG, der Niederösterreichischen Gasvertriebsgesellschaft – beide Landesgesellschaften sind heute in der EVN zusammengeführt –, der Niederösterreichischen Genossenschaftszentralkasse, dem Verband ländlicher Genossenschaften und der Ersten niederösterreichischen Brandschaden-Versicherungsaktiengesellschaft (heute „Die Niederösterreichische Versicherung") aufgebracht.

Noch älter als die Figl-Stiftung ist der Unterstützungsverein der Akademikergruppe des Niederösterreichischen Bauernbunds, der 1934 gegründet und nach dem Zweiten Weltkrieg von Figl wiederbelebt wurde. Die Eintragung bei der Vereinsbehörde erfolgte am 6. Dezember 1946.

Bauernbundball als Haupteinnahmequelle — Eine besondere Einnahmequelle zugunsten der Studierenden ist der Bauernbundball. Zum ersten Ball nach dem Zweiten Weltkrieg lud die Akademikergruppe am 8. Jänner 1949. Dem Protokoll des Unterstützungsvereins vom 22. Juli 1949 ist zu entnehmen, dass dieser Ball einen Reinertrag von 56.795 Schilling erbracht hat. Dies ist neben dem Ziel, mit dem Ball in der Bundeshauptstadt Wien eine Brücke zwischen Stadt und ländlichem Raum zu schlagen, ein ganz

Kuratoriumspräsident Josef Pröll (li.), Geschäftsführer der Figl-Stiftung, Hans Penz (2. von re.), und Akademiker-Obfrau Klaudia Tanner (re.) freuen sich, Studenten mit Stipendien finanziell unter die Arme greifen zu können.

wichtiger Aspekt. Denn um den Studierenden finanziell helfen zu können, stellt die Akademikergruppe des Niederösterreichischen Bauernbunds seit damals jedes Jahr den Reinerlös aus den Einnahmen den Studierenden zur Verfügung.

„Erzählte Geschichte" in Wort und Bild — Das Leopold-Figl-Museum in Rust im Tullnerfeld befindet sich nur wenige Schritte von dem Bauernhof entfernt, in dem Figl geboren wurde und in den er als Kanzler wiederholt hohe Diplomaten und Offiziere der Besatzungsmächte einlud. Das 1984 gegründete Museum wurde 1992 erweitert und von dem Wirtschafts- und Sozialhistoriker Ernst Bruckmüller neu gestaltet. Es bietet den Besuchern eine aufschlussreiche und interessante Zeitreise in eine der schwierigsten Perioden unserer Geschichte. Durch die Einblendung von Tondokumenten und Original-Filmaufnahmen erhält man einen nachhaltigen Eindruck von der Lebenswelt früherer Generationen. Die mit historischem Bildmaterial ausgestatteten Schauräume schildern das Leben Leopold Figls – von der Kindheit, der Karriere, den Jahren im KZ Dachau über die Besatzungszeit, dem Staatsvertrag bis zu den Jahren als Niederösterreichs Landeshauptmann.

Kontakt: Gemeindeamt Michelhausen
Maria Kornhofer, Tel. 02275/5241 oder 02275/4272

Erinnerungen an den Menschen und Politiker Leopold Figl

Bei den anschließenden Erinnerungen handelt es sich um eine Auswahl von Leserzuschriften an die „Niederösterreichischen Nachrichten" im Rahmen einer Artikelserie von Hans Ströbitzer aus Anlass des 100. Geburtstags von Leopold Figl.

„Figlhauer" und „Figlmenscher" — 1946 fand in St. Leonhard am Hornerwald die Glockenweihe in Anwesenheit zahlreicher Prominenz statt. Bei dieser Gelegenheit sagte der Vater der Berichterstatterin – er war damals 15 Jahre alt – vor Bundeskanzler Figl und Landeshauptmann Reither ein vom Schuldirektor verfasstes Gedicht über die „Glockenweihe" auf. Als Anerkennung dafür, dass er nicht stecken blieb, belohnte ihn Figl mit einem Foto, auf dem eine persönliche Widmung stand: „Dem tüchtigen jungen Hauer zur Erinnerung an den St. Leonharditag 1946. Figl Bundeskanzler". Seither führte er im Ort sowie in dessen näherer Umgebung den Namen „Figlhauer" und seine fünf Mädchen „Figlmenscher". Die beiden Söhne hießen „Figlhauer I" und „Figlhauer II".
Helga Gerstl, geb. „Figlhauer", St. Leonhard am Hornerwald

„Kirchen bombardiert man nicht!" — Die Gemeindevertretung von Rust trat an Bundeskanzler Figl im Jahre 1946 heran, er möge finanzielle Mittel für den Neubau der durch die Bombardierungen schwer beschädigten Kirche zur Verfügung stellen. Bei seinen Zusammentreffen mit den Besatzungsmächten bat er diese immer wieder zu spenden. Die US-Militärbehörden wiesen ihn einmal darauf hin, dass sie bereits einige Male finanzielle Beihilfen gewährt hatten, worauf Figl geantwortet haben soll: „Das ist ganz einfach zu verstehen, weil ihr Amerikaner die Bomben geworfen und diesen Schaden angerichtet habt! Außerdem: Kirchen bombardiert man nicht!" Diese Erklärung wirkte offenbar und die US-Militärbehörden spendeten erneut.
Johannes Berger, Straß im Straßertal

Links: „Es war eine große Auszeichnung für uns, dass Bundeskanzler Figl zum Bezirkstag des Ländlichen Fortbildungswerkes kam", erinnert sich Barbara Brader, damals Bezirksleiterin dieser Jugendorganisation.

Rechts: Wenn Leopold Figl hohe Gäste in seinen Heimatort brachte, feierte ganz Rust mit, wie hier mit dem finnischen Präsidenten Urho Kekkonen.

MICHL UND POLDL — Bei der Viehmesse in Sieghartskirchen stellte Michael Berger seine Rinder regelmäßig zur Schau. 1947 erschien dort auch Figl und er begrüßte ihn mit den Worten: „Grüß dich Gott, Herr Bundeskanzler!" Daraufhin erhielt er die Antwort: „Du bist für mich der Berger Michl und ich für dich der Figl Poldl und so wird es immer bleiben!"
Johannes Berger, Straß im Straßertal

„GRÜSS EUCH GOTT, LIEBE LANDSLEUT'" — In den Morgenstunden des 28. Februar 1948 um 5 Uhr Früh erwartete Bundeskanzler Figl bei eisiger Kälte und Schneesturm in Wiener Neustadt einen Heimkehrerzug aus Russland. Nach der Ankunft begrüßte er die entlassenen Kriegsgefangenen mit den einfachen Worten: „Grüß Euch Gott, liebe Landsleut', endlich seid Ihr wieder in der Heimat angelangt!" Anschließend erhielten die Heimkehrer von Rotkreuzschwestern noch eine Wurstsemmel und einen Schluck Tee. Dieser Empfang hat einen großen Eindruck auf mich gemacht und ist mir als bleibende Erinnerung an Leopold Figl geblieben.
Anton Wiesmüller, Groß-Gerungs

„HOHER" POLITIKER BEIM „KLEINEN" MANN — An einem Vormittag des Jahres 1949 erschien Figl in der Sparkasse in Gföhl und fragte einen kleinen Angestellten, der dort seinen Dienst versah, nach seinem Chef. Als

er erfuhr, dass dieser erst am Abend von Wien zurückkehrt, lud er den 20-jährigen Angestellten zu einer Jause in das Gasthaus Baldt in Gföhl ein. Dort aßen sie gemeinsam und der „hohe" Politiker erzählte ihm bei dieser Gelegenheit offen über seine Erfahrungen mit den Alliierten sowie über die Art und Weise, wie er Lebensmittel vom Land an den Kontrollorganen vorbei nach Wien schmuggelt. Diese Offenheit, mit welcher der „hohe" Politiker mit dem „kleinen" Mann sprach, beeindruckte den kleinen Angestellten derart, dass er sich heute noch gerne daran erinnert.
Alfred Thenner, Gföhl

Feiertag in Rust — Wenn Leopold Figl in sein Heimatdorf und sein Elternhaus nach Rust kam, brachte er oft hohe Gäste mit, zu den prominentesten gehörten Nikita Chruschtschow und der finnische Staatspräsident Urho Kekkonen. Da hatten wir Ruster immer einen Feiertag, es wurde nichts gearbeitet und wir gingen nur schauen. Mit Figl kam immer ein großes Gefolge von Beamten und Polizisten in den Ort. Letztere nahmen meist bei seinem Elternhaus Aufstellung. Dabei war es großartig, wie freundlich er seine ehemaligen Schulkollegen immer begrüßte und die anderen Ortsbewohner, wo immer er mit ihnen zusammentraf.
Anna Roth, Tulln

„Begrüssungsdirndl" mit frischen Blumen — An einem Sonntag im Mai wurden die Bewohner von Haugsdorf davon überrascht, dass Außenminister Figl um die Mittagszeit Haugsdorf einen Besuch abstattete. In der Eile teilte mir mein Vater mit, ich solle als „Begrüßungsdirndl" den hohen Gast empfangen. Ein Gedicht konnte ich in der kurzen Zeit nicht mehr lernen. So kleidete ich mich also rasch um, pflückte frische Frühlingsblumen aus unserem Garten, die ich dann kurze Zeit später dem Außenminister überreichte. Dafür erhielt ich von ihm einige Zeit später ein Dankschreiben, in dem es u. a. hieß: „Ich danke dir nochmals auf diesem Weg für die Aufmerksamkeit. Anbei sende ich dir ein paar Süßigkeiten und ein eigenhändig unterschriebenes Bild von mir. Ich hoffe, dir damit eine kleine Freude bereiten zu können und verbleibe mit herzlichen Grüßen …"
Marianne Trunk, Haugsdorf

„Huckepack" durchs Wasser — Leopold Figl war bereits Außenminister und kam als „Staatsgast" in die Forstverwaltung Mühlleiten zur Hirschbrunft. Figl, ein begeisterter Jäger, war häufig Jagdgast in Osttirol und kam mit festen Bergschuhen in die Donauauen. Hier gibt's zwar keine Berge, dafür aber Wassergräben in Gummistiefelhöhe – also Figl „huckepack" auf meinen Rücken und schon war das Problem gelöst. Jahre später – ich war Gemeinderat, Figl Landeshauptmann. Eine Gemeindedelegation kommt zum Landeshauptmann – Bürgermeister, Vizebürgermeister und ich. Am Eingang die übliche Vorstellung. Als die Reihe an mich kommt, lacht Figl und sagt: „Den braucht's mir nicht vorstellen, den kenn' ich. Der hat mich schon durchs Wasser getragen."
Josef F. Wimmer, Oberförster i. R., Groß-Enzersdorf

Poldl und Poldi — Im Mai 1962 wurde von meinem Vater, Zuckerbäcker Karl Piaty, eine der bekanntesten bäuerlichen Volkskundesammlungen in Waidhofen/Ybbs eröffnet. Leopold Figl ließ es sich nicht nehmen, bei dieser Eröffnung dabei zu sein, wurden doch durch diese Sammlung unwiederbringliche Kulturgüter für die Zukunft gerettet. Ich war damals 14 Jahre alt, kann mich aber noch gut daran erinnern, wie Leopold Figl im Herrgottswinkel unserer Stube neben meiner Mutter Leopoldine (Kosename „Poldi" – was sehr viel Heiterkeit bei Figl auslöste) und dem damaligen Bürgermeister Franz Josef Kohut saß und wie stolz mein Vater war, dass Figl seine Eintragung ins Gästebuch mit derselben Füllfeder vornahm, mit der er den österreichischen Staatsvertrag unterzeichnet hatte.
Karl Piaty, Waidhofen/Ybbs

Lebenslauf Leopold Figl

1902 2. **Oktober** Geburt als Sohn von Josefa und Josef Figl in Rust im Tullnerfeld
1916 Eintritt in das Gymnasium in St. Pölten
1925 Beginn des Studiums an der Hochschule für Bodenkultur in Wien
1927 Aufnahme der Tätigkeit als Sekretär des Direktors des Niederösterreichischen Bauernbundes
1930 Abschluss des Studiums als Agraringenieur; Heirat mit Hilde Hemala
1931 Stellvertretender Direktor des Niederösterreichischen Bauernbundes
1932 28. **Juli** Geburt des Sohnes Johannes
1933 Direktor des Niederösterreichischen Bauernbundes; Beteiligung an der Organisation des Katholikentags
1934 Direktor des Landbauernrates, Mitglied des Bundeswirtschaftsrates, niederösterreichischer Führer der „Ostmärkischen Sturmscharen"
1936 10. **März** Geburt der Tochter Anneliese
1937 Direktor des „Reichsbauernbundes"
1938 12. **März** Verhaftung, Deportation in das KZ Dachau
1943 8. **Mai** Entlassung aus dem KZ Dachau; danach Bauingenieur im Zistersdorfer Erdölgebiet
1944 8. **Oktober** Verhaftung, Deportation in das KZ Mauthausen
1945 21. **Jänner** Überstellung zur Aburteilung in das Landesgericht Wien
14. **April** Ernennung zum Bauernbunddirektor; Mitbegründer der Österreichischen Volkspartei, stellvertretender Parteiobmann
27. **April** provisorischer Landeshauptmann von Niederösterreich
27. **April** Staatssekretär der provisorischen Staatsregierung
8. **September** Bundesparteiobmann der ÖVP
12. **Oktober** Übergabe der Amtsgeschäfte als Landeshauptmann
20. **Dezember** Bundeskanzler
1952 Ablöse als Parteiobmann der ÖVP
1953 2. **April** Ablöse als Bundeskanzler
26. **November** Ernennung zum Außenminister
1955 15. **Mai** Unterzeichnung des österreichischen Staatsvertrags
1959 9. **Juni** einstimmige Wahl zum Nationalratspräsident
1962 31. **Jänner** einstimmige Wahl zum niederösterreichischen Landeshauptmann
1965 9. **Mai** Tod in Wien im 62. Lebensjahr

Autoren

Ernst Bruckmüller — em. Universitätsprofessor für Wirtschafts- und Sozialgeschichte an der Universität Wien, Mitglied der Österreichischen Akademie der Wissenschaften, Direktor des Instituts Österreichisches Biographisches Lexikon und biographische Dokumentation (ÖAW). Forschungsschwerpunkte: Geschichte des Bürgertums, Sozialgeschichte Österreichs, Agrargeschichte sowie Nationalbewusstsein und Nationsbildung. Kurator zahlreicher Ausstellungen, u. a. der NÖ Landesausstellungen 1996 „Ostarrichi – Österreich" und 2011 „Erobern – entdecken – erleben".

Walter M. Iber — Mitarbeiter des Ludwig Boltzmann-Instituts für Kriegsfolgen-Forschung in Graz – Wien – Klagenfurt. Forschungsschwerpunkte: Politischer Katholizismus/Christlichsoziale Partei 1918–1933/34, Vatikanische Diplomatie im 20. Jahrhundert, Österreich 1945–1955 sowie Besatzungswirtschaft in Österreich: Sowjetische Mineralölverwaltung (SMV).

Stefan Karner — Vorstand des Instituts für Wirtschafts-, Sozial- und Unternehmensgeschichte der Universität Graz und Gründer und Leiter des Ludwig Boltzmann-Instituts für Kriegsfolgen-Forschung Graz – Wien – Klagenfurt. Österreichischer Wissenschafter des Jahres 1995. Forschungsschwerpunkte: Zeitgeschichte Österreichs, Ost- und Südosteuropas sowie Wirtschafts- und Unternehmensgeschichte. Kurator zahlreicher großer Ausstellungen, u. a. Schallaburg 2005 „Österreich ist frei!", Wien 2008 „90 Jahre Republik Österreich" und NÖ Landesausstellung 2009 „Österreich. Tschechien".

Karl Korinek — Universitätsprofessor für Öffentliches Recht von 1973 bis 2003 (Universität Graz, Wirtschaftsuniversität Wien, Universität Wien), Mitglied der Österreichischen Akademie der Wissenschaften, Mitglied des Verfassungsgerichtshofes von 1978 bis 2008 (Präsident 2003–2008). Korinek ist Verfasser von mehr als 250 wissenschaftlichen Publikationen.

Armin Laussegger — Historiker mit den Schwerpunkten Europäische Integrationsgeschichte, österreichisch-tschechische Beziehungen im 20. Jahrhundert und Geschichte des „Eisernen Vorhangs". Wissenschaftlicher Koordinator der NÖ Landesausstellung 2009, Kurator der Ausstellungen „250 Jahre Rechnungshof" und „Schauplatz Eiserner Vorhang". Seit 2012 Mitarbeiter der Kulturabteilung des Landes Niederösterreich.

Peter Ruggenthaler — Mitarbeiter des Ludwig Boltzmann-Instituts für Kriegsfolgen-Forschung in Graz – Wien – Klagenfurt. Forschungsschwerpunkte: Zwangsarbeit im „Dritten Reich", sowjetische Außenpolitik (insbesondere Deutschland- und Österreichpolitik) sowie Kalter Krieg. Veröffentlichung (gemeinsam mit Walter M. Iber, 2011): Stalins Wirtschaftspolitik an der sowjetischen Peripherie. Ein Überblick auf der Basis sowjetischer und osteuropäischer Quellen.

Roman Sandgruber — Vorstand des Instituts für Sozial- und Wirtschaftsgeschichte an der Universität Linz, Mitglied der Österreichischen Akademie der Wissenschaften und der Österreichischen Historikerkommission (1998–2003). Mehr als 200 wissenschaftliche Publikationen, unter anderem mehrbändige Werke über die österreichische Wirtschafts-, Agrar- sowie Industriegeschichte. Kurator zahlreicher großer Ausstellungen, u. a. der NÖ Landesausstellungen 1989 „Magie der Industrie" und 2009 „Feuer und Erde".

Ludwig Steiner — Geboren 1922, von 1953 bis 1958 Mitarbeiter von Bundeskanzler Julius Raab, danach u. a. Leiter der Österreichischen Gesandtschaft in Sofia, Staatssekretär im Außenministerium (1961–1964), österreichischer Botschafter in Griechenland und Zypern, Generalsekretär-Stellvertreter des Außenministeriums und Abgeordneter der ÖVP im Nationalrat (1979–1990).

Barbara Stelzl-Marx — Stellvertretende Leiterin des Ludwig Boltzmann-Instituts für Kriegsfolgen-Forschung Graz – Wien – Klagenfurt. Mitglied der Österreichisch-Russischen Historikerkommission, 2010 Habilitation im Fach Zeitgeschichte. Forschungsschwerpunkte u. a. sowjetische Besatzung in Österreich 1945–1955, „Besatzungskinder", Kalter Krieg, Sozial- und Kulturgeschichte des Stalinismus, Kriegsgefangenschaft sowie Zwangsarbeit im „Dritten Reich" und in der Sowjetunion.

Literaturverzeichnis

Karl Ausch, Erlebte Wirtschaftsgeschichte. Österreichs Wirtschaft seit 1945. Wien 1963.

Karl Bachinger/Herbert Matis, Der österreichische Schilling. Graz – Wien – Köln 1974.

Peter Berger, Kurze Geschichte Österreichs im 20. Jahrhundert. Wien 2007.

Ernst Bezemek/Willibald Rosner, Niederösterreich 1945 – Südmähren 1945. Vorträge des 14. Symposions des Niederösterreichischen Instituts für Landeskunde. Wien 1994.

Friedrich Brettner, Die letzten Kämpfe des II. Weltkrieges, Steinfeld – Wienerwald – Tullnerfeld – Traisental. Gloggnitz 2002.

Ernst Bruckmüller, Nation Österreich. Kulturelles Bewusstsein und gesellschaftlich-politische Prozesse. Wien – Köln – Graz 1996.

Ernst Bruckmüller/Ernst Hanisch/Roman Sandgruber/Norbert Weigl, Geschichte der österreichischen Land- und Forstwirtschaft im 20. Jahrhundert. Politik – Gesellschaft – Wirtschaft. Wien 2002.

Ernst Bruckmüller (Hg.), Wiederaufbau in Österreich 1945–1955. Rekonstruktion oder Neubeginn? Wien – München 2006.

Herbert Dachs/Peter Gerlich/Wolfgang C. Müller (Hg.), Die Politiker. Karrieren und Wirken bedeutender Repräsentanten der Zweiten Republik. Wien 1995.

Christine Demuth/Therese Kraus, Bauern im Aufbruch. Gegenwart und Geschichte des Niederösterreichischen Bauernbundes. St. Pölten – Wien 1996.

Michael Dippelreiter (Hg.), Niederösterreich. Land im Herzen – Land an der Grenze. Wien – Köln – Weimar 2000.

Johannes Dorrek/Johannes Schönner/Josef Singer/Helmut Wohnout (Hg.), 100 Jahre Leopold Figl. „Glaubt an dieses Österreich!“ Wien 2003.

Peter Dusek/Anton Pelinka/Erika Weinzierl, Zeitgeschichte im Aufriß, Österreich seit 1918, 50 Jahre Zweite Republik. Wien 1995.

Walter Edelbauer, Wiener Neustadt – der Wiederaufbau. Bürgermeister Rudolf Wehrl 1945–1965. Wiener Neustadt 1991.

Hans Egger/Franz Jordan, Brände an der Donau. Das Finale des Zweiten Weltkriegs in Wien, Niederösterreich und dem Nordburgenland. Graz 2004.

Stefan Eminger/Ernst Langthaler (Hg.), Sowjets, Schwarzmarkt, Staatsvertrag. Stichwörter zu Niederösterreich 1945–1955. St. Pölten – Wien – Linz 2005.

Stefan Eminger/Ernst Langthaler (Hg.), Niederösterreich im 20. Jahrhundert. Band 1: Politik. Wien 2008.

Stefan Eminger/Elisabeth Loinig/Willibald Rosner (Hg.), Ein Land im Zeitraffer. Niederösterreich seit 1848. St. Pölten 2012.

Erik Eybl, Von der Eule zum Euro. Nicht nur eine österreichische Geldgeschichte. Klagenfurt 2005.

Leopold Figl, Reden für Österreich. Wien – Frankfurt – Zürich 1965.
Peter Fritz, „Was lange währt, wird endlich gut!“ Der Abschluss des Österreichischen Staatsvertrages 1955. In: Stefan Karner/Gottfried Stangler (Hg.), „Österreich ist frei!“ Der Österreichische Staatsvertrag 1955. Horn – Wien 2005, S. 303–309.
Franz Forstner/Thomas Karl/Peter Kopecky, St. Pölten 1945–1955, Geschichte(n) einer Stadt. St. Pölten 2005.
Michael Gehler, Österreichs Außenpolitik der Zweiten Republik. Innsbruck – Wien – Bozen 2005.
Walter Goldinger/Dieter A. Binder, Geschichte der Republik Österreich 1918–1938. Wien – München 1992.
Herbert Grubmayr, Persönliche Erinnerungen an die „Russen“. In: Stefan Karner/Gottfried Stangler (Hg.), „Österreich ist frei!“ Der Österreichische Staatsvertrag 1955. Horn – Wien 2005, S. 337–341.
Karl Gutkas, Geschichte Niederösterreichs. Wien 1984.
Karl Gutkas, Die Zweite Republik. Österreich 1945–1985. Wien 1985.
Ernst Hanisch, Der lange Schatten des Staates. Österreichische Gesellschaftsgeschichte im 20. Jahrhundert. Wien 1994.
Oskar Helmer, 50 Jahre erlebte Geschichte. Wien 1957.
Walter M. Iber/Peter Ruggenthaler (Hg.), Stalins Wirtschaftspolitik an der sowjetischen Peripherie. Ein Überblick auf der Basis sowjetischer und osteuropäischer Quellen. Innsbruck – Wien – Bozen 2011.
Gerhard Jagschitz/Klaus-Dieter Mulley (Hg.), Die „wilden“ fünfziger Jahre, Gesellschaft, Formen und Gefühle eines Jahrzehnts in Österreich. Wien – St. Pölten 1985.
Gerhard Jagschitz (Hg.), Menschen nach dem Krieg. 1945–1955. St. Pölten 1995.
Leopold Kammerhofer, Niederösterreich zwischen den Kriegen. Wirtschaftliche, politische und kulturelle Entwicklung von, 1918 bis 1938. Baden 1987.
Stefan Karner, Im Archipel GUPVI. Kriegsgefangenschaft in der Sowjetunion 1941–1956. Wien – München 1995.
Stefan Karner/Gottfried Stangler (Hg.), „Österreich ist frei!“ Der Österreichische Staatsvertrag 1955. Horn – Wien 2005.
Stefan Karner/Barbara Stelzl-Marx (Hg.), Die Rote Armee in Österreich. Sowjetische Besatzung 1945–1955. Beiträge. Graz – Wien – München 2005.
Stefan Karner/Lorenz Mikoletzky (Hg.), Österreich. 90 Jahre Republik. Innsbruck – Wien – Bozen 2008.
Herbert Killian, Geraubte Jahre. Ein Österreicher verschleppt in den GULAG. Wien – München 2005.
Dieter Kindermann/Gerhard Vogl, Politik aus nächster Nähe. Österreichs Geschichte in Geschichten. Wien 2006.
Otto Klambauer, Der Kalte Krieg in Österreich. Vom Dritten Mann zum Fall des Eisernen Vorhangs. Wien 2000.

Walter Kleindel, Österreich. Zahlen, Daten, Fakten. Salzburg 2007.
Karl Korinek, Der Onkel Julius oder Der Wiederaufbau Österreichs in Anekdoten. Wien 2005.
Wolfgang Kos, Eigenheim Österreich. Zu Politik, Kultur und Alltag nach 1945. Wien 1994.
Wolfgang Kos/Georg Rigele (Hg.), Inventur 45/55. Österreich im ersten Jahrzehnt der Zweiten Republik. Wien 1996.
Robert Kriechbaumer, Die großen Erzählungen der Politik. Politische Kultur und Parteien in Österreich von der Jahrhundertwende bis 1945. Wien – Köln – Weimar 2001.
Landtag von Niederösterreich (Hg.), Leopold Figl. Festakt des Landtages von Niederösterreich anlässlich des hundertsten Geburtstages von Landeshauptmann Dr. h. c. mult. Dipl.-Ing. Leopold Figl. St. Pölten 2002.
Armin Laussegger/Reinhard Linke/Niklas Perzi (Hg.), Österreich. Tschechien. Unser 20. Jahrhundert. Münster – Wien 2009.
Armin Laussegger/Philipp Lesiak (Hg.), Schauplatz Eiserner Vorhang. Europa: gewaltsam geteilt und wieder vereint. Weitra 2012.
Markus Lehner, Vom Bollwerk zur Brücke. Katholische Aktion in Österreich. Linz 1992.
Otto Leichter, Glanz und Elend der Ersten Republik. Wie es zum österreichischen Bürgerkrieg kam. Wien 1964.
Hannes Leidinger/Verena Moritz, Die Republik Österreich 1918/2008. Überblick, Zwischenbilanz, Neubewertung. Wien 2008.
Leo Leitner, Hochwolkersdorf & Eichbüchl. Schicksalsjahre der Republik. Karl Renner und die Wiedererweckung Österreichs. In: morgen, 1/2005, S. 26–28.
Maximilian Liebmann, Theodor Innitzer und der Anschluß. Österreichs Kirche 1938. Graz – Wien – Köln 1988.
Andreas Maurer, [o.T.]. In: Landtag von Niederösterreich (Hg.), Leopold Figl. Festakt des Landtages von Niederösterreich anlässlich des hundertsten Geburtstages von Landeshauptmann Dr. h.c. mult. Dipl.Ing. Leopold Figl. St. Pölten 2002, S. 15–17.
Peter Melichar/Ernst Langthaler/Stefan Eminger (Hg.), Niederösterreich im 20. Jahrhundert. Band 2: Wirtschaft. Wien 2008.
Wolfgang Mueller, Die sowjetische Besatzung in Österreich 1945–1955 und ihre politische Mission. Wien – Köln – Weimar 2005.
Klaus-Dieter Mulley, Determinanten der politischen Entwicklung. In: Michael Dippelreiter (Hg.), Niederösterreich. Land im Herzen – Land an der Grenze. Wien – Köln – Weimar 2000.
Siegfried Nasko/Willibald Rosner (Hg.), St Pölten im 20. Jahrhundert. Geschichte einer Stadt. St. Pölten – Salzburg 2010.
Franz Nemschak, Österreichs Weg aus der Bewirtschaftung zur Marktwirtschaft. Wien 1948.

Franz Oswald, Landesväter – Landesherren. In: Herbert Waldhauser (Hg.), Vier blau-gelbe Jahrzehnte. Niederösterreich seit 1945. Wien 1985, S. 39–54.
Peter Pelinka, Österreichs Kanzler. Von Leopold Figl bis Wolfgang Schüssel. Wien 2000.
Karl Pisa, 1945: Geburt der Zukunft. Wien 2005.
Hugo Portisch, Österreich II. Die Wiedergeburt unseres Staates. Wien 1985.
Hugo Portisch, Österreich II. Der lange Weg zur Freiheit. Wien 1986.
Hugo Portisch, Österreich I. Die unterschätzte Republik. Wien 1989.
Robert Prantner, Leopold Figl. Ansichten eines großen Österreichers. Wien 1992.
Oliver Rathkolb, Die paradoxe Republik. Österreich 1945 bis 2005. Wien 2006.
Manfried Rauchensteiner, Die Zwei. Die Große Koalition in Österreich 1945–1966. Wien 1987.
Manfried Rauchensteiner, Bundeskanzler von 1945 bis 1953. In: Johannes Dorrek/Johannes Schönner/Josef Singer/Helmut Wohnout (Hg.), 100 Jahre Leopold Figl. „Glaubt an dieses Österreich!" Wien 2003, S. 25–38.
Manfried Rauchensteiner, Stalinplatz 4. Österreich unter alliierter Besatzung. Wien 2005.
Manfried Rauchensteiner/Robert Kriechbaumer (Hg.), Die Gunst des Augenblicks. Neuere Forschungen zu Staatsvertrag und Neutralität. Wien – Köln – Weimar 2005.
Ludwig Reichhold, Geschichte der ÖVP. Graz – Wien – Köln 1975.
Ralf Roland Ringler, Illusion einer Jugend. Lieder, Fahnen und das bittere Ende. Hitlerjugend in Österreich. Ein Erlebnisbericht. St. Pölten – Wien 1977.
Willibald Rosner/Silvia Petrin (Hg.), Die Länderkonferenzen 1945. Dokumente und Materialien. Wien 1995.
Willibald Rosner, Fin de Siècle und Weltkrieg. In: Stefan Eminger/Elisabeth Loinig/Willibald Rosner (Hg.), Ein Land im Zeitraffer. Niederösterreich seit 1848. St. Pölten 2012, S. 36–50.
Roman Sandgruber, Illustrierte Geschichte Österreichs. Epochen – Menschen – Leistungen. Wien 2000.
Roman Sandgruber, Ökonomie und Politik. Österreichische Wirtschaftsgeschichte vom Mittelalter bis zur Gegenwart. Wien 2005.
Erwin A. Schmidl (Hg.), Die Ungarnkrise 1956 und Österreich. Wien – Köln – Weimar 2003.
Hans Seidel, Österreichs Wirtschaft und Wirtschaftspolitik nach dem Zweiten Weltkrieg. Wien 2005.
Susanne Seltenreich, Leopold Figl – ein Österreicher. Wien 1962.
Susanne Seltenreich, Leopold Figl. Dokumentation einer Erinnerung. 3 Bde., hg. v. Gertraud Trska. Rust 1986 ff.

Reinhard Sieder/Heinz Steinert/Emmerich Tálos (Hg.), Österreich 1945–1955. Gesellschaft – Politik – Kultur. Wien 1995.

Gerhard Silberbauer, Österreichs Katholiken und die Arbeiterfrage. Wien 1966.

Ludwig Steiner, Als Raabs Sekretär in Moskau und bei der Unterzeichnung des Staatsvertrages – Persönliche Erinnerungen. In: Stefan Karner/Gottfried Stangler (Hg.), „Österreich ist frei!" Der Österreichische Staatsvertrag 1955. Horn – Wien 2005, S. 329–336.

Rolf Steininger/Michael Gehler (Hg.), Österreich im 20. Jahrhundert. Von der Monarchie bis zum Zweiten Weltkrieg. Wien – Köln – Weimar 1997.

Rolf Steininger, Der Staatsvertrag. Österreich im Schatten von deutscher Frage und Kaltem Krieg 1938–1955. Innsbruck 2005.

Barbara Stelzl-Marx, Stalins Soldaten in Österreich. Die Innensicht der sowjetischen Besatzung 1945–1955. Wien – München 2012.

Gerald Stourzh, Um Einheit und Freiheit. Staatsvertrag, Neutralität und das Ende der Ost-West-Besetzung Österreichs 1945–1955. Wien – Köln – Graz 1998.

Hans Ströbitzer, Landeshauptmann Andreas Maurer und seine Zeit. St. Pölten – Wien 1984.

Hans Ströbitzer, Raiffeisen – eine Idee im Wandel der Zeit. Niederösterreich 1886–1986. St. Pölten – Wien 1986.

Hans Ströbitzer, Die Natur, das Wild und die Jagd, St. Pölten – Wien – Linz 2004.

Hans Ströbitzer, Niederösterreich. Leben und Schicksal der Generationen. St. Pölten – Salzburg 2012.

Emmerich Tálos/Ernst Hanisch/Wolfgang Neugebauer (Hg.), NS-Herrschaft in Österreich 1938–1945. Wien 1988.

Ernst Trost, Figl von Österreich, Wien – München – Zürich 1972.

Ernst Trost, „Österreich ist frei!" Leopold Figl und der Weg zum Staatsvertrag. Wien 2005.

Karl Vocelka, Geschichte Österreichs. Kultur – Gesellschaft – Politik. Graz – Wien – Köln 2000.

Manfred Wagner (Hg.), Niederösterreich. Eine Kulturgeschichte von 1861 bis heute. Band 1: Menschen und Gegenden. Wien – Köln – Weimar 2004.

Wilhelm J. Wagner, Bildatlas der österreichischen Zeitgeschichte 1918–1938. Wien – Köln – Weimar 2007.

Herbert Waldhauser (Hg.), Vier blau-gelbe Jahrzehnte. Niederösterreich seit 1945. Wien 1985.

Gudula Walterskirchen, Bomben, Hamstern, Überleben. Österreich 1945. Wien 2005.

Erika Weinzierl/Kurt Skalnik (Hg.), Österreich: Die Zweite Republik. Graz – Wien 1972.

Helmut Wohnout, Außenminister in den fünfziger Jahren. In: Johannes Dorrek/Johannes Schönner/Josef Singer/Helmut Wohnout (Hg.), 100 Jahre Leopold Figl. „Glaubt an dieses Österreich!" Wien 2003, S. 39–51.

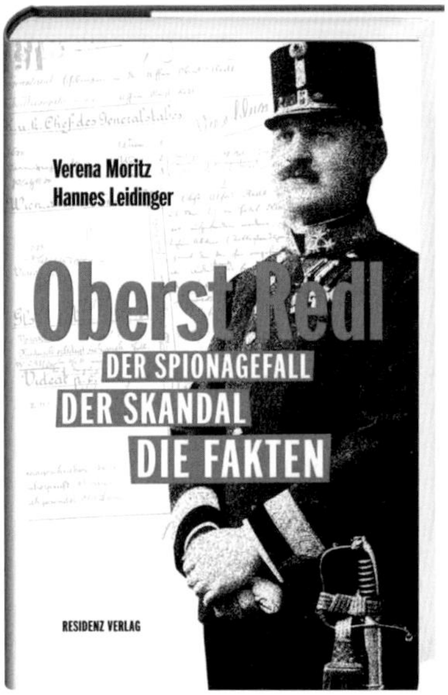

Verena Moritz, Hannes Leidinger
Oberst Redl

Der Spionagefall – Der Skandal – Die Fakten

ISBN 978 3 7017 3169 5

Alfred Redl, Offizier des Generalstabs und im Geheimdienst Seiner Majestät Franz Josephs I., verkaufte brisante militärische Geheimnisse des Habsburgerreiches an Russland, Italien und Frankreich. Mit dem Lohn für den Verrat finanzierte er sein Luxus- und Liebesleben. Doch Redls Selbstmord verhinderte die vollständige Aufklärung eines Skandals von europäischer Tragweite – und lieferte Stoff für Mythen und Legenden.

100 Jahre danach begeben sich Verena Moritz und Hannes Leidinger auf eine spannende Spurensuche: Welche Daten wechselten den Besitzer? Stand Redl an der Spitze eines feindlichen Agentennetzes? Was waren seine Motive? Welche Auswirkungen hatte sein Verrat auf den Verlauf des Ersten Weltkrieges? Die beiden Historiker bringen sensationelles Archivmaterial zum Sprechen und lassen eines der rätselhaftesten Kapitel der österreichischen Geschichte in neuem Licht erscheinen.

Alle wussten, dass im Kriegsfall dieser eine Mensch das Leben von Hunderttausenden gekostet hätte und die Monarchie durch ihn an den Abgrund geraten wäre; erst in dieser Stunde begriffen wir in Österreich, wie atemnahe wir im vergangenen Jahr dem Weltkrieg schon gewesen. Das war das erste Mal, dass ich das Grauen an der Kehle spürte.
Stefan Zweig in „Die Welt von Gestern" über die Affäre Redl 1913

residenzverlag.at

Hans-Dieter Otto
Verpasste Siege

Tragische Niederlagen der
österreichischen Kriegsgeschichte
Militärische Missgeschicke
und kuriose Feldherrenfehler

ISBN 978 3 7017 3244 9

Als Weltmacht trug das Habsburger Reich nicht nur die Hauptlast der Verteidigung gegen die Türken im Osten, sondern wehrte über Jahrhunderte in wechselnden Allianzen auch Angriffe aus dem Westen ab. Lange Zeit galt die österreichische Armee als eine der besten der Welt und berühmte Feldherren wie Prinz Eugen und Leopold Graf Daun errangen auf dem Schlachtfeld glänzende Siege – aber sie erlitten auch verheerende Niederlagen.

Den glorreichen Siegen unter österreichischen Farben stehen militärische Missgeschicke gegenüber, gravierende Fehlgriffe und eklatante Fehleinschätzungen, die eine Schlacht gewendet oder sogar einen Krieg entschieden haben, in dem man sich schon als Sieger wähnte. Von solchen verpassten Siegen handelt dieses Buch, von Kämpfen, die tragisch endeten, von Schlachten, die für die Österreicher schon gewonnen schienen und die dann doch noch unerwartet verloren gingen.

In spannend und temporeich erzählten Fallstudien sucht Hans-Dieter Otto nach den Gründen. Bei seiner Spurensuche öffnet sich ein Panorama verschiedenster historischer Epochen und gibt den Blick frei auf Personen, die sie herausragend bestimmten. Es spannt sich ein faszinierender Bogen über mehrere Jahrhunderte der österreichischen Kriegsgeschichte.

residenzverlag.at

Bildnachweis: APN-Bilderdienst, Wien: 77 M. re.; Dokumentationsarchiv des Österr. Widerstandes: 53 u.; Pressefoto Fayer-Schikola, Wien: 135; Privatarchiv Familie Figl: 17 o. re., 17 u., 27 o., 35 M. re., 35 u. re., 53 o. li., 65 o. li., 65 u., 109, 119 u. li, 163 u. re., 171, 173; Institut für Zeitgeschichte der Universität Wien: 83 o., 105 o. re., 139 M. li.; Stefan Karner, Graz: 119 u. re.; Archiv „Kirche bunt": 77 o. re.; Museum der Stadt Poysdorf: 129 u.; Archiv NLK: 27 u. li., 35 o. re., 35 u. li., 47 o. li., 47 M. re., 47 u. re., 53 o. re., 77 u., 99 o. li., 99 o. re., 105 o. li., 105 u., 129 o., 139 o. li., 139 M. re., 139 u., 148, 153 o. re., 153 u., 163 o. li., 163 o. re., 163 M. li., 163 u. re., 178 re.; Archiv NÖ Bauernbund: 17 o. M., 77 M. li., 83 M., 83 u., 176; ÖMV Wien: 114; Österreichische Nationalbank: 35 o. li.; picturedesk.com: 17 o. li.; Privat: 124, 178 li.; Archiv Raiffeisenlandesbank NÖ-Wien: 27 u. re.; Archiv Reinberger: 77 o. li.; Rollettmuseum Baden: 105 M. li., 119 o. li.; Stadtarchiv St. Pölten: 47 o. re., 47 u. li., 53 M. li., 53 M. re., 65 o. re., 99 u. re., 119 o. re., 119 M. re., 139 o. re.; Stadtarchiv Wiener Neustadt: 105 M. re.; Sammlung Zauner, Ennsdorf: 129 M.

Bibliografische Information der Deutschen Bibliothek
Die Deutsche Bibliothek verzeichnet diese Publikation in der Deutschen Nationalbibliografie; detaillierte bibliografische Daten sind im Internet über http://dnb.d-nb.de abrufbar.

www.residenzverlag.at

Umschlag- und typografische Gestaltung: Silvia Wahrstätter/www.vielseitig.co.at
Umschlagbilder: Vorne: ÖNB/Croy; hinten: Archiv NLK
Lektorat: Wolfgang Straub
Gesamtherstellung: Grasl FairPrint, 2540 Bad Vöslau, www.grasl.eu

ISBN 978 3 7017 3302 6